MORE MONEY THAN GOD

SEBASTIAN MALLABY

ヘッジファンド

投資家たちの野望と興亡

I

セバスチャン・マラビー

三木俊哉＝訳

楽工社

1949年に初の「ヘッジドファンド」を始める前、アルフレッド・ウィンスロー・ジョーンズはマルクス主義に手を出し、反ナチの機密活動にかかわった。空《から》売りとレバレッジを組み合わせた草分け的存在であり、多くの模倣者を生んだ。1964年、彼はインドのヒマラヤ山中で家族と虎狩りをした。

マイケル・スタインハルトは、ときに法律すれすれの手法も使いながら、自身のヘッジファンドを華々しく成長させた。1980年代までは隆盛《りゅうせい》をきわめたものの、1994年の市場の嵐——その後の金融危機の前ぶれ——のなか、投資家の資本の3分の1を失った。

1970年代、ヘルムート・ワイマール（右上）は大成功を収めたファンド、コモディティズ・コーポレーションの指揮をとった。ノーベル賞受賞者のポール・サミュエルソンは「市場は効率的だから負かすことなどできない」と主張しながらも、同社に投資していた。初期のワイマールのパートナーは、やはり効率的市場理論の信奉者だったポール・クートナー（左上）、トレンド追随取引を初めてコンピュータシステム化したひとり、フランク・ヴァナーソン（右下）、そして自由主義者にして新し物好き、有能なトレンドサーファーのマイケル・マーカス（左下）。マーカスのスタイルは、その後のマクロトレーダーのスタイル[株、債券、通貨等のうちどれかひとつに特化するのでなく多様な金融商品に投資する]を予見するものだった。

ジョージ・ソロスは、1969年に最初のヘッジファンドを設立。伝統的な株式分析と、価格チャートやカール・ポパーの哲学に対する幅広い関心とを組み合わせた。通貨取引で大儲けしたが、慈善事業家というもうひとつの顔のせいで複雑な人格が形成され、それが業績の妨《さまた》げになった。

スタン・ドラッケンミラーはソロスの腹心として、英ポンドやタイ・バーツに対するクォンタム・ファンドの大攻勢を指揮した。彼はドットコムバブルの波に乗って荒稼ぎし、バブルが弾ける前に市場から撤収した。だが、次に戻ったのが最悪のタイミングで、ほぼ30億ドルを失った。

ジュリアン・ロバートソンのタイガー・マネジメントは、銘柄選択者《ストックピッカー》が相場に勝つことはできないという学説をものともせず、1980年代～90年代に伝説的なリターンをあげ、彼の伝統を受け継ぐ「子タイガー」を数多く生み出した。ロシアのデフォルト（債務不履行）前夜、タイガーはもう少しで同国政府が保有するすべてのパラジウム、ロジウム、銀を買うところだった。

ポール・チューダー・ジョーンズは、大きな取引に臨《のぞ》むときにはブルース・ウィリスのスニーカーを履《は》き、あるトレーディングシステムをマドンナと名づけた。ウォール街が「ロックンロールしまくる」ことを予言し、1987年10月の大暴落で財をなした。2008年には、リーマン・ブラザーズの破綻《はたん》が市場全体のメルトダウンにつながることを見抜いていたが、彼のファンドのメンバーたちは新興市場で大きな損を出した。

ブルース・コフナーはコモディティズ・コーポレーションでキャリアをスタートさせ、キャリートレードとして知られる通貨取引の先駆者となった。その後、キャクストン・アソシエイツを設立し、ネオコン（新保守主義）運動のドンとして頭角を現した。

ポール・チューダー・ジョーンズおよびブルース・コフナーと並んで、ルイス・ベーコンは、コモディティズ・コーポレーションを嚆矢《こうし》とするトレーディングスタイルを受け継いだ3人目のマクロ投資家である。彼は商品や通貨に資金を投じ、第1次イラク戦争の市場への影響を正しく予測した。

デイヴィッド・スウェンセンは、イェール大学基金の資本をヘッジファンドに投資。やがて他の大学もこれをまねるようになった。2005年、スウェンセンの投資選択は同基金140億ドルのうち78億ドルを生み出したとして評価され、彼はイェール大学にとって最大の恩人となった

トム・ステイヤーのファラロン・キャピタル・マネジメントは、イェール大学から資金を呼び込んだ最初のヘッジファンドである。ロバート・ルービン率いる、ゴールドマン・サックスのアービトラージ［同一商品の価格差を利用した利《り》鞘《ざや》稼ぎ］グループからスピンアウトしたファンドのひとつで、「イベントドリブン」の投資スタイルの草分けといえる。1990年から1997年のあいだに、ファラロンが損を出した月はひとつもない。

ジム・シモンズは数学者や暗号解読者《コードブレーカー》、翻訳専門家を雇って、前代未聞の業績を誇るヘッジファンドを築き上げた。彼のファンド、メダリオンを支える統計プログラムは1990年以降、毎年利益をあげ、市場の混乱期はとくに好業績を残している。2008年の金融危機のさい、メダリオンは160％のリターンを獲得。シモンズ自身も年に10億ドル以上を稼いだ。

コンピュータサイエンスを市場に適用したデイヴィッド・ショーは、ニューヨークのグリニッジ・ビレッジの共産主義専門書店の階上にスペースを借り、自分の名を冠したヘッジファンドをスタートさせた。彼らクォンツたちのチームは、1998年の金融危機をかろうじて乗り越え、270億ドルにのぼるクライアントの資本を運用した。

ジム・チャノス(右)とデビッド・アインホーン(左)は、2007年に信用バブルが破裂しはじめると、金融会社の空売りで利益をあげた。リーマン・ブラザーズの破綻後、政府は空売りを取り締まった。

ケン・グリフィンのシタデルは2006年と2007年、破綻しようとする他のファンドの資産を買い、ヘッジファンドが混乱期に金融システムの安定に一役買えることを実証した。2008年にはシタデル自身が破綻寸前まで追い込まれたが、多くの銀行とちがって、納税者の助けを得ることなく生き残った。

ヘッジファンド

投資家たちの野望と興亡

I

目次

［Ⅱ巻］

［用語解説］

ロング　株式などの金融資産を「買って、まだ売らずに保有している」状態。買い持ちの状態。

ショート　株式などの金融資産を「売っていて、まだ決済していない」状態。売り持ちの状態。「空売《から》り」ともいう。ショートの場合、原則は信用取引である（現物を売るのは単なる売却）。

ポジション　証券の持ち高のこと。「買い」でも「売り」でも、何らかの持ち高を保有することを「ポジションをとる（持つ）」という。

ヘッジファンド　その定義については序章を参照。代表的戦略には以下のようなものがある。

株式ロング&ショート――値上がりが期待できる銘柄《めいがら》のロングと、値下がりが期待できる銘柄のショートを組み合わせることで、市場全体の変動によるリスクを抑制しながら利益を追求する。

アービトラージ――同一商品の価格差を利用して利鞘《りざや》を稼ぐ。裁定《さいてい》取引ともいう。

マクロ――株式、債券、商品、為替などのどれかに特化するのでなく、これらに広範囲に目を配り収益機会を見つけて投資する。

イベントドリブン――企業の合併、組織再編、清算などの特別なイベントによって生じる収益機会を見つけて臨機応変に投資する。

レバレッジ（をかける） 自己資本の何倍ものお金を借り入れて（負債比率をあげて）資産を運用すること。梃子《てこ》（=leverage）をきかせた運用をすること。

アルファ 運用者のスキルによる収益。これに対して相場全体の上昇など、市場変動によってもたらされる収益をベータという。

効率的市場理論 市場では合理的で賢い投資家による適正な価格での取引がつねに行われており、それは非常に効率的である、とする理論。この説によれば、市場は効率的で株価はほぼつねに適正だから、そこには投資家がつけ入る隙はなく、たとえば値上がり前の株を安く買って利益をあげつづけるのは困難ということになる。これに対してヘッジファンドは「市場には非効率的な面があり、そこに収益機会がある」という立場をとる。

ランダムウォーク理論 （株価の）値動きはランダムに起こるのであって、過去のトレンドやデータによって将来の値動きを予測するのは不可能、とする理論。これに対してヘッジファンドは「非ランダムな動きを見つけ、それを利用して儲ける」という立場をとる。効率的市場理論にも通じる考え方。

序章

アルファをめぐる競争

世界初のヘッジファンド・マネジャー、アルフレッド・ウィンスロー・ジョーンズは、ビジネススクール出身者ではない。計量ファイナンスの博士号を持っているわけでもなければ、モルガン・スタンレー、ゴールドマン・サックスなどの「専門家養成所」で腕を磨《みが》いたわけでもない。彼は不定期貨物船で働き、ベルリンのマルクス主義労働者学校に学び、反ナチ秘密結社「レーニン主義者組織」のために極秘任務を遂行《すいこう》した。結婚、離婚を経て、再婚した。ハネムーンはスペイン内戦の前線。ドロシー・パーカー〔米国の作家〕やアーネスト・ヘミングウェイと旅をし、酒を酌《く》み交《か》わした。一〇万ドルをかき集めて「ヘッジドファンド」を組成《そせい》したのは、ようやく四八歳になったときだ。それを元手に一九五〇〜六〇年代にとてつもない利益をあげた。いまなお続くこの投資組成をジョーンズが生み出したのは、偶然といってもよい。どれだけ批判の大合唱を浴びようが、それは今後も隆盛《りゅうせい》をきわめるだろう。

ジョーンズがヘッジファンドをつくってから半世紀後、クリフォード・アスネスという若者がその跡を継いだ。アスネスはビジネススクールに通い、計量ファイナンスの博士号を取得し、ゴールドマン・サックスに勤務した、この世界の専門家である。ジョーンズが社会人として円熟期にさしかかったころにみずからのベンチャーを立ち上げたのに対して、アスネスは弱冠三一歳にして会社を設立。一〇億ドルもの資金を調達して、新興企業《スタートアップ》のあらゆる記録を塗り替えた。ジョーンズがみずからの手法や、それによって得た富について多くを語らなかったのに対して、アスネスはじつに開けっぴろげで、テレビインタビューの予定を反故《ほご》にし、『ニューヨーク・タイムズ』に「億万長者も悪くない」と告白したりした。[1] 二〇〇七年のサブプライムローン危機の直前には、アスネスの会社、ＡＱＲキャピタル・マネジメントは三五〇億ドルもの資金を運用しており、アスネス自身が、世界を変えるほどの影響力を持つ新しい金融手法の象徴的存在だった。彼は礼儀やがまんを知らず、大人のふりをする気もなかった。オフィスにはスーパーヒーロー・フィギュアのコレクションを飾っていた。[2]

アスネスは、ジョーンズの発明に対する恩義を率直に感じていた。たいていのヘッジファンドがそうであるように、アスネスのヘッジファンドにも、ジョーンズが驚くほど効果的に組み合わせた四つの特徴があった。まず、成功報酬。ジョーンズはファンドの投資利益の五分の一を自分自身とチームのために確保し、部下たちのやる気を高めた。次に、規制上の煩雑《はんざつ》な手続きを意識的に避け、市場機会の変化に応じて、ある投資手法から別の投資手法へシフトする柔軟性を保った。だが、アスネスから見て最も重要だったのは、ジョーンズの投資ポートフォリオ［資産の組み合わせ］をかたちづくるふたつの考え方である。ジョーンズは有望な株式の購入と、見込み薄の株式の「空《から》売り」とのバランスをとった。空売りとは、値下がりを見込んで、株を借りて売ることをいう。「ロング（買い）」と「ショート（売り）」のバランスをとることで、少なくとも部分的に、相場の変動から資金を守ることができた。そして、このように市場リスクをヘッジした［リスクを回避する方策をとった］ため、借りたお金で投資を拡大（「レバレッジ」）しても安心していられた。次章で見るように、このヘッジとレバレッジの組み合わせは、ジョーンズの株式ポートフォリオに魔法のような効果をもたらした。しかし、それが本当にすぐれていたのは、アスネスがのちに強調したように、同じ手法を債券、先物《さきもの》、スワップ［将来のキャッシュフローを交換する取引。固定金利と変動金利を交換する金利スワップをはじめ、様々な種類がある］、オプション［将来一定の価格で売買を行う「権利」を売買する取引］、そしてそれらの組み合わせに使えるという点である。意図的というよりも偶然に、ジョーンズは本人が考えもしなかったほど複雑な戦略プラットフォームを発明していたのである。

　ヘッジファンドに完璧な定義はない。本書で述べるすべての投資がヘッジとレバレッジをともなうわけでもない。ジョージ・ソロスとスタン・ドラッケンミラーが英ポンドを急落させたとき、あるいはジョン・ポールソンが米国の住宅バブル崩壊を見越した空売りをしたときには、ヘッジの必要などなかった（詳しくは追って紹介する）。ある恐れを知らぬコモディティ［先物取引の対象となる「商品」。金・銀・大豆等］投資家が、ロシア政府の持つ金以外の貴金属すべての購入について交渉したときには、レバレッジよりも、シベリアからパラジウムを運ぶ装甲《そうこう》列車の安全のほうが重要だった。しかし、レバレッジを利用せず、ヘッジをしていないときでも、A・W・ジョーンズが生み出したこのプラットフォームはきわめて快適である。ヘッジファンドは、いかなる国のいかなる金融商品でもロングとショートが自由なので、チャンスがあればそれを必ずものにできる。レバレッジをきかせられるので、それぞれの投資効果を最大限に高めることができる。成功報酬は、一攫《いっかく》千金の強力なインセンティブ（動機づけ）となる。

　そう、**一攫千金！**　ジョン・ピアポント・モルガン［米国モルガン財閥の創始者］は、一九一三年に亡くなったとき、現在の金額で一四億ドルに相当する財産を築き、ウォール街に対する支配力から「ジュピター」（ローマ神話に登場する天の支配神）の愛称で呼ばれていた。だが、今世紀初めのバブル華やかなりしころ、トップクラスのヘッジファンド・マネジャーは、ほんの二〜三年で「神」以上の蓄財をなし遂げた。彼らはウォール街最強の投資銀行の頭取《とうどり》よりも、さらにはプライベートエクイティ〔投資ファンドの一種。主に未公開株（プライベートエクイティ）に投資しその企業の経営を改善、企業価値・株式価値を高めて収益を得る〕の大物よりも稼ぎがあった。二〇〇六年、ゴールドマン・サックスはCEOのロイド・C・ブランクファインに五四〇〇万ドルという破格の報酬を支払ったが、業界誌『アルファ・マガジン』のヘッジファンド長者番付では、最下位（二五位）の者でも二億四〇〇〇万ドルを稼いでいた。同じ年、プライベートエクイティ大手のブラックストーン・グループは、スティーブン・シュワルツマンCEOに四億ドル近い報酬を支払った。だが、ヘッジファンド長者の上位三人は、それぞれ一〇億ドル以上を稼いだとされる。[3] ジョーンズが編み出した魔法の杖《つえ》により、コネチカット州〔ニューヨーク州の東に隣接する州〕の都市近郊では、高速車はもちろん「高速財」が数多く出現した。地元紙『スタムフォード・アドヴォケイト』によると、このゴールドラッシュの中心地では、ヘッジファンド・マネジャー六人が二〇〇六年に計二一億五〇〇〇万ドルを稼いだという。コネチカット州全住民の個人所得は、あわせて一五〇〇億ドルに達した。

　一九九〇年代の雑誌はドットコム長者の贅沢《ぜいたく》ぶりを盛《さか》んに報じたが、スポットライトの中心はもはやヘッジファンドに移っていた。シタデル・インベストメント・グループの創業者ケン・グリフィンは、五〇〇〇万ドルのボンバルディア社製自家用ジェット機を購入し、二歳になるわが子のベビーベッドをこれに装着した。ムーア・キャピタルの創業者ルイス・ベーコンは、グレート・ペコニック湾［ニューヨーク州］に浮かぶ島を買い、その島のドロガメに発信機をつけて交尾の習性を観察し、イギリス伝統のキジ猟を主催した。SACキャピタル創業者スティーブン・コーエンの自宅には、バスケットボールコート、屋内プール、スケートリンク、二ホールのゴルフコース、有機野菜畑、ゴッホとポロックの絵画、キース・ヘリングの彫刻、一六年前の新婚初夜をイメージした星々で飾られた映画館があった。彼らヘッジファンドの大物は、いわば新しいロックフェラー家、新しいカーネギー家、新しいバンダービルト［鉄道王］家だった。国家の原動力たる創造と欲望をつかさどる、新たなアメリカン・エリートだった。

それもただのエリートではない。ヘッジファンドは、一匹狼やへそ曲がり、野心が大きすぎて既存の金融機関には収まりきらない人間向けの投資手段である。クリフ・アスネスはまさにそういう人物だ。ゴールドマン・サックス期待の星だったが、自身の会社を経営する自由と、そこから得られる報酬を優先した。スーパーヒーローのフィギュアを集める男は、ヒーローとはほど遠いサラリーマンを長くは続けられない。少なくとも、自分の意志では。二〇〇〇年代に業界の稼ぎ頭《がしら》として知られるようになった数学者、ルネッサンス・テクノロジーズのジム・シモンズは、大手銀行では長続きしなかっただろう。なにしろ、だれの指図も受けず、めったに靴下をはかず、上司たちのベトナム政策を批判して国防総省の暗号解読チームをクビになった男である。二〇〇六年の利益が第二位だったシタデルのケン・グリフィンは、ハーバード大学の寮の自室で転換社債［一定条件下でその会社の株式に転換できる社債］の取引を始めた。成功を収めた天才少年、グーグルなどの技術系企業を立ち上げた「オタク起業家」の金融版といったところだ。ジュリアン・ロバートソンは、自分の半分ほどの年齢の大学生運動選手を雇い、ロッキー山脈のさまざまな別荘に彼らを派遣しては、山登りの競争をした。マイケル・スタインハルトは、部下を泣かせる名人だった。ある部下が「自殺するしかありません」と言うと、彼はこう応じた。

「見学させてもらおうかな」[4]

　こうした新時代の大御所たちは、ロックフェラー家やカーネギー家と同じく、実業や金融以外の世界でも名をなした。なかでもジョージ・ソロスは、最も精力的に活動した人物である。慈善事業を通じて、旧共産圏の新興国における自由な発言を促し、ドラッグの非犯罪化を要求し、自由放任経済の見直しに資金を提供した。チューダー・インベストメントの創業者ポール・チューダー・ジョーンズは、ニューヨーク市の貧困撲滅《ぼくめつ》のため、初の「ベンチャー・フィランソロピー」のひとつ、ロビン・フッドを立ち上げた。革新的な慈善事業を探し、厳しい進《しん》捗《ちょく》基準を定め、成果に応じて支払いを行った。ブルース・コフナーは、ネオコン（新保守主義）運動のドンとして頭角《とうかく》を現し、ワシントンDCのアメリカン・エンタープライズ研究所［シンクタンク］を主宰《しゅさい》した。マイケル・スタインハルトは、新しい世俗的ユダヤ教をつくろうとする活動に資金を提供した。だが当然ながら、これら自尊心の塊《かたまり》のような男たちが最大の影響を及ぼしたのは、やはり金融の世界である。ヘッジファンドの物語は、金融の最前線の物語である。すなわち、イノベーションとレバレッジの拡大、華々しい勝利と屈辱的な敗北、そしてこうしたドラマから生まれる論争の物語である。

ヘッジファンドは、学者の市場観と戦ってきた歴史がある。もちろん、学問の世界は幅広く、さまざまな意見がある。だが、一九六〇年代半ばから八〇年代半ばにかけては、次のような考え方が主流だった。市場は効率的で、価格はランダムに推移する。ヘッジファンドが成功するのはほとんど偶然である——。これには強力な理屈があった。ある債券や株式の価格が上がりそうだと確信できるのなら、賢い投資家がそれを逃さぬはずはなく、価格はすでに上がっているはずである。あらゆる関連情報が価格に織り込まれている。だが、その株式の次なる値動きを決めるのは、何らかの予期せぬ要因である。したがって、価格の上昇を予測しようとするプロの資産運用者は、基本的には失敗する。この効率的市場理論が見通しているように、ヘッジファンドには、本当の意味の「優位性《エッジ》」、つまり、まやかしやまぐれ以外の、一貫して相場に勝つための投資の知見を持っていないものも多い。だが、業界では成果を出すファンドが多数派であり、これには効率的市場理論に基づく批判は当てはまらない。これらのヘッジファンドはまさに優位性をそなえた「エッジファンド」である。

この優位性の源泉は何か？　それはただ、最もすぐれた銘柄《めいがら》を選ぶことだったりもする。金融関連の文献はあれこれもっともらしいことを言うが、後述するように、A・W・ジョーンズやジュリアン・ロバートソン、ロバートソンの多くの弟子たちは、この方法で価値を生み出している。しかし多くの場合、優位性のポイントは、効率的市場理論の欠陥――同理論の支持者たちが強調こそしなかったものの最初から認めていた欠陥――を利用することにある。たとえば同理論では、流動性［資産の換金の容易さ。取引相手の探しやすさ］が完璧であって初めて価格は効率的になるとされる。つまり、効率的な価格で株を売れば、必ず買い手が見つかるはずである。でなければ割引を強いられ、効率的な水準よりも価格が下がるからだ。しかし、一九七〇年代および八〇年代に、ある大手年金基金がまとまった株を放出しようとしたが、割引をしないと買い手を見つけることができなかった。マイケル・スタインハルトは、こうした割引をシステマティックに利用して財をなした。効率的市場理論に添えられる控えめな「脚注」が、ヘッジファンド伝説の土台になったわけだ。

　ヘッジファンドの真の優位性の中身は、ヘッジファンドの大物たち自身の言説《げんせつ》によって、むしろわかりにくくなることが多い。彼らはときに、まるで謎めいた天才である。輝かしい収益をあげるくせに、そのからくりを説明できない。[5] おそらくこの手の問題が最も激しいのは、あの若きポール・チューダー・ジョーンズだろう。いまでも彼は、一九八七年一〇月一九日の市場暴落（ブラックマンデー）を予期できたのは、赤いサスペンダーをした二〇歳そこそこの同僚ピーター・ボリッシュが、一九二九年の大恐慌につながったチャートと、一九八〇年代の市場の動きを比べたのがきっかけだったと主張する。ふたつのラインが同じなのを見て、暴落が近いことに気づいたのだという。だが、どう控えめに見ても、この説明だけでは不十分である。まず、ボリッシュ自身がデータをごまかしたことを認めている。[6] また、彼は暴落が一九八八年の春だと予測したのである。それを真に受けていたら、前年一〇月のブラックマンデーでジョーンズは破産していたにちがいない。要するに、ジョーンズが成功したのは、のちほど検討する理由によるもので、彼自身が言う理由によるものではない。ここから学ぶべき教訓——「天才はつねに自分自身を理解しているとはかぎらない」。ちなみに、これは金融にかぎった話ではない。伝説的なテニスコーチのビック・ブレーデンは次のようにこぼしたことがある。「トッププレーヤーについていろいろ調べたけれども、自分がしていることを一貫して把握、説明できる人はひとりもいませんでした。訊《き》くたびに答えがちがうか、たんに意味のない答えが返ってくるかです」[7]

一九八〇年代ごろから、金融学界は、市場はさほど効率的ではないという立場をとりはじめた。ときに彼らの転身ぶりは、ほれぼれするほど完璧だった。スコット・アーウィンという若手経済学者は、インディアナポリス「米国中西部の都市」の小さな投資会社からコモディティ市場の詳細な価格系列を入手し、念入りな分析をへて、価格の推移にはトレンドがある、けっしてランダムではないと公言した。ほぼ二〇年前に、コモディティズ・コーポレーションという先駆的なヘッジファンドが同じデータを分析して同じ結論に達し、それに基づくコンピュータプログラムを組んでいたことを、彼は知るよしもなかった。そのほか、市場の流動性は完璧ではない

（スタインハルトはとっくにお見通しだった）、投資家の合理性も完璧ではない（ヘッジファンド・トレーダーにはわかりきったことだ）と認める研究者もいた。一九八七年の暴落によって、こうした疑念が強調された。つまり、米産業界の市場評価額がたった一日で二〇パーセントも変化するのであれば、その評価額が尊重に値すると考えるのは難しいというわけだ。ハーバード大学の経済学者、アンドレイ・シュレイファーとローレンス・サマーズは、一九九〇年にこう茶化している。「効率的市場仮説が上場証券だとすれば、その価格はきわめて不安定だろう。だが、一九八七年一〇月一九日には、効率的市場仮説（少なくとも従来から言われている仮説）に基づく株式も、残る株式といっしょに暴落した」[8]

市場の効率性の限界が認められたことは、ヘッジファンドに多大な影響を及ぼした。かつて、ヘッジファンドは失敗すると学者たちは述べた。その後、彼らは列をなしてヘッジファンドに加わろうとしていた。市場が非効率的であるならば、そこには金儲けのチャンスがある。金融を教える教授といえども、それにあやかれない理由はない。クリフ・アスネスは、そうしたニューウェーブの代表選手だった。シカゴ大学経営大学院で彼の卒業論文のアドバイザーを務めたのは、効率的市場理論の父のひとりとされるユージン・ファーマである。だが、アスネスがシカゴ大に入学した一九八八年には、ファーマは修正主義者の役割を先頭に立って演じていた。後輩のケネス・フレンチとともに、市場の非ランダムな動きを利用して儲ける方策を発見したのである。アスネスはこの論文に貢献したあと、ウォール街で働き、やがて自身のヘッジファンドを開設した。同じく、効率的市場理論をもとにオプションの価格決定式を導き出したノーベル賞受賞者のマイロン・ショールズとロバート・マートンは、ロングターム・キャピタル・マネジメント（LTCM）というヘッジファンドと契約した。効率的市場理論を暴落する株式相場にたとえたアンドレイ・シュレイファーは、仲間の教授ふたりとともに、LSVという投資会社の設立を手伝った。彼の共著者ローレンス・サマーズは、ハーバード大学の学長を辞め、オバマ大統領の経済顧問になるまでのあいだを利用して、定量的ヘッジファンド［各種証券の割安度・割高度を統計モデルを使って定量的に分析し投資する］のD・E・ショーと契約した。[9]

だが、市場の非効率性についてコンセンサスが得られた最大の効果は、学者たちがヘッジファンドに群がったことではない。機関投資家［保険会社、年金基金等の大口投資家］が多額の資本をヘッジファンドに委託する認可を得たことである。やはり、一九八七年の暴落後の何年かが転換点となった。かつて、ヘッジファンドの資金の大半は裕福な個人に由来していた。彼らはたぶん、相場に勝つのは不可能だという学者のメッセージを耳にしていなかった。その後、ヘッジファンドの資金の大半は基金からもたらされた。彼らは、相場に勝つことはできるとコンサルタントに教えられ、自分たちも一枚かみたいと考えていた。この新しい波を先導したのが、イェール大学基金のデイヴィッド・スウェンセンである。彼はふたつのことに注目した。もしファーマやフレンチ、アスネスが特定したような市場にシステマティックなパターンがあるのなら、ヘッジファンドはこれをシステマティックに利用できる。つまり、効果を出すはずの戦略があり、それを前もって予測できる。また、こうした戦略から得られる利益は相当なものになる。分散投資という魔法を通じて、基金のリスクを削減できる。スウェンセンが投資したファンドも、もちろん分散投資をしていた。すなわち二〇〇二年、ファラロンという西海岸の向こう見ずなファンドが、インドネシア最大の銀行を買収した。通貨の暴落、政治革命、イスラム過激主義により、ほとんどの西欧人が同国から逃げ出したという事実などおかまいなしに。スウェンセンの事例を受け、各基金は一九九〇年代以降、「アルファ」と呼ばれる、市場トレンドとは無相関のリターンを求めてヘッジファンドに資金をつぎ込んだ。

市場が非効率的であるという新しい考え方は、ヘッジファンドに社会的な機能も持たせた。望んだわけでもないのに、ヘッジファンドはアルファをめぐる競争にのめり込んでいた。最大の目的はひとつ——一攫千金《いっかく》である。だが、市場が非効率的だからアルファが存在するのであれば、資金も不合理なやり方で配分されることになる。たとえばファーマとフレンチの研究によれば、地味な「バリュー」株［割安で放置されている株］は、派手な「成長」株［売上が大幅に伸び急成長している企業の株］に比べて価格が安かった。つまり、堅実・堅牢《けんろう》な企業は、華やかなライバル企業よりも資本コストが高く、成長の機会を逸していたことになる。同じように、大口取引での割引は、価格が小規模に変動しやすいことを示しており、それが投資家にとってのリスクを高め、ゆえに投資家は資本ユーザーにさらなるプレミアム［割増金、割増金利］を課す。こうした非効率性を正すのが、ヘッジファンドの機能だった。バリュー株を買い、成長株を空売りすることで、クリフ・アスネスは堅実・堅牢な企業に対する不健全な偏見を減じるのに一役買っていた。フォード株が大量売却後に不合理な下落を見せると、マイケル・スタインハルトはこれを購入して、少数株主の老婦人がつねに公正な価格を期待できるようにした。ジム・シモンズやデイヴィッド・ショーなどの統計アービトラージャー［統計を用いてアービトラージ（＝裁定取引。同一商品の価格差を利用した利鞘稼ぎ）を行う］は、スタインハルトの手法をコンピュータ化することで、彼のミッションを次なるレベルへ導いた。多くの市場が効率的になればなるほど、資本も生産的な用途に向かいやすい。価格が落ち着けば落ち着くほど、金融バブルのリスクは減り、無理な修正のリスクも少ない。市場行動の欠陥をならすことで、ヘッジファンドは経済学者の言う「グレート・モデレーション（大平穏期）」に貢献していたのである。

だが、ヘッジファンドは不吉な問いも投げかけた。市場が乱高下《らんこうげ》しやすいのなら、これにいっそう拍車をかけるファンドもあるのではないか？　一九九四年、連邦準備制度理事会（FRB）が短期金利を〇・二五ポイントだけ引き上げることを発表すると、債券市場は暴落した。レバレッジをきかせていたヘッジファンドは不意打ちを食らい、保有債券を投げ売りしはじめた。金融パニックを予兆させるこの混乱は、米国から日本、欧州、新興諸国へ拡大。いくつかのヘッジファンドが衰退し、一時は、名高いバンカース・トラスト［米国有数の金融企業だったが、一九九八年ドイツ銀行に買収される］さえも同じ道をたどりかねない様相だった。これに懲りなかったのか、四年後には、ノーベル賞受賞者を擁するLTCMが破綻《はたん》した。無秩序な倒産がリーマン・ブラザーズほかに飛び火するのを恐れた規制当局は、大あわてでLTCMの終末を監視した。その一方、ヘッジファンドはヨーロッパやアジアの為替政策を大混乱に陥れた。東アジア通貨危機を受けて、マレーシアのマハティール首相はこう嘆いた。「われわれは四〇年かけて経済を確立しようとしてきたのに、ソロスのようなたわけ者が投機マネーですべてを台無しにしてしまう」[10]

こうして、二一世紀が始まるころには、ヘッジファンドに対するふたつの相反《あい》する見方ができあがっていた。「非効率的な価格を正して安定をもたらす英雄」扱いされるかと思えば、「野放図な攻撃性や不安定性でグローバル経済を脅《おびや》かす」と非難されもした。この問題の中心にあったのは、A・W・ジョーンズが採用した（あるいはもっと広い意味での）レバレッジである。レバレッジによって、ヘッジファンドは大規模な取引が可能になり、より効率的で安定的な価格を実現することができた。だが、レバレッジのせいで、ヘッジファンドは衝撃に弱くもなった。取引で損を出せば、資本という緩衝材《かんしょうざい》があっという間に底をつき、ポジションを投げ売りせざるをえない。すると価格はむしろ不安定になる。[11] 一九九四年の債券市場の暴落および一九九八年のLTCMの破綻以降、この相反するヘッジファンド観は膠着《こうちゃく》状態を続けてきた。英米ではヘッジファンドの安定的な影響が最も強調されたが、その他の国々ではパニックを引き起こす危険のほうが注目された。おもしろいことに、ヘッジファンドを最も評価した国は、それをお膝元に抱える国でもあった。

そして、二〇〇七～二〇〇九年の金融危機が訪れ、ファイナンスに関するあらゆる判断が疑問視された。一九九〇年代の市場の混乱は、レバレッジをきかせた高度なファイナンスの代償として容認することもできたが、二〇〇七〜二〇〇九年の激変は、一九三〇年代以来となる大不況を誘発した。ヘッジファンドも否応なくパニックに巻き込まれた。二〇〇七年七月、ソーウッドというクレジット・ヘッジファンドが閉鎖。翌八月には、一〇余りの定量的ヘッジファンドがいっせいにポジション切りを試み、株式市場の乱高下と数十億ドル規模の損失をもたらした。その翌年は、状況がはるかに悪化した。リーマン・ブラザーズの破綻により、資金を動かせなくなったヘッジファンドもあれば、その後の混乱で大損を出したところもあった。ヘッジファンドはレバレッジを必要としたが、リーマン・ショック後に資金を貸してくれるところなどない。空売りが戦略の基盤だったが、リーマン・パニックのなか、政府は空売りにへたな制約を課した。投資家には間際までがまんして儲けてもらうのが基本だったが、市場が崩壊すると、がまんには突然ピリオドが打たれた。投資家は資本の返還を求め、一部のファンドは資本の引き揚げに制限を設けて、これを阻止した。もはやヘッジファンドは、メリットよりもリスクが大きいのは明らかだと思われた。グレート・モデレーションどころか、グレート・カタクリズム（大変動期）を引き起こす手助けをしてしまっていた。

だが、この結論は（魅力的ではあるものの）ほぼまちがいなく誤りである。たしかに、大変動によって金融システムの崩壊は露呈したが、必ずしもヘッジファンドが問題だということではない。何よりも明らかになったのは、中央銀行がこれまでとはちがった方法で経済の舵《かじ》取りをしなければならない可能性である。すなわち、消費者物価の上昇に注目して資産価格の上昇には目をつぶるのではなく、中央銀行はバブルの抑制をめざさなければならない。ちなみにこれは、一九九四年のヘッジファンドの相次ぐ破綻が最初に教えてくれた教訓だ。FRBが二〇〇〇年代半ばにレバレッジを抑制し、金利を引き上げていたら、各方面の混乱はもっと少なくてすんだだろう。アメリカ人世帯の借金が、GDPの六六パーセント（一九九七年）から一〇年後に一〇〇パーセントまで増えることはなかっただろう。住宅金融会社が、借り手の返済能力にかかわらずローンを乱発することはなかっただろう。ファニー・メイとフレディ・マックという二大住宅公社が、政府の管理下に置かれることもまずなかっただろう。シティグループなどの銀行やメリルリンチなどのブローカー・ディーラーが、最終的に暴落する不動産担保《たんぽ》証券［二〇〇七年からの金融危機の原因となったサブプライムローン証券等］にあれほど執着し、資本をムダにすることもなかっただろう。FRBがこのような借金の連鎖を黙認したのは、消費者物価のインフレだけに目を向け、バブルは無視しても大丈夫と決め込んでいたからだ。二〇〇七～二〇〇九年の大惨事は、それがまちがいであることを証明した。ゼロに近いコストでお金を借りられるとあって、人々はあとさきのことを考えずに借金しまくった。

　この危機はまた、金融会社が不純なインセンティブにまみれていることを明らかにした。最もわかりやすいのは「大きすぎてつぶせない」という問題である。ウォール街の巨大企業がリスクを目いっぱいとるのは、納税者が救済してくれるだろうとタカをくくっているからであり、その他の市場関係者がこの無謀な振る舞いをけしかけるのは、やはり政府の後ろ盾《だて》があると考えているからだ。しかし、この「大きすぎてつぶせない」という問題が存在するのは、政府が実際に救済した金融機関にかぎられる。たとえば、シティグループなどの商業銀行、ゴールドマン・サックスやモルガン・スタンレーなどの旧投資銀行、AIGなどの保険会社、金融危機のさなかに政府の緊急保証を受けたマネー・マーケット・ファンド……。ところがヘッジファンドは、納税者から直接の支援を受けることなく危機を切り抜けた。政府の援助をあてにしたファンドはひとつもない。一九九八年にLTCMがつぶれたときも、FRBは監視を強めはしたが、損失を補填《ほてん》する資金を提供することはなかった。いずれ超大型のヘッジファンドが、大きすぎてつぶせない存在になるかもしれない。したがって、レバレッジの大きい巨大ファンドは規制を受けるべきである。だが、大半のヘッジファンドは小さすぎて、金融システム全般を脅《おびや》かすどころではない。成功確実（fail-safe）ではないくせに、つぶれても大丈夫（safe to fail）なのだ。[12]

もうひとつのゆがんだインセンティブは、トレーダーの報酬パッケージである。大きなリスクをとって予想が当たれば、大儲けできる。でも、予想が外れたときに、儲けとは逆の罰を受けるわけではない。成功報酬やボーナスは出なくても、それがマイナスになることはない。この「どう転んでも損をしない」しくみも、ヘッジファンドより銀行に顕著である。ヘッジファンドは概して「基準が高い」。つまり、ある年に損を出せば、損を取り返すまで成功報酬は減らされ、場合によってはゼロになる。ヘッジファンドの大物はたいがい自分のお金をファンドにつぎ込んでいるから、少なくとも部分的には自己資本で投資をしていることになる。損失を避ける強力なインセンティブである。ところが銀行のトレーダーは、そうした制約が基本的に少ない。他人のお金を賭けているにすぎない。レバレッジの利用に関して、銀行よりもヘッジファンドのほうが慎重なのは無理もないだろう。平均的なヘッジファンドは投資家の資本の一〜二倍しか借金をしないし、高レバレッジとされるヘッジファンドでも普通は一〇倍以内である。一方、ゴールドマン・サックス、リーマン・ブラザーズといった投資銀行は、金融危機前には三〇倍のレバレッジをかけていたし、シティなどの商業銀行は見方によってはそれ以上だったという。[13]

ヘッジファンドの構造そのものが、偏執狂的な規律を助長する。銀行は人当たりのいい上司がいる、できあがった組織であることが多いが、ヘッジファンドは、ディールの終了まで徹夜もいとわない上司がいる、戦闘的な新興組織であることが多い。銀行は政府の預金保険の助けを借りて家庭から預貯金を集めるが、ヘッジファンドは顧客から資金を調達する前にリスク管理能力を実証しなければならない。銀行は、流動性危機に直面すれば中央銀行の緊急融資を受けられると知っているので、短期融資に大きく依存しようとするが、ヘッジファンドはそうしたセーフティネットがないので、短期融資への依存を尻込みするようになっている。銀行は、借り手が返済してくれるかぎりはすべて問題ないと考えるが、ヘッジファンドはポートフォリオを時価で再評価するので、借り手がトラブルに見舞われるリスクが少しでも高まれば、利益がただちに影響を受ける。[14] 銀行は引受手数料や顧問料がほしいあまり、投資判断をゆがめる場合があるが、ヘッジファンドは投資パフォーマンスがすべてなので、余分な要素に引きずられる可能性は少ない。こうした理由から、ヘッジファンドを適切に定義するには、その独立性を強調しなければならない。大手銀行の子会社であるヘッジファンドには、真のヘッジファンドならではの偏執狂的・一点突破的な性格がない。

二〇一〇年初めに本書を書き終えたとき、規制当局は金融業界を取り締まる方向にあった。その直感はおおむね正しかった。ピーク時には、金融会社は必要以上の人材を独占し、社会にとって高くつくリスクを負っていたからだ。しかし、ウォール街の評論家たちは、ヘッジファンドについてどうこう言う前に冷静になるべきである。結局のところ、リスク管理にすぐれているのはだれか？　破綻したり、政府の救済を受けたりした商業銀行や投資銀行か？　政府の支援が必要になる商品をせっせと売った投資信託会社か？　また、彼ら評論家はどんな未来をお望みなのか？　納税者の困窮のもとである巨大銀行にリスクが集中している未来か、それとも政府からのライフラインの提供を期待しない小規模なヘッジファンドにリスクが分散された未来か？　今回すなわち二〇〇七〜二〇〇九年の危機は、金融中枢のモラルハザードを悪化させた。救済を受けた銀行は、今度破綻してもまた救済を受ければいいと考える。そんな気持ちだから、過剰リスクを避けようとする動機が弱く、それがまた破綻を招く。資本主義は、リスクをとった組織がその影響を吸収するよう義務づけられて初めて機能する。銀行が倒産コストをまき散らしながら、いいとこどりができるのであれば、倒産が生じないほうが不思議である。

政策立案者たちは、二〇〇七〜二〇〇九年の危機から本気で学ぼうとするのなら、複雑で重複した目的を持つ「金融スーパーマーケット」を制限し、リスク管理の堅実さをむねとするシンプルな機関を奨励《しょうれい》する必要がある。資本を、納税者の負担で成り立つ金融機関から、みずからの足で立つ金融機関へシフトしなければならない。大きすぎてつぶせない機関を縮小し、小さくてつぶれやすい機関に肩入れしなければならない。A・W・ジョーンズおよびその後継者の物語は、金融スーパーマーケットに多少なりとも代わりうる存在があることを教えてくれる。驚くなかれ、金融の未来はヘッジファンドの歴史のなかにあるのだ。

第一章

ビッグ・ダディ

――A・W・ジョーンズ

アメリカ第二の好況期の幕開けは、二一世紀初の金融危機前夜でもあった。このころ、数十を数えるヘッジファンドのマネジャーが、非公式ながら資本主義の王として台頭した。グローバル化が思わぬ繁栄をもたらし、繁栄が豊かな富を生んでいた。富は人知れずファンドに蓄えられ、そのマネジャーは大きな利益をあげた。二〇〇三年から二〇〇六年までのわずか三年間で、ヘッジファンド上位一〇〇社の資金量は一兆ドルに倍増した。[1] 上海証券取引所に上場している全株式が買える金額、あるいはカナダ経済の年間産出高に匹敵する金額である。このヘッジファンド現象がまったく新しい時代の象徴であることを疑う者はなかった。ある雑誌記者は「ヘッジファンドで数億ドルを運用し、数千万ドルを懐《ふところ》に入れることが、ウォール街のかなわぬ夢ではなくなった」と宣言し、[2] 別の記者は「ヘッジファンドは今日の株式市場の究極のかたち――現代立身出世主義の論理的延長である」と述べた。[3]

だが、ヘッジファンドはけっして新しくはない。先のひとつ目の引用は二〇〇四年の『ニューヨーク』誌の記事からだが、ふたつ目は同じ『ニューヨーク』誌ながら、四〇年も前の記事である。二〇〇四年の記事は、ヘッジファンド・マネジャーは「市場の方向性を二二日続けて正しく予測」できる人だとした。一九六八年の記事は、「一週間で二〇パーセントの利益を、七週間続けてあげたヘッジファンド関係者」に言及している。二〇〇四年の記事はヘッジファンドを「傲慢《ごうまん》で狭量《きょうりょう》なうえ秘密主義」と批判した。一九六八年の記事は「ヘッジファンドにかかわる大部分の人は自分の成功について語ろうとしない」と不平を述べた。ヘッジファンド・マネジャーが新世紀のスターとして登場したのだとしても（一九八〇年代のレバレッジド・バイアウト［企業買収手法の一つ。買収対象企業の資産やキャッシュフローを担保とした負債を資金とする］の名手、一九九〇年代のドットコム専門家に取って代わったのだとしても）、彼らがもっと前の時代の花形でもあったと記憶しておく価値はある。一九六〇年代の好況に関する有名な記事によると、ヘッジファンド・マネジャーは「市場から離れていても、市場のリズムと自身のリズムがどこでかみ合うかを知ることができる」のだという。「何が起こっているかをちゃんと知っていれば、何が起こっているかを知る必要さえない。新聞の見出しなど見なくてもよい。何カ月も前からわかっているのだから」[4]

　ヘッジファンド初期の最大の伝説的人物は、すでに紹介した創始者、アルフレッド・ウィンスロー・ジョーンズである。『ニューヨーク』の一九六八年の記事で、彼は業界の「ビッグ・ダディ（親玉）」と評されたが、実際にはウォール街の長老というふうではなかった。後世のヘッジファンドの大物たちと同じく、彼は金融の世界から超然と距離を置きながら、金融のあり方を変貌させたのである。ジョーンズが「ヘッジドファンド」を考案した一九四九年当時、資金管理という職業を独占していたのは、「受託者」として知られる堅苦しい保守的な人種だった。彼らの仕事はただ資金を保管することであり、増やそうとすることではなかった。代表的な資金管理会社はフィデリティやプルデンシャルといった名前を持ち、その名のとおり（忠実、慎重に）行動した。ジョン・ブルックスという記者によると、よい受託者は「まじめが服を着たような人。白髪をほどよくなでつけ、青い目をきらきらさせない」[5]。だが、ジョーンズはそういう人物ではなかった。金融にかかわるまでに、次から次へとさまざまな仕事を経験していた。作家や芸術家ともつきあいがあった（全員がまじめな連中というわけではない）。超高度資本主義の権化《ごんげ》、ヘッジファンドの生みの親となったが、若いころはマルクス主義に手を染めていた。

ジョーンズは一九〇〇年の九月九日九時に生まれた。後年、彼はこの話を何度もしては家族をうんざりさせた。[6] 父親はゼネラル・エレクトリック（GE）のオーストラリア部門を経営するアメリカ人で、ジョーンズの家族によると、彼らはオーストラリアで最初の自動車を所有していた。当時の写真を見ると、三歳のアルフレッドが白い水兵帽、白いジャケット姿で写り、その横にウィングカラーのシャツを着た父親、反対側に羽根飾りつきの帽子をかぶった母親がいる。一家がGE本社のあるニューヨーク州スケネクタディに戻ると、アルフレッドは地元の学校へ通い、一族の伝統にならってハーバード大に進学した。だが、一九二三年に卒業したとき、彼は自分が何をすべきか途方に暮れてしまった。アイビーリーグの子弟向けに用意されたキャリアパスには魅力を感じなかった。ちょうどそのころ、ジャズ・エイジが幕を開けていた。F・スコット・フィッツジェラルドは「グレート・ギャツビー」という放埒《ほうらつ》なアンチヒーローを生み出した。細身で背が高く、甘いマスクで髪も豊かなジョーンズは、フィッツジェラルドの世界になんの苦もなく収まっていただろう。でも彼は、自分の人生について別の考え方を持っていた。父親譲りで旅が好きだった彼は、不定期貨物船のパーサー［客室乗務員の長］となり、一年間かけて世界じゅうを回った。輸出バイヤーや、投資顧問向けの統計分析の仕事をし、その後も無目的に職を転々としたあと、外交官試験を受けて国務省に入った。[7]

ジョーンズは一九三〇年一二月、アメリカ副領事としてただちにベルリンに赴任《ふにん》した。ドイツ経済は急速に悪化していた。同年の生産高は八パーセント減少し、失業者は四五〇万人にのぼった。三カ月前の選挙では、ほとんど無名だった国家社会党が国民の怒りに乗じて、議会で一〇七議席を獲得していた。[8] 仕事がらドイツのさまざまな問題に直面したジョーンズは、同国の労働者の状況に関する調査報告書をふたつ書いている。ひとつは食料の入手状況について、もうひとつは住宅事情について。だが、アンナ・ブロックという左翼反ナチ活動家に出会って、彼のドイツとのかかわりはさらに深まった。ユダヤの銀行家一族の娘であるアンナは、異性を惹《ひ》きつける魅力にあふれ、機知に富んでいた。ナチの内偵を逃れるため、ベルリンの病院の産科病棟《びょうとう》からしばらく指揮を執《と》ったこともある。その数年後、パリの地下組織にかかわったときは、段ボール箱ひとつでロンドン一の高級ホテルに潜《もぐ》り込めると豪語した。一九三一年にジョーンズが会ったとき、アンナはレーニン主義者組織という団体に属し、三番目の夫を探しているところだった。ジョーンズは、社会主義的な情熱とブルジョワ的な魅力をあわせ持つアンナのとりことなり、政治的にも個人的にも彼女に仕《つか》えるようになった。[9]

ジョーンズはアンナとの結婚を秘密にしていたが、やがて同僚たちに知られてしまう。入省からわずか一年半の一九三二年五月、彼は国務省をやめざるをえなくなった。だが、彼のドイツとのかかわりはそこで終わらなかった。同年秋にベルリンに戻ると「リチャード・フロスト」を名乗り、レーニン主義者組織で秘密裏《り》に働いた。[10] 翌年には同組織のロンドン代表者となり（暗号名「H・B・ウッド」）、反戦主義の傾向があったイギリス労働党に、ヒトラーに対する軍事行動の必要性を説こうとした。イギリス当局はジョーンズの活動に疑念を持っていたが、彼がベルリンにあるドイツ共産党傘下のマルクス主義労働者学校に参加していると知り、なおさら猜疑心《さいぎしん》を深めた。ロンドンからの至急の問い合わせに対して、国務省職員は「ジョーンズ氏は国務省在籍中から共産主義に関心を示していたと理解される」と答えている。[11]

ヒトラーに対するドイツの抵抗運動は、どちらかといえば非現実的なものだった。ジョーンズのアンナとの関係にも同じことがいえたのかもしれない。ふたりは数カ月で離婚、ジョーンズは一九三四年にロンドンを離れてニューヨークへ向かい、コロンビア大学の大学院で社会学を学んだ。そして、バージニア州出身の中産階級農家の娘、メアリー・エリザベス・カーターと結婚した。[12] だが、ジョーンズの暮らしがすっかり普通に戻ったわけではない。一九三〇年代から四〇年代初めにかけて、彼はドイツ左翼との関係を続けており、米国の諜報《ちょうほう》活動にも関与した可能性がある。[13] 一九三七年、ジョーンズとメアリーは内戦中のスペインへ新婚旅行に出かけた。[14] ふたりは作家のドロシー・パーカーとともに前線までヒッチハイクをした。アーネスト・ヘミングウェイに出会い、スコッチウィスキーを振る舞われた。

ドイツで、それからスペインで目にしたヨーロッパの崩壊は、ジョーンズ自身の国の混乱に重ね合わされるものだった。「グレート・ギャツビー」のアメリカはジョン・スタインベック「怒りの葡萄《ぶどう》」［小作農民一家の苦難の人生を描く小説］のアメリカに取って代わられ、ジャズ・エイジは恐慌に取って代わられていた。ウォール街では一九二九年一〇月の大暴落後、一九三〇年代初めまで一連の市場暴落が続いた。投資家は群れをなして市場から逃げ出し、にぎやかだった証券会社は静まり返った。証券取引所近くの有名な渓谷《けいこく》を歩いたとしても、開いた窓からバックギャモンのさいころの音が聞こえるだけ、と言われた。[15] しかし、左翼諜報活動にタッチするほど冒険好きのジョーンズが、かつてないほど冷静にこの混乱を切り抜けた。彼は当時の最大の疑問に野心的に取り組んだが、出した結論は穏当《おんとう》なものだった。

ジョーンズの考え方は、社会学者およびジャーナリストとしての執筆活動によってつちかわれた。ナチの脅威がヨーロッパじゅうに広がっていた一九三〇年代後半、ジョーンズは博士論文のための研究に没頭した。同じ災厄《さいやく》が母国を襲うのかどうかを知りたかったからだ。[16] 論文のテーマは、政治的左派の階級構造へのこだわりを反映していた。アメリカ人の経済状況と、彼らの財産に対する考え方との関係を、彼は熱心に調べた。ねらいは「基本的なところで、われわれがどの程度一体化した国なのか、どの程度内部分裂した国なのかを見きわめること」。[17] 一九三八年の終わりと一九三九年の初め、ジョーンズはメアリーとともに労使対立の温床《おんしょう》とされるオハイオ州アクロンへ出向き、一七〇〇人にインタビューするためのアシスタントチームを編成した。インタビューの結果を統計的に検定した彼は、深刻な経済的分裂が偏《かたよ》った世界観につながるとはかぎらない、と結論づけた。これは若いころの社会主義の仮説を否定し、アメリカ民主主義の活力を物語るものだった。

一九四一年に「生命・自由・財産（Life, Liberty and Property）」というタイトルで出版されたジョーンズの論文は、社会学の標準的な教科書になった。これはジョーンズを新たな仕事でデビューさせるきっかけにもなる。今度はジャーナリストである。『フォーチュン』誌は論文の要約版を発表すると同時に、彼に職の提供を申し出た。書くというのは難しい仕事だとわかっていたが、彼は喜んで受け入れた。一九四二年に発表した論評では、戦争が終わったらルーズベルト大統領の経済統制政策をやめる必要があると警告した。[18] 社会主義から中道路線に転じたのも市場を尊重するがゆえだったが、それでも再分配プログラムへの関心は持ちつづけていた。理想的なのは左派と右派のある種の融合だ、と彼は『フォーチュン』に書いた。「自由市場の保護においてはできるかぎり保守的、人々の福祉の確保においては必要なかぎり急進的」であるべきだと。

一九四八年、ジョーンズは同誌の仕事で、二〇年前に投資顧問と仕事をして以来ほとんど顧《かえり》みなかった金融の世界に目を向ける機会を得た。その結果として一九四九年三月に書いた「予測の流儀」と題する記事は、彼に続く多くのヘッジファンドの到来を予期していた。記事はまず、「株式市場の行方を予測する標準的で旧式のやり方」を批判した。そのやり方とは、貨車積載《せきさい》量、商品価格などの経済データを調べて、株価の動向を判断するというものである。この方法では多くの事象を見逃しかねない。経済データの変化がないのに株価が大きく増減した例をジョーンズは引き合いに出した。彼はファンダメンタル分析〔データに基づく株式の本質的価値の分析〕を当てにせず、もっと儲かるはずの考え方に目を向けた。つまり、株価は投資家心理の予測可能なパターンに影響されるという考え方である。お金というのは抽象的な数字記号かもしれないが、欲望や恐怖や嫉妬を映し出す鏡、群集心理のバロメーターでもある。[19]社会学者がこうした仮説に魅力を感じるのは当たり前だったのかもしれない。

　投資家の心情が株価のトレンドをかたちづくる、とジョーンズは考えていた。株式市場の上昇が投資家の楽観主義をもたらし、それが市場のさらなる上昇をもたらし、それがさらなる楽観主義をもたらす……。このフィードバックループが株価を押し上げ、利益を生むトレンドを形成する。大切なのは、投資家心理が逆転するとき――フィードバックループが株価を持続不能な水準まで押し上げ、欲望が恐怖に変わり、振り子が逆に振れるとき――に逃げ出すことである。ジョーンズが『フォーチュン』で紹介した予測家たちは、このような転機をとらえる新しい方法を提唱していた。ダウ・ジョーンズ指数が上がっているのに個々の銘柄《めいがら》がほとんど値を下げていれば、反発はまもなく終息すると考える者もいた。あるいは、株価が上がっているのに出来高が減っていれば、いずれ買い手がいなくなり、トレンドは反転すると考える者もいた。共通していたのは、株価チャートが成功のカギを握るという見解である。チャートでは同じパターンがくり返されるからだ。

チャート重視の予測家に敬意を表する一方、ジョーンズは学術的な経済理論にはなぜか無知だった。一九三三年と一九四四年に、統計経済学の創始者のひとりアルフレッド・コールズは、金融実務家たちによる何千もの投資アドバイスを検討したふたつの論文を発表していた。ひとつ目のタイトルは「株式市場の予測家に予測は可能か?」。答えはこうだ。「疑わしい」。ジョーンズはコールズの論文を『フォーチュン』で一部抜粋し、月次の株価にトレンドがある証拠をコールズが発見したように述べている。彼は、コールズが三週間間隔で報告された株価をチェックしたところ、なんのトレンドも発見できなかったことにはふれなかったし、市場のパターンと思しきものはあまりにも曖昧《あいまい》で当てにならないとコールズが結論づけたことにも言及しなかった。[20] だが、ジョーンズのコールズに対する浅薄《せんぱく》な理解にもかかわらず、両者には一致する点が少なくともひとつあった。ふたりとも、成功した市場予測家はそのパフォーマンスを持続できないと考えたのである。トレンドを予測するという行為そのものがトレンドを壊すからだ。たとえば、市場が一定水準に達するまで数日間は上昇トレンドが続く、と予測できる人がいたとしよう。このアドバイスに従って予測水準まで株価が一気に上がると、早いうちにトレンドは断ち切られる。こうして、予測家は市場の働きを加速させる一方で、自分たちの働き口をなくしてしまう。ジョーンズが『フォーチュン』の記事で結論づけたように、値動きが終わるのだ。そうなると市場は「基本的な経済変動のみに応じて、比較的穏やかに規則正しく変動する」。

ジョーンズはおそらく自分でも予測していなかっただろうが、ヘッジファンドの歴史を見通していた。その後数十年にわたって、金融イノベーターたちが次々と市場から利益をあげる機会を見つけていったが、その知見が一定数の投資家に知れ渡ると、市場が効率性を取り戻すため、利益機会は失われた。一九五〇～六〇年代には、ジョーンズ自身が市場に新たな効率性を課す運命にあった。だが、その変化の本質は彼のまったく予期せぬものだった。

一九四九年三月に『フォーチュン』の記事が出たころには、ジョーンズは世界初のヘッジファンドをスタートさせていた。突如として金融に熱心になったわけではない。それどころか、彼は自由主義から社会主義、また自由主義へという政治的な転向や、コネチカット州の田舎の新居でガーデニングを楽しむのに忙しかった。[21]でも、はや四〇代後半。ふたりの子どもをかかえ、贅沢《ぜいたく》なニューヨーク趣味もある。お金が必要だと彼は考えた。[22]ジャーナリズムの世界でもっと稼ごうとの試みは失敗に終わっていた。新雑誌を立ち上げようと『フォーチュン』を去り、ふたつの計画を練ったが、いずれも資金援助を得られなかった。出版ベンチャーに挫折した彼は、プランBに移行する。友人四人から六万ドルを調達し、自身の四万ドルを加えて、投資につぎ込んでみたのである。

それから二〇年間のジョーンズの投資実績は、史上まれに見るたぐいのものだ。一九六八年には、五〇〇〇パーセント近い累積リターンをあげていた。つまり、一九四九年に彼に一万ドルを預けた投資家が、四八万ドルを手にできる計算である。[23]ジョーンズはライバルを圧倒した。たとえば、一九六五年までの五年間で三二五パーセントのリターンを出した。同じ時期に最も高収益だった投資信託の二二五パーセントがかすむ数字である。一九六五年までの一〇年間では、二番手の競争相手のほぼ倍を稼いだ。[24]見方によっては、この間のジョーンズの業績はウォーレン・バフェット［一九三〇～　投資家。高リターンを継続していることで有名］にも劣らない。[25]

ジョーンズの投資ベンチャーは、ブロード街［ニューヨーク市マンハッタン区の金融街。ウォールストリートもその一部］にある一部屋半の粗末なオフィスでスタートした。彼は顧客である投資家のひとり、ウィンスロー・カールトンが所有する保険会社にスペースを借りていた。カールトンは、襟《えり》の白いブルーのシャツにネクタイを固く結ぶのが好きなこざっぱりとした男で、愛車は堂々たるパッカード・コンバーティブル。朝にはときどき、カールトンがぴかぴかの愛車をガレージから出してサットン・プレース［マンハッタン区の富裕層が住む区域］三〇番のジョーンズのアパートへ行き、ふたりして屋根のない車でイーストサイドを下りながら、市場の動向を予測しあったものだ。ジョーンズはロイヤル社製のタイプライターを机に置き、辞書を台のうえに載せていた。株価を知るためのティッカーテープ機、手動式の計算機、昼食後に居眠りをするソファがあった。[26]

ジョーンズは、チャート重視の予測家のアドバイスを投資益につなげられないかと考えた。だが、真に革新的だったのは彼のファンドの組成《そせい》である。職業投資家の一般的なアプローチは、相場が上昇すると思われるときは株を買い込み、下落すると思われるときは現金をたくさん持っておくというものだった。だが、ジョーンズはこの方法をさらに改良した。チャートが上昇相場を予測すると、資金の一〇〇パーセントを株につぎ込むだけでなく、たとえば一五〇パーセント「ロング」とするために借金した。つまり、資本の一・五倍に相当する株を保有した。逆に、チャートが下落相場を予測すると、現金に逃げるだけでなく、「ショート」すなわち空売りによってエクスポージャー〔総運用資産のうち価格変動リスクにさらされている資産の度合い〕を削減した。つまり、他の投資家から株を借り、将来の値下がりを見込んでこれを売った。値下がりしたときに買い戻せば利益が出る。

レバレッジも空売りも、主に自己資金を投じる投資家が一九二〇年代に用いていた。[27] だが、一九二九年〔株価大暴落と世界恐慌の年〕のトラウマによって両手法は評判を落とし、他人の資金を預かる投資家にはきわどくて使えないとされた。ジョーンズが革新的だったのは、これらの手法を「きわどさ」を感じさせることなく組み合わせるにはどうすればよいかを考えた点にある。「保守的な目的に投機的な方法を使う」と、彼はよく口にした。チャートが下降相場を示さないときでも、日常的な用心としてファンドの一部を空売りすることで、市場リスクに対する保険をポートフォリオにかけることができた。だから、ダウ・ジョーンズ指数の下落を気にせずに、有望な株を自由に購入できた。ジョーンズの言葉を借りれば、「買いだけの人と同じリスクをとることなく、優良株をもっと買うことができる」。[28] 従来の投資家は、市場が不安定と見るや、ゼロックスやポラロイドなどの人気銘柄を売らなければならなかったが、ヘッジファンドは、市場が割高なときでも、賢い銘柄選定《ストックピッキング》で利益をあげることができた。

一九六一年に外部パートナーに配った趣意書のなかで、ジョーンズはヘッジングの魔法を例を出して説明している。[29] ふたりの投資家がいて、それぞれ一〇万ドルずつ持っているとしよう。ふたりとも銘柄選定の腕前は同じで、市場を楽観視している。伝統的な資金運用原則を採用する第一の投資家は、最も優良と考える銘柄に八万ドルを投資し、二万ドルは安全な債券に回す。ジョーンズの原則を採用する第二の投資家は、一〇万ドルを借りて軍資金の総額を二〇万ドルにしたうえで、一三万ドル相当の優良銘柄を買い、七万ドル相当の悪い銘柄を空売り（ショート）する。このため第二の投資家のほうが、買い（ロング）ポジションの分散度にすぐれている。一三万ドル使えるので、幅広い銘柄が買えるわけだ。また、市場へのエクスポージャーも少なくてすむ。七万ドルのショートが七万ドルのロングを相殺《そうさい》するので、「正味《しょうみ》のエクスポージャー」は六万ドルとなる。一方、第一の投資家の正味のエクスポージャーは八万ドルである。このように、ヘッジファンドの投資家のほうが（分散投資のせいで）銘柄選定リスクが少なく、（ヘッジングのせいで）市場リスクも少ない。

さらにいいことがある。利益にどんな影響があるかを考えてみよう。株式市場指数が二〇パーセント上がったとする。ジョーンズの例に出てくる両投資家は銘柄選定にたけているので、ロングが相場を一〇ポイント上回り、三〇パーセントの上昇をもたらす。ヘッジをかけた投資

表1

<table>
<tr><th>伝統的な投資家</th><th>ヘッジをかけた投資家</th></tr>
<tr><td rowspan="2">8万ドル相当の株式で30%の利益</td><td>13万ドル相当の株式で30%の利益</td></tr>
<tr><td>7万ドル相当のショートで10%の損失</td></tr>
<tr><td>利益：2万4,000ドル</td><td>正味利益：3万9,000－7,000ドル
＝3万2,000ドル</td></tr>
</table>

表2

<table>
<tr><th>伝統的な投資家</th><th>ヘッジをかけた投資家</th></tr>
<tr><td rowspan="2">8万ドル相当の株式で10%の損失</td><td>13万ドル相当の株式で10%の損失</td></tr>
<tr><td>7万ドル相当のショートで30%の利益</td></tr>
<tr><td>損失：8,000ドル</td><td>正味利益：2万1,000－1万3,000ドル
＝8,000ドル</td></tr>
</table>

家のショートにも好都合である。指数が二〇パーセント上昇したとき、彼のショートは一〇パーセントしか上がらない。なぜなら、平均以下の銘柄を選んでいるからだ。ふたりの投資家の業績は表1のようになる。

この結果は、高いリスクを負わないと高いリターンを得られないという投資の基本ルールにもとるように思える。ヘッジをかけた投資家は、伝統的な投資家より市場リスクも銘柄選定リスクも少ないのに、利益が三分の一多い。

今度は下降市場を考えよう。ヘッジングの魔法はさらに効果を発揮する。相場が二〇パーセント下がり、両投資家の選んだ銘柄がどちらも相場平均を一〇ポイント上回ったとすると、リターンは表2のようになる。

要するに、ヘッジをかけたファンドは、強

気相場ではリスクが少ないのに業績がよく、弱気相場ではリスクが少ないので業績がよい。もちろん、両投資家が優良銘柄を選んだときしか、この計算は成り立たない。銘柄選定がへたな投資家は、ジョーンズの組成のもとでは、その無能さを拡大させかねない。それでも、ヘッジングのメリットを考えると、なぜ他のファンド・マネジャーがこれをまねなかったのかという疑問が浮かぶ。

第一の答えは、空売りにある。ジョーンズが投資家向けレポートで述べているように、空売りは「これといった理由もないのに利用者が敬遠する、あまり知られていない手段」であった。[30] 市場の暴落以来ずっと、空売りには汚名が着せられてきたし、今後もそれは続きそうだった。二〇〇八年のパニックのさなか、規制当局は空売りという行為に制限を設けた。だが、ジョーンズが辛抱強く説明したように、空売りを首尾よく行えば「コントラリアン（逆張り投資家）」的な機能が果たされ、社会の役に立つ。すなわち、尋常でなく上昇する銘柄を売ることで、バブルの芽を摘《つ》むことができる。同じ銘柄が下がったときに買い戻すことで、ソフトランディングを提供できる。無謀な投機をあおるどころか、空売りは市場の変動を和《やわ》らげる可能性がある。これはその後もヘッジファンド・マネジャーがくり返し強調した点だが、それでも汚名はつきまとった。

しかし、ライバル投資家がジョーンズの手法を採用しなかった理由はほかにもある。ある程度までなら、よくない銘柄の空売りも、よい銘柄の購入と難しさは変わらない。やることが逆なだけで、考えるプロセスは同じである。利益の伸びが速い銘柄のかわりに、伸びが遅い銘柄を探す。経営者がすぐれた企業のかわりに、いかさま経営者が率いる企業を探す——。だが、それ以外の面では空売りのほうが難しい。偏見を持たれているせいで、空売りは税金をはじめ規制上の扱いが厳しい。また、株を買う投資家は可能性として無限の利益をあげられるが、空売りで儲かるのは一〇〇パーセントまで——それも株価がゼロに下がった場合だ。[31] そのうえ、さらなる改良がほどこされて初めて、空売りはヘッジング戦略の一環として機能する。ジョーンズが同時代の他の人たちよりも先んじていたのは、この点である。

　改良の手がかりは、一部の銘柄は他の銘柄よりも上げ下げが激しいという事実にある。ボラティリティ（変動幅）が異なるのだ。勢いのない銘柄を一〇〇〇ドル買い、変動の激しい銘柄を一〇〇〇ドル空売りしても、本当のヘッジにはならない。市場が平均二〇パーセント上がったとき、勢いのない銘柄は一〇パーセントしか上がらず、変動の大きい銘柄は三〇パーセント急騰《きゅうとう》するかもしれないからだ。そこでジョーンズは全銘柄のボラティリティ（彼はこれを「ベロシティ［velocity＝速度］」と呼んだ）を測定し、スタンダード&プアーズ（S&P）500指数のボラティリティと比較した。[32] たとえば、一九四八年以降のシアーズ・ローバックの価格変動の大きさを調べ、その変動が市場平均の八〇パーセントだと判断した。そこでシアーズの「相対ベロシティ」を八〇とした。他方、市場全般より変動の大きな銘柄もあった。たとえば、ジェネラル・ダイナミクスの相対ベロシティは一九六だった。ジェネラル・ダイナミクスとシアーズ

表3

買い	空売り
シアーズ・ローバックを1株50ドルで245株＝1万2,250ドル	ジェネラル・ダイナミクスを1株50ドルで100株＝5,000ドル
1万2,250ドル×シアーズのベロシティ0.80＝9,800ドル	5,000ドル×ジェネラル・ダイナミクスのベロシティ1.96＝9,800ドル

の株を同じ数だけ売買してもヘッジにならないのは明らかである。仮に、ジョーンズのファンドが変動の激しいジェネラル・ダイナミクス株を一株五〇ドルで一〇〇株空売りすると、市場エクスポージャーをニュートラルにするためには、動きの少ないシアーズ株を一株五〇ドルで二四五株保有しなければならない。

投資家向けレポートで、ジョーンズは表3のように説明している。

ある銘柄のベロシティは、それがよい投資かどうかを決めるものではない、とジョーンズは指摘した。動きの鈍い銘柄が利益を出し、動きの激しい銘柄が損失を出すこともある。だが、ある銘柄のポートフォリオへの影響を理解するには、ボラティリティに応じて保有規模を調整しなければならなかった。

ジョーンズが次に革新的だったのは、銘柄選定による儲けと、市場エクスポージャーによる儲けを区別したことである。何年かたって、この区別は当たり前になった。投資家は、スキル主導の銘柄選定によるリターンを「アルファ」、受動的な市場エクスポージャーを「ベータ」と呼んだ。[33] だがジョーンズは、最初からこれらの異なる収益源を追跡し、アクロンの労使対立［43ページを参照］の渦中で磨いた統計の才を発揮した。毎晩、ときに子どもたちの助けを得ながら、『ワールド・テレグラフ』や『サン』で関連銘柄の終値をチェックし、使い古した革のノートに書きとめた。[34] そして、次のような論理を組み立てた。[35]

〈一三万ドル相当の私たちのロングポジションは、市場の上昇率一パーセントと呼応すれば一三〇〇ドルの増加だったはずですが、実際には二五〇〇ドル増加しました。銘柄選定の成功によるこの差額は一二〇〇ドル、ファンドの株式一〇万ドルの一・二パーセントに当たります。

七万ドル相当のショートポジションも一パーセント上がり、七〇〇ドルの損失をもたらしたはずですが、実際の損失は四〇〇ドルですみました。空売り銘柄選定の成功によるこの差額は三〇〇ドル、〇・三パーセントの利益に当たります。

正味六万ドルのロングポジションだったため、市場の上昇率一パーセントは、六万ドルの一パーセントである六〇〇ドル（〇・六パーセント）の貢献となりました。

トータルの利益は二一〇〇ドル、二・一パーセント。このうち一・五ポイントは銘柄選定によるもの、残る〇・六ポイントは市場エクスポージャーによるものです〉

ジョーンズの計算は、ふたつの意味でみごとだった。コンピュータがまだ普及していない時代、各銘柄のボラティリティの計算は骨の折れる仕事だったが、ジョーンズたちは少ない人手で、二年おきに約二〇〇〇社分の測定を行った。だが、がまん強さ以上に傑出していたのは、概念的な高度さである。大まかにではあるが、彼の手法は一九五〇年代および六〇年代の金融学界の進歩を予見していた。

ジョーンズが自身のファンドを立ち上げてから三年後の一九五二年、「ポートフォリオ選択論」と題する短い論文の発表により、現代ポートフォリオ理論が誕生した。著者は二五歳の大学院生ハリー・マーコウィッツ〔その後一九九〇年にノーベル経済学賞受賞〕。彼の知見は主にふたつの要素から成り立っていた。第一に、投資術とはたんにリターンを最大化することではなく、リスク調整後のリターンを最大化することである。第二に、投資家が負うリスクの量は、保有銘柄だけでなく、それらの相互関係にも依存する。ジョーンズの投資手法はこれらの点をある程度予見していた。各銘柄のベロシティに着目することで、ジョーンズはマーコウィッツが言うようにリスクをうまくコントロールしていた。また、ロングポジションとショートポジションのバランスをとることで、ポートフォリオのリスクは構成銘柄どうしの関係に依存するというマーコウィッツの洞察を先取りしていた。[36]

ジョーンズのアプローチはマーコウィッツのそれよりも実際的だった。一九五二年のマーコウィッツの論文は、ウォール街で長年にわたって無視された。実行不能だったからである。つまり、一〇〇〇の銘柄間の相関性を調べるには五〇万近い計算が必要だったが、それができるコンピュータがまだなかった。一九五〇年代の半ばに、マーコウィッツはわずか二五銘柄の相関性を計算しようとしたが、それだけでもイェール大学経済学部が提供できる以上のコンピュータメモリーが必要だった。マーコウィッツの業績を現実に役立てるには、もうひとりの将来のノーベル賞受賞者、ウィリアム・シャープ［マーコウィッツと共に一九九〇年、経済学賞受賞］を待たなければならなかった。「ポートフォリオ分析の単純モデル」と題する論文で、彼は、銘柄間の無数の関係を計算するという絶望的な条件にかわって、各銘柄と市場指数間の単一相関を計算するという単純な考え方を提唱した。これはまさにジョーンズのベロシティの計算が意図したことだった。シャープが論文を発表した一九六三年には、ジョーンズはすでに一〇年以上、投資アドバイスを行っていたのである。

ジョーンズはまた、現代ポートフォリオ理論のもうひとりの父で、やはりノーベル賞を受賞したジェームズ・トービン［一九八一年、経済学賞受賞］の業績も予見していた。一九五八年、トービンはのちに分離定理として知られるようになる考え方を提唱した。すなわち、投資家の銘柄選択は当人のリスク選好《せんこう》度《ど》［リスクをとろうとする度合い］とは切り離して考えるべきだという主張である。一九五〇年代のほとんどの投資アドバイザーは、銘柄ごとに最もふさわしい投資家がいると考えた。たとえば、未亡人はゼロックスのような成長銘柄を保有すべきではなく、成功したビジネスエグゼクティブはAT&Tのようなおもしろみのないユーティリティ銘柄［電力・電話・ガス等のインフラ企業の株］に関心を示すべきではない。トービンはこれがなぜまちがいなのかを理解していた。投資家の銘柄選択は、その人が求めるリスクの量とは切り離せるというのだ。リスクを嫌う投資家であれば、最大限の優良銘柄を買うべきだが、つぎ込むのは資金の一部でよい。リスク選好度の高い投資家もまったく同じ銘柄を買うべきだが、資金を借りてもっとたくさん買えばよい。だが、トービンがその画期的な論文を発表する九年前に、ジョーンズは同じ点に気づいていた。彼のファンドはまず、どの会社に投資すべきかを判断し、次に、どの程度のリスクをとるべきかを判断した。レバレッジという手段を用いてリスクを調整したわけだ。[37]

一九五〇年代から六〇年代にかけて、ジョーンズの投資手法を理解している者はないに等しかった。ジョーンズは人知れず――これは彼の専売特許である――ヘッジファンド業界の未来を予測していた。ヨーロッパでの隠密《おんみつ》活動を通じて、彼は目立たないように行動する術《すべ》を知っていたが、多くの理由から金融にも同様にアプローチしようとした。[38]まず、自身の投資手法をライバルから守りたかった。ブロード街のA・W・ジョーンズのオフィスを訪ねたブローカーは、売り込もうとする銘柄について根掘り葉掘り質問を受けたが、オフィスを去るときにもジョーンズたちの考えはわかっていなかった。同様にジョーンズは、スワード&キッセル所属の弁護士リチャード・バレンタインが探してくれた税制上の抜け穴を知られるのも避けたかった。バレンタインは創造性豊かな天才肌の弁護士だったが、個人的にはマンガのようにヌケているところがあった。あるとき同僚の家に電話をかけ、税に関するアイデアを長々と説明しはじめたのだが、じつは話している相手は同僚の五歳の子どもだった。[39]そのバレンタインが気づいたことがある。ファンド・マネジャーが一律の運用手数料を受け取るかわりに投資利益の分配にあずかれば、彼らに課される税金はキャピタルゲイン税率［株式等の資産の価格上昇による利益（資産益）にかかる税率］ですむというのだ。つまり、当時の最高所得税率九一パーセントではなく二五パーセントを米政府に納めればよかった。[40]ジョーンズは利益の二〇パーセントを投資家に請求したが、これは「税法ではなく地中海の歴史に触発された」らしい。具体的にはフェニキア商人をお手本にしたのだという。彼らフェニキア商人は、航海の成功で得た利益の五分の一を懐《ふところ》に入れ、残りを投資家に分配した。この印象深いストーリーのおかげで、ジョーンズの成功報酬（通常の所得税の対象となるボーナスと区別するために「業績の再配分」と呼ばれた）はヘッジファンドの後継世代にも快く受け入れられた。

ジョーンズの秘密主義の理由は、競争相手を追い払い、節税したかったからだけではない。規制を逃れたかったのである。彼は一九三三年証券法、一九四〇年投資会社法、一九四〇年投資顧問法に基づく登録を拒否した。自分たちのファンドは「プライベート」だから、どの法律も基本的には当てはまらないと――。これらの法律に支配されないことは必須だった。レバレッジと空売りというジョーンズのヘッジ戦略の二大要素が制限されるうえ、手数料にも制約が課されるからだ。プライベートだということを裏づけるため、ジョーンズはけっしてファンドを広告しなかった。宣伝はもっぱら口コミで、夕食の席などが利用されることもあった。資本の多くは、レーニンの伝記作家ルイス・フィッシャー、ブリッジの名手サム・ステイマンなど、友人である知識人たちが出した。[41] ジョーンズはまた、あまり多くの投資家をファンドに入れないようにした。一九六一年には、ひとつ目のファンドのメンバーが一〇〇人を超えないよう、ふたつ目のファンドを設立した。[42]

このステルス作戦のおかげで、ジョーンズおよび彼の後年の模倣者たちは規制の監視を免れた。だが、それは高い代償をともなった。秘密主義ほど人々の好奇心をそそるものはなく、一九六〇年代半ばには、ヘッジファンドはのちに当たり前になる辛辣《しんらつ》なコメントを受けるようになった。記者のジョン・ブルックスによれば、ヘッジファンドは「ウォール街に唯一残された秘密、神秘、排他、特権の権化」であり、「濡《ぬ》れ手で粟《あわ》のおいしい仕事」だった。[43] 規制の脅威ゆえ、ジョーンズの秘密主義はしかたなかったのかもしれない。だが、草創期に彼が打ち立てたこのスタイルのせいで、ヘッジファンドはいつまでたっても神秘的で謎に包まれた鼻つまみ者である。

現代ポートフォリオ理論を予見したにもかかわらず、ジョーンズはアルフレッド・コールズの論文［46ページを参照］を顧《かえり》みなかったツケを払わなければならなかった。市場価格のトレンドはそれで儲けられるほど明確ではないとの見解は、まったくもって正しかった。少なくともジョーンズの場合は――。つまり、市場の方向性を占おうとする彼の努力は、成功もしたが失敗もしたのである。一九五三年、一九五六年、そして一九五七年、ジョーンズは弱気相場でレバレッジを高め、強気相場でレバレッジを低めた結果、損失を出した。一九六〇年にコールズはかつての研究成果を修正した。月次価格のトレンドが明確ではないという所見を引っ込め、トレンドはいっさい存在しないと結論づけたのである。[44]これを知らないジョーンズは市場のタイミングを計ろうとしつづけたが、結果はよくならなかった。一九六二年初め、彼は資本の一四〇パーセントをネットロング（買い越し）ポジションで持っていたが、そこへ相場が下落。ついで弱気に転じたが、今度は相場が上昇した。一九六五年八月には、正味《ネット》のエクスポージャーがマイナス一八パーセントだった（つまり、ショートポジションがロングポジションをファンド資本の一八パーセントも上回っていた）ところへ、折悪く市場が反発しはじめた。後年のヘッジファンド・マネジャーはトレンドサーフィンが利益になることを証明し、後年の学界はコールズの見解を修正した。だがジョーンズは、チャート重視が彼のヘッジドファンドの前提だったにもかかわらず、チャートに注目して利益を出すことができなかった。[45]

ジョーンズの統計的手法は、市場の読み誤りによって彼がどれだけ損しているのかを明らかにした。[46]だがそれでも、彼のファンドは驚くほどの業績をあげた。その理由は、偶然といってもよいある発見にあった。彼が最初に用いたのは、投資家心理が生み出すトレンドに関する理論だったが、それは結局行き詰まってしまった。彼が発明したヘッジ戦略は、概念的にはすばらしいが、それ自体が利益の源泉というわけではない。ヘッジポートフォリオを設計した彼は、次に、そのなかに入れる銘柄を選ぶ必要があった。スキルがどうか、性格が一致するかどうかによって、彼はウォール街随一の銘柄選択者《ストックピッカー》を集める方法を考案した。

自分自身はすぐれたストックピッカーにはなれない、とジョーンズはわかっていた。投資にかけては新米であり、企業の詳しいバランスシートに興味をかき立てられることもない。そこで彼は、他人の力を最大限に利用するシステムをつくった。一九五〇年代初めから、ブローカーに声をかけて「モデルポートフォリオ」を運用してもらった。それぞれのブローカーがお気に入りのショートとロングを選び、まるで本物のお金を運用しているかのように電話で変更連絡を入れるのである。ジョーンズはこうしたペーパーポートフォリオを銘柄選択のヒントにした。彼の統計的手法は、銘柄選択の結果と市場動向の影響とを区別したため、各マネジャーの成績を正確に知ることができる。ジョーンズは、彼らの選択案がどれだけの成績をあげたかに応じて報酬を支払った。ブローカーたちの最新のアイデアをライバルより早く手に入れるには恰好《かっこう》の方法だった。[47]

このシステムが、ジョーンズの競争上の強みとなった。一九五〇年代のウォール街は、退屈でおもしろみのない場所だった。大学やビジネススクールで金融の講座をとる者はないに等しく、ハーバード大の投資講座は「真昼の暗黒」と呼ばれた（人気の高い科目に教室を確保するため、不人気なランチタイムを大学側からあてがわれたから）。投資機関の受託者は、運用成績よりも運用資産額で評価され、合議形式で意思決定をした。ジョーンズの手法はこの古いやり方を打破した。一人ひとりのストックピッカーの実力勝負であり、集団主義のかわりに個人主義、自己満足のかわりにアドレナリンが重視された。一九六〇年代にはジョーンズの事業も大きくなり、六人のストックピッカーをかかえるほどだったが、それでも彼は個人主義的なシステムを推進しつづけた。退屈でがまんならないという理由で、投資ミーティングはほとんど開かなかった。[48] そのかわり、内部の各マネジャーに運用資本の一部を割り当て、望ましい市場エクスポージャーを定め、あとは自由に投資させた。毎年末には、最も業績のよいマネジャーが最もよい報酬を得た。

ジョーンズ配下の者たちがどんな活躍をしたかは想像がつくだろう。一九五〇年代および六〇年代のウォール街では、情報が瞬時に全員に行き渡る環境などなかった。ブローカーからの宣伝Eメールもなければ、ケーブルテレビでの即時分析もない。こうした状況では、最も精力的な投資チームが活気のないライバルを打ち負かす。そして、ジョーンズのチームが最も精力的に活動した。モデルポートフォリオ担当マネジャーは先を競って新しいアイデアを知らせ、内部のセグメントマネジャーは電話を駆使して、競争相手に先んじるための噂話や情報を奪い合った。ウォール街が市場暴落後の虚脱状態を脱した一九六〇年代でも、勤勉こそが勝利への近道というのは驚くべきことだった。ジョーンズのストックピッカーのひとりアラン・ドレシャーは、企業の財務レポートを発行直後に読むため、証券取引所に出かけることを考えていたほどである。尋常でないのは、そんなことを考えるのが彼ひとりだったということだ。ほかの人間は郵便局からレポートが束《たば》になって届くのを待っていたのだから。

業績と報酬の連動がジョーンズのやり方のカギだった。ブローカーが普通の投資信託に銘柄情報を提供する場合、その内容とブローカーの報酬とのあいだに関連性はない。ひとつには、投資信託会社は銘柄推奨の結果を追跡するジョーンズのようなシステムを持っていないからだ。さらに、投資信託会社は投資家に出資させた販売員に多額のお金を払っており、すぐれた調査に報いる金額が残っていないからだ。他方、ジョーンズはすぐれた調査には必ず報いるよう配慮し、実際、気前よくお金を支払った。[49] 若いブローカーでも、モデルポートフォリオの推奨銘柄が利益を出せば、給料が二倍になることだってある。[50] 一方、ファンドの成功報酬は内部のマネジャーのあいだで業績に応じて分配されたが、ジョーンズはインセンティブを強化する方法をさらにふたつ考え出した。毎年、好業績のセグメントマネジャーには運用資本の上積みを認め、翌年に大きな利益を出して多額のボーナスを得るチャンスを増やした（業績の悪いマネジャーは運用資本を減らされた）。また、その後のヘッジファンドを性格づけるもうひとつのイノベーションとして、パートナーにも自己資本をファンドに入れさせ、収入や富がパフォーマンスに左右されるようにした。[51]

自分がしていることの重大さに気づかぬまま、ジョーンズは競争力の高いマルチマネジャーのしくみをつくり出していた。これはその後のヘッジファンドにも受け継がれて効果をあげている。第三章で見るように、ニュージャージー州プリンストンのファンドが一九七〇年代に同じしくみを再導入して以来、多くのヘッジファンドがこれを利用するようになった。だが、一九五〇年代および六〇年代には、ダーウィン的個人主義とトップダウンのリスク管理の組み合わせはジョーンズ独自のものであり、それが大きな強みになった。既存の制度設計が許す範囲で情報が価格に反映されているという意味で、市場は効率的かもしれない。しかし、ジョーンズはそうした制度設計を蹴《け》散らした。退屈な会議を廃し、パフォーマンスに応じて報酬を支払った。こうして彼は、大金をもたらす優位性《エッジ》を確立したのである。

一九六四年の初め、アルフレッド・ジョーンズはある若手アナリストを、自身が経営するマンハッタンのクラブでの昼食に招待した。六〇代になったジョーンズは、一五年前にめざした物質的な充足を実現していた。一家の愛車もダッジのステーションワゴンからシトロエンDS、そして巨大なメルセデスへと変化していた。ジョーンズはその若手アナリストを見つめて尋ねた。「レストランのトイレで小便をするとき、手を洗うのは用を足す前かい、あとかい？」

アナリストは少し驚いたが、思いきって「あとです」と答えた。

「不正解」とジョーンズは言った。「きみの考え方は古いし合理的じゃない」[52]

ジョーンズは冗談を言おうとしていた。当時はやっていたジョークを再利用したつもりだが、どうにも救いようがなかった。のちにウォール街の重鎮《じゅうちん》となるバートン・ビッグスという名のアナリストは、すぐさまジョーンズに反感を持った。彼のファンドのためにモデルポートフォリオを運用することは引き受けたが、彼を好きになることはけっしてなかった。ジョーンズは傲慢《ごうまん》なくせに株については無知に思えた。若いアナリストたちのハードワークの恩恵にあずかりながら、自身はときおりオフィスに顔を出す程度だ。

青年時代を反ヒトラーの地下活動家に囲まれて過ごした男が、投資に対する熱意に欠けていたとしてもまあ不思議はない。金融以外のことに興味がない市場一筋の人間をジョーンズは軽蔑していた。「お金を儲けたあとに何もやろうとしない男が多すぎる。やることといえば、もっと儲けることだけ」と、あるインタビューで語っている。[53] ジョーンズは文学に傾倒《けいとう》しており、第一七代オックスフォード伯エドワード・ド・ヴィアがシェイクスピア劇の本当の作者だという説に夢中になっていた。愛犬のプードルをエドワードと名づけたほどである。彼は庭のシダレヤナギの木にトンネルを掘り、芝のテニスコートを病弱な幼児のように世話した。「屈辱を受けている貧者」向けの慈善事業を立ち上げ、マイケル・ハリントン［一九二八〜一九八九　米国の政治活動家。社会民主主義者］の有名な貧困研究『もう一つのアメリカ』の続編を意図した本を執筆しようとした。ドロシー・パーカーはアル中であまり招待できなくなっていたが、アルフレッドとメアリーの夫婦は国際色豊かな数多くの知識人や国連外交官をもてなした。ディナーでの会話は、金融ではなく、ユーゴスラビアにおけるロシアの覇権について。[54] 根っからのウォール街の住人たちがジョーンズを嫌ったのも無理はない。

ジョーンズとビッグスのランチからまもなく、そんな嫌悪感が表面化した。ジョーンズの内部マネジャーのひとりが、シティ・アソシエイツという競合ヘッジファンドを設立したのである。[55] この離反者によれば、それは合理的な選択だった。ヘッジという概念はまねするのが容易だから、せっかくの戦利品を素人芸術家の上司と分け合う必要はないのだという。ジョーンズは弁護士を使ってこの男に嫌がらせをしたが、それもやり過ごされた。一九六四年末のクリスマス休暇を、ジョーンズは国連に勤めるインドの友人たちに誘われて、ヒマラヤで虎狩りをして過ごした。象の背中に乗って散歩したり、焚《た》き火を囲んでおいしい食事をとったり……。ヒンズー教のホストがクリスマスキャロルを歌うという場違いなシーンもあった。だが、ジョーンズがいないあいだに、さらなるトラブルが起ころうとしていた。小便のジョークにつきあわされたバートン・ビッグスが、ジョーンズのもとで最も長く働いていたファンド・マネジャーを口説いて、競合ファンドを設立させたのである。この離反者はジョーンズの顧客も一部連れて行った。[56]

どんな偉大な投資家の競争優位性も、遅かれ早かれ解明される運命にある。ジョーンズの技法はライバルたちに模倣《もほう》された。彼はもはや、自分が市場よりも効率的であると主張することはできない。尋常でない利益をあげたせいで、パートナーのあいだには資金分配に関する不満が生まれていたため、ふたりが離反すると、あとを追う者が必然的に相次いだ。一九六八年の初めには、彼のまねをしたファンドが四〇あったという。一九六九年には、その数二〇〇ないし五〇〇。代表的ファンドの多くが、ジョーンズのもとで働いていた者やジョーンズのブローカーを務めた者によって経営されていた。[57] この新しい投資業界は二年前の五倍、約一一〇億ドルを運用していると、一九六八年に『エコノミスト』誌は書いた。[58] ジョーンズの「ヘッジドファンド」から転じた「ヘッジファンド」という表現がウォール街で使われはじめた。[59] ひと山当てたい投資家はみんなここをめざした。

こうしたノウハウ解明の影響は当初、逆説的だった。最初の模倣ファンドがいくつか現れると、ウォール街を噂が駆けめぐり、ジョーンズは新しい流行の創始者と見なされるようになった。一九六六年の『フォーチュン』は次のように彼を持ち上げた。「投資家の資金運用のプロとして最もすぐれているのは、物静かでめったに写真を撮らせないアルフレッド・ウィンスロー・ジョーンズという男だ――そう考えられる理由はたくさんある」。こう書きだしながらも、同誌は写真をちゃんと入手しており、黒縁めがねで白髪がふさふさした彼の姿を大きく掲載した。[60] 投資家はわれ先にジョーンズのファンドに資金を出そうとし、野心的な若いアナリストが職を求めてやってきた。この騒ぎはしばらく続いた。[61] ジョーンズ自身は数百万ドル稼いでいるといわれ、彼のもとを去った人間も荒稼ぎしていた。シティ・アソシエイツのあるパートナーは、ペントハウス、ヘリコプター、ワインセラー、そしてボディガードを手に入れ、秘書だというセクシーな女性たちをオフィスにはべらせた。[62] これらすべてがゴシップと嫉妬とお祭り騒ぎを助長した。ヘッジファンドは時代の精神を体現していた。『ニューヨーク』誌が一九六八年に評したように、A・W・ジョーンズは人々のビッグ・ダディだったのである。

この好況ぶりが（のちのヘッジファンドもそうだったように）規制当局の目にとまった。一九六八年、ニューヨーク証券取引所とアメリカン証券取引所は、ヘッジファンドとの取引に制限を課すことを検討しはじめた。翌年一月、証券取引委員会は二〇〇のヘッジファンドに質問票を送付。彼らが何者で、どのように誕生したのか、どのような組織なのか、そして何よりも、市場にどんな影響を及ぼすのかを知ろうとした。[63]委員会スタッフは、ヘッジファンドが連邦法に基づいて登録すべきであると公言してはばからなかったが、この新興勢力に関する不満にはちょっとおかしなところがあった。そのころ、ヘッジファンドは一定銘柄の空売り残高の半分を占めるといわれていた。この空売りは、どうでもいいような会社が持続不能な市場評価を受けるのを防ぐはずなのに、なぜ害があるのか――だれもそれを説明していなかった。ヘッジファンドは投資信託よりもポートフォリオ運用がアグレッシブだとされたが、どういうわけか、市場流動性を促《うなが》すこの行為が悪いことだと評された。A・W・ジョーンズ配下のマネジャーがある成長企業の株を大量に買い、昼食後に売ったというような話がまことしやかにささやかれたりもしたが、仮にそうだとしても、なぜこれが有害なのかを説明できる者はだれもいなかった。どれだけうらやまれ、あがめられようが、ヘッジファンドは不合理な敵意の対象でもあった。

一九六六年の夏から三年間、ジョーンズの投資家たちは手数料控除後で二六パーセント、二二パーセント、四七パーセントのリターンを得た。[64]だが、そこにはトラブルの種が内包されていた。ジョーンズのファンドは際立った優位性を失いつつあった。ストックピッカーは逃げ出してライバル会社を設立したし、ジョーンズのヘッジング手法はもはやそれほど有効とは思えなかった。ヘッジは有名無実化した。上げ相場のなか、ジョーンズのスタッフは空売りなんて愚かな仕儀《しぎ》であると考え、S&P500指数の下落からファンドを守ることに興味を失った。そしてレバレッジの限界を引き上げた。各セグメントマネジャーは成長銘柄をできるだけたくさん買おうとした。ベロシティ（ボラティリティ）の計算さえも棚上《たな》げしてしまった。ボラティリティが大きいかもしれないというだけで、注目銘柄を買い控えろと言われたくなかったのだ。株式市場が好調だったこと、そしてジョーンズ自身がだんだん顔を出さなくなったことから、ストックピッカーは自分たちのやりたいようにやった。[65] 時代は六〇年代。彼らは若かった。市場は彼らの世代のものだった。

　ジョーンズの金融人生は幸運に恵まれていた。ヘッジドファンドを始めたときは、恐慌のトラウマがおさまろうとしていた。一九五〇年にはアメリカ人の二五人にひとりしか株を持っていなかったが、一九五〇年代が終わるころには、それが八人にひとりになった。[66] ありとあらゆる目抜き通りにリテールブローカー［小口投資者向けのブローカー］が登場しはじめるなか、S&P500指数はジョーンズがヘッジドファンドを始めた当時の一五から、一九六八年には過去最高の一〇八まで上昇し、その間に金融文化も変化した。大暴落なんて過去の遺物だと考える「行け行け《ゴーゴー》」世代のせいで、信託銀行機能は存在がかすんでしまった。金融不安など二度と来ない、と新世代は信じていた。連邦準備制度理事会（FRB）が景気を注視し、証券取引委員会が市場を監視しているうえ、ケインズ的財政政策によって景気循環の荒波もなくなったはずではないか――。このおめでたい楽観主義が頂点を迎えたのは、「アダム・スミス」のペンネームで有名になった金融作家、ジェリー・グッドマンが「グレート・ウィンフィールド」という投資家を作品に登場させたときだろう。グレート・ウィンフィールドは、記憶力も恐怖心もないハタチそこそこのマネジャーたちに資金を託す。いちばんの強みは「未経験」である。「ポートフォリオを見ればマネジャーの年齢層がわかる」と彼は言う。「きみらには最先端の銘柄がわかるはずだ。古い世代がびびるような銘柄がね」[67]

ジョーンズもかつて上げ相場の時代を謳歌《おうか》した。彼の富の一部は（もちろん全部ではないにしても）長きにわたる強気市場の産物である。だが、強気一辺倒のマネジャーたちに力をもたらしたマルチマネジャーのしくみは、突然の反転からジョーンズを守ってくれるものではなかった（これはマルチマネジャー・ヘッジファンドがのちに気づく問題である）。それどころか、相場が上昇すればするほど、最大のリスクをとったアグレッシブなセグメントマネジャーが報いられるようになっている。災いが訪れる前に抜け出すしくみなどなかった。一九六九年五月、株式市場は急落しはじめ、翌年にかけて四分の一近く値を下げた。一九七〇年五月に年度末の業績報告をしたさい、ジョーンズはそれ以上に悪い内容を顧客に告げなければならなかった。預かった資金の三五パーセントを失っていたのである。[68]

その年の九月、ジョーンズは七〇歳の誕生日を迎えた。ほかにもめでたいことが重なっていた。息子の妻が初孫を産む予定だったし、誕生パーティーの席では娘の婚約が発表された。愛する田舎のわが家の芝生に大テントが設営された。眼下には、まるで幼子《おさなご》のように丹精こめて世話した芝のテニスコートが見える。バンドがダンスミュージックを演奏し、若い男たちはミス・ジョーンズの婚約者がだれなのかを想像しあった。でも、当の本人は機嫌が悪かった。セグメントマネジャーたちがこのような贅沢を不快に思うのではないか、とやきもきしていたのだ。「湯水のようにお金を使っているところを彼らに見られたくない」と彼は言いつづけた。[69]
二〇年たって、ジョーンズの投資手法は優位性を失った。市場がついに彼に追いついたのである。

第二章

ブロックトレーダー

——M・スタインハルト

一九六九年から一九七三年まではアメリカ経済にとって重要な転換期になった。それまでの二〇年間、アメリカは自信満々だった。失業率は低く、賃金は上昇し、金融は奇妙なほど安定していた。ドルは金に固定されていたため変動せず、金利は狭い範囲で上下し、規制により上限が決められていた。だが、一九六〇年代の終わり以降、インフレがこの平穏をかき乱した。六〇年代の前半は二パーセントに届かなかったインフレ率が、六九年の春には五・五パーセントに達し、連邦準備制度理事会（FRB）は金融政策〔中央銀行が金利や貨幣供給量を変更することで行う景気安定化政策〕にブレーキをかけ、株式市場を抑制せざるをえなかった。その後の下げ相場は第一の衝撃にすぎなかった。一九七一年、ニクソン政権はインフレがドルの実質価値を目減りさせたことを認め、その対策として金本位制《きんほんいせい》〔通貨をいつでも金と交換できる制度〕を放棄した。突然、ドルの価値が安定を失いかねなくなり、これが必然的にさらなるインフレ圧力をもたらした。金融引き締めがさらに強化され、一九七三～七四年に市場はふたたび暴落した。好景気の六〇年代は終わりを告げた。

ヘッジファンド第一期はこうして終焉《しゅうえん》を迎える。一九六八年末から一九七〇年九月三〇日までに、上位二八のヘッジファンドは資本の三分の二を失った。[1]ヘッジをかけているというのは真っ赤な嘘だった。多額の借り入れをし、上げ相場に乗じることで稼いでいたのだ。一九七〇年一月には、ヘッジファンドの数はわずか一五〇といわれた（一年前には二〇〇から五〇〇あった）。そして一九七三～七四年の暴落で、それも大半が消え去った。[2]証券取引委員会は、いまや小さすぎて気にかけるまでもない業界を規制する必要を感じなくなり、一九七七年に『インスティテューショナル・インベスター』誌は、あれだけあったヘッジファンドがどこへ行ったのかという記事を掲載した。[3] 一九八四年になっても、トレモント・パートナーズという会社の調査で確認できたヘッジファンドは六八だけだった。A・W・ジョーンズのパートナーシップの運用資金は、一九六〇年代末の一億ドルから、一九七三年には三五〇〇万ドル、その一〇年後にはわずか二五〇〇万ドルに縮小した。[4] 不況の時代にも伸びつづけるのは困難だった。成果のない時代に成果報酬は望めなかった。

しかし、逆境のなかでも成功者は現れた。新しい不確実性の時代最初の勝者は、スタインハルト・ファイン・バーコビッツ社。筆頭格のマイケル・スタインハルトは、トレーダーとしての成功だけでなく、その個性ゆえにヘッジファンド界の伝説的存在となった。彼はブルックリンの貧しい母子家庭に育った。父親は短気で喧嘩《けんか》っ早く、ギャンブル中毒だった。これは若きスタインハルトがのちにトレーダーとして発揮した特徴と同じである。彼は一六歳でペンシルバニア大学に入学を許可され、一九歳で卒業。一九六〇年代半ば、二五歳のころには、本人いわく「ウォール街一のアナリスト」になっていた。[5] 背が低く、胸板が厚く、すぐに感情を爆発させた。爆発しそうになると顔が、次にこめかみが赤くなる。情け容赦《ようしゃ》なく悪態をつき、同僚たちを震《ふる》え上がらせた。

スタインハルトは一九六七年にブローカーをやめ、同じく若い友人であるジェロルド・ファイン、ハワード・バーコビッツとともにヘッジファンドをおこす。上げ相場はまだ続いており、スタインハルト・ファイン・バーコビッツ社も最初のころは、A・W・ジョーンズをまねて登場したファンドのひとつと思われた。三人の創業者はオフィスにビリヤード台を置き、若者だからこその知的優位性があると胸を張り、「スタインハルト・ファイン・バーコビッツなんてユダヤ系のデリカテッセンみたいだ」という弁護士の忠告にも取り合わなかった。[6] スタート初年度、三人は当時の話題株を買い集めた。たとえば、キング・リソーシズ――人当たりのよい社長が、石油と天然ガスの新しい鉱脈を発見したと主張していた。ナショナル・ステューデント・マーケティング――若者市場が有望だと三人は考えていた。社名に「データ」とか「〜オニクス」とかがつく技術系企業にも投資した。彼らにかぎらず、投資家たちは成長が望めそうな会社には手当たりしだいに資金をつぎ込んだ。スタインハルト・ファイン・バーコビッツは初年度、手数料控除後で八四パーセントの利益をあげた。「大金持ちになってしまった」ジェリー・ファインはそう思ったという。[7] 残るふたりも億万長者になった。

　翌年、上げ相場は終わった。彼ら以外のゴーゴー・ファンド［短期間での最大利益を追求する投機的ファンド］は自滅した。一九六八年に業績ナンバー1の投資信託マネジャーとなったフレッド・メイツは、気がつけばバーテンダーをしていた。だが、スタインハルト・ファイン・バーコビッツは、戦後の長い拡大期が終焉《しゅうえん》を迎え、不透明な時代が到来することに気づいていた。一五年前、割安株をねらうバリュー投資家として有名だったベンジャミン・グレアムは、会社の将来的な成長を考えて株を買う理由などないと言い、複写機メーカー、ハロイドの株を買わないという運命的な決定をしていた。ハロイドはその後二年間で株価が六倍になり、以来、この成長株に対する信頼は揺るぎないものとなっていた。だが一九六九年、スタインハルト・ファイン・バーコビッツは、この信頼は行きすぎであると結論づけた。見通しの明るい会社に余分なお金を払うのはよいとしても、音速のごとき成長が終わりなく続くと推測されるほどの金額を出すことはない。

一九六九年の初め、スタインハルトら三人は、ロングポジションを相殺《そうさい》できるだけの話題株の空売りをした。大部分のヘッジファンドとちがって、本当にヘッジをかけたわけだ。その年、S&P500指数が九パーセント下がると、彼らは一部を除くすべての資本を温存した。翌年に同指数がさらに九パーセント下がると、三人組は儲けを出した[8]。一九六九〜七〇年を生き延びた彼らは、一九七一年に市場が弱気から強気に転じたのに乗じて、攻勢に出る。『フォーチュン』は同年にヘッジファンドのトップ28リストを発表したが、株価急落のあいだにも業績を伸ばしたのはスタインハルト・ファイン・バーコビッツだけだった。一九六七年七月の創業以来の収益は三六一パーセント、同じ期間の株式市場指数の三六倍にのぼっていた[9]。

一九七二年、若き三人組はふたたび市場を悲観視した。今回は成長投資どころではないマイナス材料がある。アメリカが戦後に築いた自信は崩れ去ろうとしていた。ニクソン政権はベトナムでの失態に関する真実を隠蔽《いんぺい》し、実効性のない賃金・物価統制でインフレを覆《おお》い隠そうとした。一方、アメリカを代表する各種企業は不正会計で業績をごまかしていた。市場分析の責任者だったジェリー・ファインとハワード・バーコビッツは、各企業のアニュアルレポートの脚注に必ずといってよいほど危険信号を読み取っていたし、当時最も尊敬されていた会計士であるアーサー・アンダーセンの名誉会長、レオナルド・スペイセクその人が「財務諸表はまるでルーレットだ」と嘆いていた。「七〇年代初めに発表された調査レポートはあまりにもわかりやすく、話にならないと思いました」と、ハワード・バーコビッツは回想している。「繰り延べたかと思えば、異なる税率を適用したり、キャピタルゲインを営業利益として計上したり……」当時の営業報告書の実態についてジェリー・ファインはそう述べている。[10] 要するに株式市場は、政治的・財務的なインチキのうえに成り立っていたのである。そこで、一九六九年に景気減速に対する防衛手段として空売りを始めた三人組は、一九七二年にはそれをさらに強化した。ロングポジションをはるかに上回るショートポジションを組み、暴落が起こるのを待ちかまえた。

最初のうちは何事も起こらなかった。相場は堅調で、一九七二年九月期に彼らのファンドは二パーセントの損失を出した（S&P500指数は九パーセント上昇）。だが、そこから運が向いてくる。一九七三年九月期にS&P500指数は二パーセント下落、翌年にはなんと四一パーセント下落した。スタインハルト・ファイン・バーコビッツは手数料控除後で一二パーセント、翌年には二八パーセントの利益をあげた。下げ相場では異例の業績である。若きパートナーたちが大儲けする一方で、他のポートフォリオマネジャーはほとんどが無一文になった。三人は偉大な業績をあげたが、世界的に知られた存在ではなかった。相場が急速に下がると、

「(空売りをやめて) いまこそ株を買い戻すときです」と、必死になって催促する者もいた。売買責任者だったマイケル・スタインハルトは、こうした嘆願者をたいていは冷たくあしらった。市場は暴落を続け、三人組のショートポジションはますます利益を生んだ。そんななか、空売りに対する偏見がすさまじい勢いで復活した。スタインハルト・ファイン・バーコビッツは傲慢で強欲《ごうよく》だとののしられ、非国民扱いさえされた。アメリカ企業の不振で儲けるとは、国家への反逆も同然だというのである。[11] 当時の誹謗中傷《ひぼうちゅうしょう》をふり返って、スタインハルトはこう語っている。「私にとってそれは、職業人としての満足の極みだった」[12]

スタインハルト・ファイン・バーコビッツの成功は、のちのヘッジファンドを特徴づける「逆張り」の能力を実証した。A・W・ジョーンズは市場エクスポージャーを制御するためにヘッジファンドの組成を考え出したが、彼をまねたゴーゴー・ファンドはそれを市場エクスポージャーを最大化するための方策に変えてしまった。だが、三人組はちがった。ヘッジファンドは一般常識と逆方向に賭けるための手段だった。実際、とくにマイケル・スタインハルトにとって、積極的な逆張りは一種の信条になった。

逆張り投資家すなわちコントラリアンのなかには、自身の見解に忠実でありながら、人を不快な気持ちにさせるのを躊躇《ちゅうちょ》する者もいる。だがスタインハルトはむしろ、他人をからかうのを楽しんだ。たとえば、ニューヨーク州北部の自分の農場に客人を案内して、珍しい動物を見せる。とくにフナガモ——こいつは飛べないせいもあって、縄張りへの侵入者に容赦なく噛《か》みつく。あるいはブローカーに電話をかけ、さもうまみのある話のように、実在しない銘柄を注文する。哀れブローカー氏は、手数料ほしさにその会社を探し回ることになる。一九八〇年代の一時期、スタインハルトは自分も人の助けを必要とするかもしれないと認めたことがある。精神科医を雇って「組織セラピー」を行わせたのである。各スタッフと面談した精神科医は、「被虐待児」「無差別な暴力」「激情障害」といった表現をよく耳にした。だが、スタインハルトがこの医者に腹を立ててオフィスから追い出したため、セラピーは中断した。

人を怒らせて平気なスタインハルトは、世論に逆らうのも好きだった。一九七〇年代の民主党政権時には共和党を支持し、レーガン大統領（共和党）の八〇年代には民主党に傾いた。九〇年代になると中道派の民主党指導者会議に資金を提供した。これはビル・クリントンをホワイトハウスへ送り込むのに一役買った組織だが、クリントンが大統領に就任するとすぐ、彼は同会議に背を向けた。[13] ユダヤ教との関係でも独自流を貫いた。自分は無神論者だと宣言しながら、ユダヤ教の活動に何百万ドルものお金を寄進した。そして投資となると、そのコントラリアン的本能を余すところなく発揮した。ウォール街をかぎ回って常識に反するアイデアを探し、常人には信じられないような規模でそれをバックアップした。

一九七〇年代にスタインハルトが雇っていたアナリスト、ジョン・ルフレールは、仕事に就《つ》いたばかりのころにこんなことがあったと言う。IBMを訪れたルフレールは、同社の利益が上向きになることを確信。月曜朝の会議で、金曜の四半期業績発表前にＩＢＭ株を買うよう進言した。しかし、スタインハルトはこれをはねつけた。ティッカーテープに打ち出されるＩＢＭの株価を見るともなく見ているうちに、ここの株は行き詰まると感じたらしい。

「マイク、あなたはまちがっている」とルフレールは言った。スタインハルトに反論するのは勇気が要ったが、体格のいいルフレールは、いざとなったら投げ飛ばせばよいくらいに考えていた。

「礼儀知らずは好きじゃない」とスタインハルト。

「マイク、テープではどうか知らないけれど、業績は上向いて株価も上がるんです」

スタインハルトのコントラリアンレーダーが反応した。「なら、どのくらい買いたい？」

「一万でどうでしょう？」ルフレールは思いきって言った。一株三六五円として三五〇万ドル強、一銘柄ではそれが限界だと考えた。

スタインハルトはボタンを押すと、ＩＢＭをいますぐ二万五〇〇〇株買うよう部下のトレーダーに命じた。

「一万と言ったんですが」と心配げなルフレール。

「おまえ、自分の説にどのくらい確信がある？」とスタインハルトは大声を出した。

「大いにあります」

「正しければいいがな」そう冷たく言うと、スタインハルトはまたボタンを押し、さらに二万五〇〇〇買い増した。

これで手元のＩＢＭ株は一八〇〇万ドル相当。全資本のおよそ四分の一だ。一銘柄にどれだけリスクを集中させたことか。ルフレールの進言の五倍の規模である。だが、金曜日にＩＢＭの業績が発表されると、株価は急上昇。あっという間に一〇〇万ドルの利益をもたらした。ルフレールは通過儀礼をクリアしたのである。[14]

スタインハルトが部下たちの資質でひとつ尊重したものがあるとすれば、それはポジションをとる勇気である。当初、スタインハルト・ファイン・バーコビッツの大胆な投資を支えていたのは、自分たちが知的にすぐれているという単純明快な自信だった。この自信は一九六〇年代の若者信仰によっていっそう強まった。実際、それぞれのメンバーはウォートン・スクール〔ペンシルベニア大学のビジネススクール。世界最高クラスとされる〕に学び、自分の頭のよさを認識していた。業績レポートの脚注を分析し、隠し事をしていそうな会社を空売りするのもお安い御用だった。だがやがて、この高度な分析にエキセントリックな要素が少しばかり加味される。一九七〇年、スタインハルトはフランク「トニー」シルフォという、独学で数学を身につけた秀才を採用した。

シルフォはウォール街のいわば非主流派の出身だった。ブルックリンで育ち、シティカレッジ〔ニューヨーク市立大学〕を学位もとらずに中退、競馬の数学的予想システムを考案するのに夢中になった。バーニー・コーンフェルドという悪名高き詐欺師と関係があることで知られたブローカー会社、アーサー・リッパーに勤め、「コンドラチェフの波」理論を信奉した。この理論によれば、資本主義経済は長期的な周期で動く。技術革新と投資拡大の時代に好景気が訪れ、新しい投資が枯渇し、古い投資が価値を失うと不況になる。同理論の生みの親であるロシア人、ニコライ・コンドラチェフは一九二〇年に景気循環の研究所をモスクワに設立し、一七八九〜一八一四年、一八四九〜一八七三年、一八九六〜一九二〇年が好景気だったとした。シルフォは好景気が二四年続くというパターンがくり返すと確信していた。つまり、戦後の上げ相場が始まってから二四年後の一九七三年に好景気は終わる。時代や環境がちがってもイノベーションの周期が正確にくり返す理由は、必ずしも定かではなかった。半ばコンドラチェフの推測だったかもしれない。でもシルフォは、そんなことはおかまいなしだった。その理論が主流派から軽蔑されればされるほど、ますます肩入れするかのようだった。これがスタインハルトのお気に召した。とにかくコントラリアンであれば、どんな経緯でその意見を持つようになったのかは問われなかった。[15]

　スタインハルトはシルフォを雇って、いっしょに売買をした。昼食の残骸《ざんがい》が乱雑に散らばった部屋で、ふたりは始終タバコをふかしていた。シルフォは一本吸うのに八分半かかると計算したダンヒルを一日に四箱空にした。スタインハルトはもっと軽いタバコを吸ったが、相場が思うようにいかないと一度に二本火をつけた。ふたりとも精神が張り詰めた状態で売買にあたったが、スタインハルトの場合はそれが火山のような癇癪《かんしゃく》をもたらしたのに対して、シルフォの主症状は食事での験《げん》かつぎだった。会社が儲かっているあいだは、くる日もくる日も同じ昼食を注文した。メニューを変えるのは相場が変わったときだけである。ジャム付きの焼いたイングリッシュマフィンふたつを二年間注文したかと思えば、そのあとはクリームチーズとオリーブのサンドイッチを長く食べつづけた。[16] それとあわせてコーヒーをがぶ飲みし、コンドラチェフの教えにそって「八〇ドルの銘柄も次の夏には一〇ドルに下がる」などと確信をもって宣言した。同僚のすべてがこれに対応する術《すべ》を知っていたわけではない。「やつは天才か狂人のどちらかでした」と、ある同僚は回想する。「朝三時に起き、幻覚症状にでもならないかぎり、一日にダンヒル四箱にコーヒー八杯なんて無理です」。しかし、スタインハルトはシルフォを大いに信頼していた。回顧録でこう書いている。「(トニーは)正真正銘、神と直接つながっていた(本当に神がいるとすればだが)」[17]

偶然か、それとも不可思議な力のなせる業《わざ》か、一九七三年に景気が低迷するというコンドラチェフの予測は正しかった。この年に下げ相場が始まったことで、戦後の経済秩序は完全に崩壊した。残る七〇年代の市場は精彩を欠き、経済はスタグフレーション[不況(スタグネーション)下でのインフレーションの進行](これはそれまでなかったおぞましい状況を表す、それまでなかったおぞましい言葉だ)に悩まされた。株を保有するアメリカ人の数は七〇年代を通じて七〇〇万人減り、一九七九年の夏には『ビジネスウィーク』誌の表紙が「株式の死」を宣告した。だが、この困難な時代にもスタインハルトのコントラリアン的投資法は効果をあげた。一九七三~七四年の下げ相場ではショートポジションにより一二パーセント、ついで二八パーセントの利益を出し、一九七五年の上げ相場では事前に強気に転じて五四パーセントの利益を確保。その後三年間は堅調な利益を維持した。

一九七八年秋にスタインハルトは長期休暇をとってウォール街を去るが、それまでの一一年間の実績は史上最高の部類に入る。一九六七年に投資した一ドルが一九七八年には一二ドルになっている計算だ。一方、ブロードマーケット［米国株価指数の一つ。市場全体をカバーする］に投資した一ドルは一・七〇ドルにしかならない。この間、彼のパートナーシップは手数料控除《こうじょ》後で年平均二四・三パーセントの利益を出したことになる。A・W・ジョーンズの最盛期にほぼ匹敵する業績である。そしてA・W・ジョーンズとはちがって、スタインハルトとその仲間たちは景気低迷という逆風に立ち向かったのである。

効率的市場理論の信者にとって、スタインハルトの成功は悩ましい問題である。投資上の強みを本当に持っていたから勝利したのか、それともたんに運がよかったのか？　確率の法則によると、二〇〇人がコインを一一回投げれば、そのうち五人が表を九回出せる。一九六〇年代後半に確認された二〇〇余りのヘッジファンドのうち、少なくともひとつが一一年間に九回、相場を正しく読んだとしてもべつに不思議はないのだろう（スタインハルト・ファイン・バーコビッツは一九六九年と一九七二年の二回、わずかだが業績を下げている）。

自分たちの成功についてスタインハルト本人が説明しようとすると、やはりまぐれだったのではないかという疑念が高まることがある。彼は次のように告白している。「株式市場というのは厳密さを欠く現象である。素人の意見がプロの意見と比べて遜色《そんしょく》ないことも多いし、靴磨きの男がブローカーと張り合うこともできる」。[18] 確たる投資哲学を示せないまま、スタインハルトは直感という曖昧《あいまい》な話を持ち出してくる。「まだ未完成ではっきりしない判断基準」を用いたのだという。日々の投資判断で身についた第六感というやつか。一三歳の誕生日に父親から株券を贈られて以来、彼は金融に魅せられていた。そして、市場に深くかかわりつづけることで「評価、称賛すべき直感」が形成されると考えている。[19] 経験が判断力を磨くという説はもっともらしく聞こえるが、検証しようがない。それに、スタインハルトはキャリアの終盤に最大のミスを犯している。経験で乗り切れるはずではなかったのか――?

スタインハルトはまた「強い気持ち」が自分の武器だったと考えている。「私はとにかく毎日勝たなければならなかった。勝てなければ、大惨事が起こったかのように苦しんだ」。たしかに、勝てなければ、同僚たちにとっては大惨事かもしれない。スタインハルトの声をオフィスの隅々まで届けるためのインターコムシステムを通じて、彼の癇癪《かんしゃく》がとどろきわたり、被害者の屈辱は倍増するだろうから。また、勝ったときでも、スタインハルトの強い気持ち(別名癇癪)は相変わらずだった。あるとき、ひとりのアナリストが選んだ銘柄が会社に莫大な利益をもたらした。ところがスタインハルトは、推奨するのが少々早いといって彼を怒鳴り散らしたのだ。[20] たぶん、こうしたビジネス手法が彼の強みだったのだろう。失敗に対する叱責《しっせき》という罰がチームの推進力になったのである。でもやはり、これは検証できない。逆の仮説――スタインハルトの癇癪がアイデアの共有を妨《さまた》げ、優秀な同僚を追いやった――もそれなりに説得力がある。[21]

みずからの成功に関するスタインハルトの説明が必ずしも満足のいくものでないとすれば、かつての同僚たちの説明も似たり寄ったりである。ハワード・バーコビッツとジェリー・ファインは、銘柄分析の質が他社よりも高かったから儲かったのだと考えている。「なぜ業績がよかったかって？　たくさん目配りをして、一生懸命働いて。それがすべてです」と、ファインは言ってのける。[22] ここにはたしかに真実もある。追って見るように、主に銘柄選択の腕前で成功した有名ファンドはほかにもある。この手のスキルが本当に存在するのかどうか、学者たちは懐疑的だとしても。[23] とはいえスタインハルト・ファイン・バーコビッツの場合、A・W・ジョーンズの場合ほど、銘柄選択の腕前では成功を説明できない。ジョーンズのファンドは、成果報酬という新しいシステムをつくったから相場に勝つことができた。ところがスタインハルト・ファイン・バーコビッツが事業を始めた一九六〇年代後半には、何十ものヘッジファンドが存在していた。しかも、ジョーンズの時代にはまだ半分眠っていた年金基金などの機関投資家が、もはや専門性を十分に高めていたのである。

要するに、スタインハルト・ファイン・バーコビッツの成功要因を説明するのは難しい。

パートナーだった本人たちにも説明できない。だからといって、たんに運がよかったわけではない。このパートナーシップの歴史をよくよく調べると、ふたつの要因が浮かび上がる。それぞれの要因が、効率的市場理論の常識的な解釈に矛盾しないやり方で、成功の理由を説明してくれる。

スタインハルト・ファイン・バーコビッツでまず革新的だったのは、トニー・シルフォである。彼のコンドラチェフびいきは度が過ぎていたかもしれないが、シルフォはもうひとつ、まちがいなく理にかなった「愛着」を会社に持ち込んだ。一九六〇年代から、彼は通貨関連データを追跡しはじめていた。株式市場の変化を予測できるかもしれないと期待してのことだ。それから一〇年ほどすると、この手のことはウォール街では当たり前になった。通貨供給量の伸びが高まればインフレが予想されるため、FRBは金利を上げざるをえない――これはほぼ常識である。すると投資家は、株式市場でリスクをとるよりも利子を回収したいと考え、銀行預金や債券に資金を移動する。資金が株式から流出すると、必然的に相場は下がる。なかでも住宅メーカーや機器サプライヤーなど、金利に敏感な企業の株は最も下がりやすい。だが一九六〇年代には、ウォール街の株式投資家はそうした分析に煩《わずら》わされることはなかった。彼らが証券取引を学んだのは、インフレ率が二パーセントを超えたことがない六〇年代前半だったからだ。金融情勢やFRBの対応など、どうでもよかった。[24] ただし、主流派から逸脱したエキセントリックな独学者、シルフォは例外だった。

一九七〇年にスタインハルト・ファイン・バーコビッツに入ったとき、シルフォはすでに大ざっぱな通貨モデルを考え出していた。連邦準備制度を構成する大手銀行の業績報告をチェックし、融資能力に余裕がある状態から、資本準備金でサポートできる限度額に達した状態にそれが変化すると、レーダーが反応するようにした。つまり、銀行が目いっぱい融資をしたため、通貨供給量の伸びは減速する。すると経済成長は鈍化し、株式は問題をかかえる。シルフォは過去のパターンを調べ、この銀行データの変化から二カ月後に株価が下落しはじめることを発見した。逆もいえた。融資能力がない状態から自由準備［法律で決められた銀行準備高を超える分（超過準備）から、中央銀行借入を引いた額］を保有する状態に変化すると、相場はすぐに上向くのである。[25]

シルフォは金本位制以後の高インフレ社会における投資の法則を、そうした社会が完全に姿を現す前から把握していた。彼の手法のおかげで、スタインハルト・ファイン・バーコビッツは株式相場の「ヘアピンカーブ」を予測できた。一九七三～七四年の暴落とその後の反発の両方をシルフォは予測し、いずれの場合も、従来の分析法を用いた同僚たちの結論を補強した。一九七三～七五年の同ファンドのポジショニングの大部分がシルフォの功績だとすれば、七〇年代全体の業績も彼のおかげだということになる。七三～七五年の三年間の利益が七〇年代の利益の大部分を占めていたからだ。

シルフォの同僚は、彼の洞察力にぼんやりとしか気づいていなかった。本人がそれをうまく説明できなかったせいである。たとえば、トレーディングデスクに座ったこの痩《や》せぎすの男がアメリカ最大の住宅メーカー、カウフマン&ブロードを毛嫌いし、同社を一〇万株空売りしていることは知られていたけれども、その理由が、住宅メーカーは金利上昇の影響をこうむりやすく、通貨データが金利の上昇を告げていたからだということは必ずしも知られていなかった。しかしスタインハルトは、シルフォに自説を試す権限を与えた。この男の信念にほれ込み、他の人間が彼の推論に当惑しても気にしなかった。カウフマンのショートポジションはスタインハルト・ファイン・バーコビッツに二〇〇万ドル以上の利益をもたらした。だから、意識していようがいまいが、シルフォの同僚は彼のイノベーション——通貨分析の株式市場への適用——の恩恵をこうむっていたのである。[26]

スタインハルト・ファイン・バーコビッツにおける第二のイノベーションは、金融情勢の新たな変化から始まった。株式投資がインフレにどう適応するかを予測したのと同じように、資金運営のあり方の変化に対応したのである。

一九六〇年代まで、株式市場は個人投資家が大半を占めていた。年金基金、保険基金、投資信託などの貯蓄運用機関はまだ少なかった。たとえば一九五〇年代、企業年金の受給資格があるアメリカ人勤労者は一〇〇〇万人ほどにすぎなかったし、ほとんどの年金は歴史が浅かったため、資産も比較的少なかった。だが一九七〇年には、企業年金の受給資格者は三倍以上に増加。年金基金の資産はなんと一三〇〇億ドルに達し、年間一四〇億ドルのペースで増えていた。[27]

一方、個人投資家は直接保有する株式を売却し、その資金を新種の金融事業者に委託した。一九六〇年代後半には、投資信託の運用資産は五〇〇〇万ドルを超えていた（一九五〇年は二〇〇万ドル）。投資はもはや素人が紳士的ブローカーのアドバイスを受けてやるものではなく、プロフェッショナルなビジネスになっていた。[28]

これはウォール街を変えた。いまや銘柄について知っているというだけで相場に勝つのは難しかった。なぜなら、あなた以外にも六人のプロの投資家が同じ情報を持っているだろうから。だが、投資のプロ化は新しいチャンスも生み出した。そのチャンスは売買活動にかかわるもので、ヘッジファンドの物語で中心的役割を担《にな》うことになる。

大手機関投資家の登場前は、株式売買はニューヨーク証券取引所のフロアにいる「スペシャリスト」に独占されていた。ある人がフォードを五〇株売りたいと思えば、彼のブローカーがその銘柄専門のニューヨーク証券取引所のマーケットメーカー〔買い注文・売り注文に応じる（証券）業者。値決め・価格形成（マーケットメーク）の役割を担うことから〕に電話をかける。電話を受けたスペシャリストは、ディールフロー〔注文数・取引の量〕の感触を確かめながら、あとで売れるだろう価格より少し安い価格でこれを買う――。だが、年金基金や投資信託の台頭とともに、この単純なシステムは崩壊した。これら機関投資家はいきなり、一〇万株もの単位でフォード株を取引したがった。スペシャリストにはそれだけの量を受け入れる資本がない。そこにチャンスが生じた。オッペンハイマー〔投資銀行〕やゴールドマン・サックス傘下《さんか》の数少ない進取《しんしゅ》のブローカーが、みずからマーケットメークを始めた。大口取引《ブロックトレーディング》をスペシャリストに委《ゆだ》ねるのではなく、顧客のなかから買い手を探したり、自身の資本で購入したりと、自分たちの手でそれを扱うようになった。一九六五年には、こうした大口取引はニューヨーク証券取引所の売買の五パーセントに満たなかったが、一九七〇年には三倍になった。[29]

この新しい取引形態は華々しいものだった。大手の貯蓄機関は大口売買のマーケットメークをする人間を必要とし、この業務にお金を払う用意があった。それも、かなりの金額を——。というのは、ほかに選択肢がなかったからだ。フォード株一〇万株を少しずつ売ろうとすれば、売却するにつれて価格は下がるだろう。また、売却のニュースが途中で漏れれば、株の価値は急落するだろう。したがって貯蓄機関の側からすれば、かなりの割引を飲まざるをえないとしても、ゴールドマン・サックスやオッペンハイマーに一〇万株すべてを渡したほうがよい。ブローカーの側からすれば、値下げは即利益を意味する。もし割引株の買い手を見つけられれば、その売買をだんどりした手数料がかなり期待できる。あるいは、自身の資本を使って割引株を取得すれば、あとでそれを売って利益を手にできる可能性が高い。

ブローカーにとってのミソは、大きな賭けに出るだけの腹がすわった買い手を見つけることである。そこにスタインハルト・ファイン・バーコビッツの出番があった。売買に対する彼らの態度は他社とはちがっていた。当時、大部分の投資会社では、売買は退屈な事務作業で、聡明なアナリストがかかわる仕事ではないと見なされていた。[30]だがスタインハルト・ファイン・バーコビッツでは、スタインハルト本人がトレーディングデスクに陣取った。ゴールドマン・

サックスやオッペンハイマーからまとまった量の取引の申し出があると、スタインハルトは喜んで応じた。ただし、それなりの割引が条件である。こうした大口のトレーダー（ブロックトレーダー）と取引をすればするほど、かかってくる申し出の電話も増えた。ブローカーは、トレーディングデスクに座って大きな決定を即座に下せる人間を必要としていた。たいていの資金運用会社で売買を担当する下っ端トレーダーとはちがい、スタインハルトはみずからの権限で大きなリスクをとることができた。喜んでそれができたのは、たぶん父親から引き継いだギャンブル好きの遺伝子のせいだろう。「売買というのは五〇～六〇年代は機械的で重要性の低い事務仕事だったけれども、七〇～八〇年代には重要性の高い仕事になった」と、彼はのちに語っている。[31]

どんな新しい市場も最初のうちは効率が悪い。裏を返せば、早めに適応した者は利益を手にできる。スタインハルトがつきあったブローカーたちは、いってみればルール無用だった。これだけの規模の取引ならこれだけの割引が一般的だ、というような指針はないに等しかった。取引ルールやリスク管理が持ち込まれるのは、もっとあとのことである。そんななか、スタインハルトが好んだ表現を借りるなら、お金儲けは赤ん坊からキャンディを取り上げるくらい簡単なことだった。倒産した鉄道会社ペン・セントラルの株七〇万株を、大幅な割引価格で買ってただちに転売し、八分間で五〇万ドル以上儲けたこともある。[32] 一九七〇年ごろ、ソロモン・ブラザーズはゴールドマン・サックス、オッペンハイマーについで三番目の大口ブローカーになることを決意。その地位を築くため、微々たる割引率で大規模な取引を引き受けた。スタインハルトは別ルートで割引幅の大きな銘柄を買い、それをソロモンに売り払えば、多額の利益を得ることができた。[33]

規制上の抜け穴もチャンスをもたらした。一九七〇年代の終わりにかけて証券取引委員会が介入するまで、大口取引のなかには透明性の高いものもあれば、ブラックボックスに包まれたものもあった。証券取引所のメンバーであるゴールドマンやソロモンと取引すれば、価格や規模はティッカーテープに記録され、全投資家の目に入った。割引があれば、だれもがそれを知る。だが、いわゆる第三市場で証券取引所のメンバーでないブローカーと取引すれば、その内容はいっさい報告されなかった。スタインハルトはもっぱらこの第三市場で株を買い、だれにも気づかれないうちに売り払った。

取引をすればするほど、儲けは増えた。たとえば第三市場での取引は、奔放《ほんぽう》な買い手だというスタインハルトの評判ゆえに成り立っていた。迅速かつ慎重に株を売りたいブローカーは、彼のところを本能的にめざした。なぜなら、ちょっと電話を入れるだけで五〇万株の購入を引き受けてくれる、そんな肝のすわったファンド・マネジャーだったからだ。スタインハルトがその株を転売できたのも、やはり彼の人物によるところが大きかった。ブローカーにとって彼のファンドは莫大な手数料を生むお得意様だったから、オッペンハイマーやソロモン、ゴールドマンのトレーダーはまちがいなく彼を助けてくれた。

「ブローカーにこう言うんだ。『数時間前に第三市場でこいつを見つけて、一ポイントダウンで買った。どうだ?』」スタインハルトはそう回想している。「一ポイントダウン」とは、一株につき一ドルの割引を受けたという意味だ。

「何株です?」とブローカーは尋ねる。

「四〇万」

「ご希望は?」

「二〇万を八分の一アップでどうか?」

「八分の一アップ?」ブローカーは呆気《あっけ》にとられている。要は、善意の第三者にテープ上の価格より一二・五セント高く売れというのだ。

「そう、買い手をいくつか探さなきゃならない。八分の一アップでいこう。いわくありげに見えるだろ?」[34]

この手のハッタリがよく通用した。まとまった株が第三市場で割引販売されていたことなどだれも知らないので、投資家を説得して余分なお金を払わせることも可能だった。ブローカーの手数料を払ったあとでさえ、かなりの利益がスタインハルトには残った。

ストックピッカーが相場に勝つのは難しいというのが学者の考えだとしても、ブロックトレーダーが好業績をあげるのは不思議でもなんでもなかった。彼ら大口取引者は新しい手法を編み出していた。つまり、企業データを分析して先行きの明るそうな銘柄を選択するという、当たり前すぎる方法論にはくみせず、他の投資家が必要とするもの――流動性［資産の換金の容易さ。取引相手の探しやすさ］――を供給することで儲けようとした。新しく登場しつつあった貯蓄運用機関は、まとまった量の株式を迅速に用心深く売買したかったため、それを可能にする男がいれば喜んで報酬を支払った。スタインハルトの天才たるゆえんは、第三市場での大口取引に対して多額の割引を確保したのと同じように、流動性の供給に対する手数料を十分に引き出したこと、しかも、第三市場で取得した株を市場価格より一二・五セント高く売り払ったのと同じように、彼に流動性を提供してくれた側への報酬はほとんど払わなかったことである。

　本人はそうは言わなかったが、スタインハルトは効率的市場理論の弱点に気づいていた。同理論によれば、市場価格はその銘柄に関するあらゆる情報を反映しているから、相場に勝つのは不可能に近い。中長期的にはそれもだいたい正しいかもしれない。だが短期的には、情報が価格を左右するとはかぎらない。むしろ株価は、刻々と変化する投資家のニーズに左右される。保険会社が風水害の保険金を支払うためにまとまった株を売る必要に迫られれば、売り圧力によって価格は下がる。年金基金が従業員から新しく現金を集めるためにまとまった株を買う必要に迫られれば、買い圧力で価格は上がる。効率的市場モデルでは、こうした一時的な変動要因は無視される。流動性は完璧だと見なされるからだ。[35] でも現実世界はそうではない。

　効率的市場モデルのこの欠点は、大口取引の需要が高まり、市場がまだ順応しきれていないときに、とりわけ顕著になる。一九六〇年代の終わりから七〇年代、八〇年代にかけてがそうだった。大口取引が始まってから何年間かは、大規模な売却があれば、株価は「効率的」価格——アナリストがあらゆる業績関連情報を評価して出した価格——から大きく乖離《かいり》する可能性がある。こうした短期的なズレのせいで、抜け目のないトレーダーはチャンスをものにすることができた。スタインハルトも、これを大いにものにしたひとりである。[36] そのうえ、彼の手法にはまねしづらいという利点があった。A・W・ジョーンズの場合は、いったんやり方がわかると、ウォール街に二〇〇もの模倣者が現れた。だがスタインハルトの大口取引は「ネットワーク効果」によって守られ、それが参入障壁となった。彼には大口取引に応じるという評判があり、そのせいで大口ブローカーから次々に電話がかかる。彼には大きな取引をするがゆえのブローカー人脈があり、そのせいで大口の売却も可能になる。ライバルを名乗る者たちは彼に追いつこうとするが、どうにもならなかった。

スタインハルトにはもうひとつ、あまり美点とはいえない特徴があった。法的にきわどい性格のものだ。

そのいかがわしい内容へ進む前に、流動性の問題をあらためて考えてみよう。大量の株が市場で売りに出されるとき、買い手側は、売り手が特別な情報を握っているのかどうか判別できない。その企業が業績を下方修正しそうだと聞かされているのではないか？　別の大手機関投資家が同じ企業の株を投げ売りすると知っているのではないか？　買い手は自分が何を知らないかを知らないので、四〇万株の注文を出すのに躊躇《ちゅうちょ》する。情報戦で不利な立場にいるかもしれないとの思いから、流動性の提供と引き換えに割引を要求する。

このような状況下でスタインハルトはどうやって儲けたのか？　やはり重要だったのは、その規模である。彼はたくさんの大口取引にかかわり、ブローカーに多額の手数料をもたらしたので、彼らから特別な情報を得ることが期待できた。[37]　建前上、ブローカーは顧客の正体を明かさない。四〇万株が売りに出されても、売り手の身元は秘密である。たとえば、売り手はぱっとしない保険基金だから、流動性の理由から売りに出しているにちがいない（その場合、大口割引は文字どおりお得である）、と漏《も》らしたりはしない。だが、ブローカーたちの大切な顧客であるスタインハルトに関しては、規則がしかるべく曲げられることがあった。[38]　売り手が保険基金ではなく賢いヘッジファンドだったら、ブローカーはスタインハルトに購入を勧めないかもしれない。値下がりを見込んで手放そうとしているのかもしれないからだ。あるいは、それが一連の売り注文の初回だったら、ブローカーは警告を発するかもしれない。[39]　一九七〇年代のそんななれあいの雰囲気を思い出しながら、ゴールドマン・サックスのブロックトレーダー、ジョン・ラタンジオは言う。「だれかを傷つけようというのではありませんでした。彼らと仕事がしたかったのです」。[40]　さらに、オッペンハイマーの売買責任者、ウィル・ワインスタインいわく、「『最初の一〇〇株は買わないように。あとでまた四〇〇株出てくるから』といった具合に忠告します」。ブロックトレーダーがめざしていたのは「癒着《ゆちゃく》ではなく、互いを守ろうとする率直な試み」だったという。[41] これが癒着でないとしたら何なのか？

もっと手の込んだケースもあった。ブローカーがスタインハルトに電話をして、ある大手機関がどこそこの株を五〇万売ろうとしているので、事前に空売りしたほうがよいと告げる。この大型注文が履行《りこう》されて株価が下がりはじめると、スタインハルトは最後の最後の安値で買い戻し、あぶく銭を懐《ふところ》に入れるという寸法だ。ブローカーにいわせれば、スタインハルトに情報提供することで、彼のファンドはこの大型売却の最後の局面で買い手になることができた。おかげで、株価が極端に下がることなく売却は成立し、ブローカーは売り手の目にまるで天才のように映るということになる。[42] だが問題は、スタインハルトの空売りのせいで、取引開始前に株価が下がっていたということだ。あらかじめ相場が下がっていたから、市場価格に近い価格で大型売却も成立したのである。こうした株価操作は明らかにルール違反だった。売り主はできるだけ高く売却するためにブローカーを雇ったのに、ブローカーはスタインハルトに寝返っていたわけだ。

「私はほかの人が知らないことを知らされていた」三〇年たって安心したのか、スタインハルトはブローカーとの癒着のしくみを正直に語ってくれる。「知るはずのない情報を知っていたおかげで、いろいろなチャンスに恵まれた。リスキーだったかって？　イエス。好んでそうしたかって？　イエス。噂になっていたかって？　そうでもない」[43]

スタインハルト・ファイン・バーコビッツに大口取引がどれだけ寄与したかを定量化するのは不可能である。スタインハルト自身、「評判にはなったが、利益に貢献したわけではない」と言う。[44] もっとも、彼が取引について語るのを聞けば聞くほど、その重要性をわざと過小評価しているのではないかと勘ぐりたくもなるのだが――。取引重視の姿勢はまちがいなく彼らのファンドの最大の強みだった。それに、才能あふれる三人の創業パートナーのなかで、その後伝説的存在になったのがスタインハルトだというのも偶然ではない。市場にかかわった二八年間のうち、スタインハルトが損失を出したのは四年だけである。それが起こる確率は一万一〇〇〇分の一。[45] もはや確率論など超越した世界である。

しかし、スタインハルトの取引にはもうひとつ疑問がある。もし彼とブローカーの癒着が当時知られていたら、証券取引委員会はヘッジファンドの規制にふたたび関心を示していたのではないか？　そしてヘッジファンド業界の歴史は大きく変わっていたのではないか？　たしかにそのころ、ヘッジファンドと大手ブローカーの癒着が疑われることはあったが、それが証明されることはけっしてなかった。一九七〇年代に一度、証券取引委員会はスタインハルトを追及したことがある。一九七〇年一月に彼のパートナーシップがシーボード社の株を大量に購入したが、それは公募に先がけて同社の株価を上げたかったブローカーに配慮したものだというのである。損失が出ても補填《ほてん》してもらえる条件だった、と同委員会は主張した。だが一九七六年に、スタインハルトは不正行為を認めることなく和解した。[46] 癒着の疑いは疑いのまま残ったのである。

だとしても、スタインハルトが不正を認めていたら、情勢は規制当局側に有利になっただろうか？　それはわからないし、そうなるべきだったかどうかはもっとわからない。スタインハルトが特別の情報に基づいて行動していたかぎりにおいて、規制当局はシーボード事件のときと同じように彼を追及する権限がすでにあった。また、スタインハルトの成功は、彼の関知せぬ法的不手際による部分もあった。一九七五年、そして一九七八年に、規制当局はみずからの不手際を認め、それを正そうとした。そう、スタインハルトご愛用の第三市場の透明化を図ったのである。まず、すべての証券取引は新しい「統合テープ」に記録しなければならないとし、次に株式の入札や公募についても同様に報告すべしと定めた。[47]売買情報が市場関係者に均等に行き渡るようにして、一部の者だけが優位になるのを防ぐのがねらいである。

だが、規制当局がかんかんに怒らなかった主な理由は、もっと根源的なものだ。つまり全体として見れば、スタインハルトの活動は経済に役立ったのである。「市場崩壊」の動かぬ証拠をつかもうと、証券取引委員会は一九六九年に調査を始めたが、崩壊と呼べるものを特定できず失敗に終わっていた。同様に、スタインハルト・ファイン・バーコビッツのその後の成功によって市場が崩壊することもなかった。市場はむしろ安定した。

若き三人組の成功を支えたふたつの要因は、金融システムの安定に明らかに貢献した。彼らのコントラリアン的な投資手法は、株価の乱高下《らんこうげ》を少しなりとも抑える効果があった（一九七二年のバブルのおりには売り越し、暴落後の市場で買い手がどうしても必要だった一九七四年末には買い越し)。同じく、通貨分析を株式市場へ持ち込むことで、彼らはこれまでになく精巧な資産の価格設定を可能にした。一九六八〜七〇年および一九七二〜七四年のバブル〜バブル崩壊の周期がウォール街のインフレに対する認識の甘さの反映だとすれば、トニー・シルフォの分析術のおかげで、そうしたバブルは将来的に生じにくくなった。

それから、かの大口取引。スタインハルトの大手ブローカーとの癒着は、アウトサイダー投資家の利益をときに損なった。インサイダー投資家が市場を操作していなければ、彼らはもっとよい価格を享受《きょうじゅ》できたかもしれない。アウトサイダー投資家には投資信託や年金基金が含まれたから、結局損をしたのは普通のアメリカ人である。一方、得をしたのはスタインハルトに投資した大金持ちである。ただし、このロビン・フッドとはあべこべのお話が事の全貌ではない。大口取引が拡大したのは、アウトサイダー投資家がまとまった株を動かすための流動性を必要としたからだ。アウトサイダーに売買機会を提供することで、スタインハルトは彼らの助けになっていた。効率的市場の恩恵にあずかっていた彼ら機関投資家が、邪悪なヘッジファンドにしてやられたというわけではない。むしろ機関投資家は、短期的にはきわめて非効率的な市場に直面していた。スタインハルトの貢献は、利用しても無視してもかまわない流動性を彼らに提供したことであり、それが利用されたという事実がすべてを物語っている。まずまちがいなく、スタインハルトが提供したサービスは、彼の不正行為の影響を補って余りあるものだった。

その評価はさすがに甘すぎるという向きは、一九八七年まで時計の針を進めてもらいたい。その年一〇月の株式市場の暴落は、スタインハルトとその取引相手がいなければ世の中がどうなるかを教えてくれた。一〇月一九日のブラックマンデー以降、大手のブロックトレーダーは事業から手を引いたが、結果は大ブーイングものだった。一二月の『ニューヨーク・タイムズ』は、暴落前は一〇万株の大口売買で起こっていた価格の混乱が、いまや二万五〇〇〇株で起こっていると書いた。[48] 市場はきわめて不安定になっていた。ある機関投資家がフォードないしIBMの株をまとめて売りに出すのではないかという噂が立つだけで、株価は下落した。ブロックトレーダーたちが無責任に撤退したため、なんの罪もない企業がダメージを受けていた。一九六〇年代および七〇年代の議論に新たな光を当てるべく、証券取引委員会は大口取引の不足問題について調査することを約束した。長期保有しないヘッジファンド以上に悪いものが唯一あるとすれば、それはヘッジファンドが突然不足することだった。

スタインハルトはまるで戦争でもするように市場を相手にし、疲れ果てた。一九七八年の秋、ウエストラインを細くし、頭をいろいろ使いたい、お金儲け以外に人生の意味を見出したいと宣言して、彼は会社から一年間の休暇をとった。永久に戻らないのではないかと言う者もいれば、懐疑的な者もいた。ある友人は「マイケルがウォール街を一年間見限るなんて、ウラディミール・ホロヴィッツ［二〇世紀屈指のピアニスト］がピアノを永遠にやめるようなものさ」と言い放った。[49] 結局、スタインハルトは翌年の秋までどうにか取引から遠ざかっていた。そして返り咲き、パートナーたちと別れ、一九八〇年代に突入するのだった。

第三章

ポール・サミュエルソンの秘法

――コモディティズ・コーポレーション

一九六七年の有名な議会証言で、かの偉大なる経済学者ポール・サミュエルソンは、資産運用業について意見を述べた。イェール大学のある博士論文を引用しながら、ランダムに選んだ株式ポートフォリオのほうが、プロの運用する投資信託よりも、ともすれば成績がよいことを彼は示した。議会銀行委員会の委員長は懐疑的なようすだったが、サミュエルソン教授は一歩も譲らなかった。「『ランダム』というのは、たとえばサイコロだとか乱数だとかダーツだとかを思い出してもらえばよろしい」。[1]三年後、サミュエルソンは経済学者として三人目のノーベル賞受賞者となったが、歯に衣着《きぬ》せぬ物言いは相変わらずだった。「ポートフォリオの決定者たちはいますぐ仕事をやめて、配管工になるとか、ギリシャ語を教えるとか、企業の役員としてGNPの伸びに貢献するとかしたほうがよい」と、一九七四年に書いている。「とっととうせろというこの助言がよい助言だとしても、そのとおりにする輩《やから》はまずいないだろう」[2]

サミュエルソンの発言からは、彼がヘッジファンドを認めていたとは思えない。だが、プロの投資家に対する激しい非難にも例外の余地はあった。たいていのファンド・マネジャーは配管工になったほうが社会に貢献するだろうが、本当に新しい洞察力をそなえた優秀な人間は相場に勝つことができる、とサミュエルソンは考えていた。[3]「人によって背もちがえば容姿もちがう。辛辣《しんらつ》さもちがう」と彼は書く。「ならばパフォーマンス指数（PQ）もちがうはずだ」。[4]もちろん、こうした例外的な投資家は「フォード基金や地方銀行の信託部門」に自分を安売りしたりしない。「そうするにはIQが高すぎる」からだ。彼らは小さなパートナーシップを設立し、みずから利益を手にしようとする。ヘッジファンドを始める可能性が高い。自信家だったサミュエルソンは（二五歳のときには年齢以上の数の論文を発表していた）、配管工予備軍のなかから数少ない例外を選抜できるはずだと、当然のように信じていた。一九七〇年、彼はコモディティズ・コーポレーションという新興投資会社の創業支援者となり、あわせてウォーレン・バフェットにも投資してポートフォリオを分散した。[5]

コモディティズ・コーポレーションは、筋金入りの「クオンツ」——「ロケットサイエンティスト」としても知られる金融工学モデルの信奉者——が最初につくった投資会社のひとつである。[6]設立趣意書の一ページ目にもあるとおり、同社は「コンピュータの導入前には不可能だった計量経済分析」の利用を前提としていた。[7]創業時のトレーダーに、マサチューセッツ工科大学（MIT）でサミュエルソンの同僚だったポール・クートナーがいる。皮肉にも、効率的市場理論に貢献したことで学界では有名な男である。[8]同社がその後雇った経済学博士のなかには、アポロ計画にたずさわったプログラマー、つまり文字どおりのロケットサイエンティストもいた。[9]コモディティズ・コーポレーションは法的にはパートナーシップではなく会社組織だったが、典型的なヘッジファンドでもあった。[10]ロングポジションもとればショートポジションもとり、レバレッジを活用した。天文学的な数字の利益は、マネジャーと少数の投資家が分け合った。サミュエルソンはコモディティズ・コーポレーションに一二万五〇〇〇ドル出資し、取締役になることにも同意した。

サミュエルソンは基本的に、この会社の少しばかり誇大妄想の気がある社長、F・ヘルムート・ワイマールに賭けていた。[11]ワイマールは、カカオ価格の予測方法を提案する博士論文を完成させたばかりだった。過去のデータをコンピュータ処理して、経済成長によりチョコレート消費およびカカオ需要がどの程度伸びるか、西アフリカの降雨量がどの程度供給に影響するかなどを判断するのである。MITに学んだワイマールは、サミュエルソンのこともクートナーのことも知っていた。だが、教師たちからは数学やコンピュータのスキルを学びたかったのに、彼らが唱える効率的市場理論には感心しなかった。のちにこう述べている。「ランダムウォークなんてくそ食らえだと思いました。市場の他のプレーヤーを出し抜いて大儲けすることはできない、なんて考え方は大バカです」[12]

ワイマールはめがねをかけた長身の男で、頬骨《ほおぼね》がくっきりとし、ドイツ人の両親から受け継いだ北欧風の気品を感じさせた。子どものころに引っ越しをくり返したせいで、独立心が強く、だれの世話にもならないですむよう大金を稼ごうと決意していた。すでに大学院生のころから、冷凍オレンジジュース業界に関する野心的な数学モデルをつくり、濃縮オレンジジュースの価格が二倍になるという結論を得ると、二万ドルを借りて卸売店から大量のジュースを購入した。モデルは的中し、価格はみごとに跳ね上がった。唯一の計算ちがいは、地元のスーパーが学生からオレンジジュースを買うのに二の足を踏んだということである。結局、ワイマールは卸売店にジュースを売り戻さざるをえず、利益の五分の一をふいにした。[13]

カカオ市場に関する論文で博士号をとると、ワイマールは食品会社のナビスコに就職。さっそく、自分の予測をもとに取引をするよう上司たちを説得した。つまり、カカオの価格が彼のモデルによる予測を下回ると、ナビスコはチョコレート製造用にカカオを買う。モデルの予測を上回ると、調達をいったんやめるという寸法だ。ワイマールのプログラムがスタートしたとたんに、カカオ価格は予測をかなり下回った。そこで彼はカカオの先物をごっそり購入しはじめた。すると価格はさらに下落。ワイマールは損を出したことになる。しかしプログラムのルールにのっとって、彼はかまわず買いつづけた。会社のCFO（最高財務責任者）が心配しはじめたので、計量経済の専門用語で煙幕《えんまく》を張り、これを受け流すしかなかった。そのうち気がつくと、二年分のチョコレートがつくれるカカオ豆を買い込んでいた。「自分が何をしているか、わかってるんだろうな」と、上司は一度ならず念を押した。ワイマールは自信たっぷりを装いながら、内心は冷や冷やものだった。だが、精神的な限界がくる寸前にカカオが不作となり、価格はほぼ倍増した。ワイマールは手持ちの一部を売り戻して、多額の利益を得た。「この当時は、慎《つつし》み深さや自信のなさというものを知りませんでした」と、追って告白している。[14]

この成功で調子に乗った彼は、自身の会社をおこそうと決意。ナビスコの予測チームでいっしょだった、同じく経済博士号をとったばかりのフランク・ヴァナーソンと計画を練った。似つかわしくない二人組だった。ワイマールが自信満々なのに対し、ヴァナーソンはあごひげをたくわえた控えめな人間だった。ある同僚は彼のことを、フード付きのローブをまとい、革製のサンダルをはいた中世の修道士のようだと言い、別の同僚は、心やさしきサイコセラピストといった趣《おもむき》だと指摘する。[15] それでもふたりは親友であり、カカオに詳しいワイマールと、小麦市場に関する博士論文を書いたヴァナーソンがそろえば鬼に金棒だった。ワイマールはほかにも共謀者を引き込んでいった。二五〇〇万ドルの資本を調達すると、創業者たちは、ニュージャージー州プリンストン、ワイマールとヴァナーソンの自宅近くにオフィスをかまえた。農家を改造したそのオフィスは、何エーカーにも及ぶ芝生と花の咲く木々に囲まれていた。最初の出勤日にワイマールはスーツを着てきた。ヴァナーソンはポロシャツにカーキ色のパンツというでたちで、愛犬のピーナッツを連れて現れた。[16]

ワイマールの部屋には、巨大なくるみ材のエグゼクティブデスクと、大きな赤い革張りのいすが置かれていた。彼にぴったりの組み合わせである。だが、ヴァナーソンの形式ばらない平等主義的なスタイルが会社を支配するのに時間はかからなかった。コモディティズ・コーポレーションで株主総会が開かれるときは、アグネスというコックが招かれた。古い農家を拠点とするコミュニティの一員には、自動車にひかれて脚を一本失った、カカオという名のジャーマン・シェパードもいた。七人の専門家と六人のサポートスタッフから成る小さなチームは、昼食時に蹄鉄《ていてつ》投げを楽しみ、相場が引けてからソフトボールに興じることもあった。こうしたインフォーマルな雰囲気は、生き馬の目を抜くニューヨークのそれとはほど遠かった。コモディティズ・コーポレーションの眼目《がんもく》は、営業力でも人間関係でもなければ、市場関係者らしく振る舞うことでもなかった。コンピュータモデルと数学、すぐれた情報を駆使して相場に勝つ――それがすべてだった。創業者たちは日常的に勉強会を開いて、取引理論を交換した。黒板は公式でびっしり埋まる。頻繁《ひんぱん》な売買をむねとしたA・W・ジョーンズのファンドや、ピザの残骸《ざんがい》が散乱したマイケル・スタインハルトのトレーディングルームとは大ちがいである。

　ワイマールはファンダメンタル分析［データに基づく株式の本質的価値の分析］を重んじるメンバーを集めていた。必要とされたのは、価格予測モデルを構築する計量経済学者である。現実がその予測に追いつけば、利益はついてくるという理屈だった。ワイマールはカカオを扱い、ヴァナーソンは小麦を担当した。MIT教授のポール・クートナーはポークベリー［豚バラ肉を加工した食品］市場の計量経済モデルをたずさえて会社に加わった。ラトガース大学で教えたことがある計量経済学者ケネス・メインケンは、大豆および飼料用穀物を担当することで契約した。さまざまな商品のスペシャリストを雇うことで、ワイマールは市場へのエクスポージャーを分散しようとしたのである。

　ワイマールはカカオ豆のモデルに大量のデータを注入した。西アフリカの生産国による正式な収穫高発表前に供給量を予測するため、コートジボワールおよびガーナにおける天候とカカオ収量の相関について調査。降雨量や湿度のパターンを追跡することで、カカオの収量を、ついでその供給量を、そして最終的には価格を予測することができた。コモディティズ・コーポレーションの従業員にハンス・キリアンというドイツ人がいた。彼はランドローバーに乗ってアフリカ農村部のカカオの木を調べ、鞘《さや》の数、長さ、状態を記録した。カカオの木はリンゴの木と同じくらいの高さがあり、一本につき二五程度の鞘ができるので、数えていると首が凝《こ》る。それにハンスのランドローバーはよく故障した。彼は苦労して多額のガーナ通貨を手に入れ、それを元手に地元労働者に記録を手伝ってもらった。でもおかげで、天候パターンから導かれる供給予測を確認ないし修正できた。つまりワイマールは、カカオの価格設定用の高度なモデルを開発し、そのための高度なデータを持っていたことになる。

しかし、高度だからといって成功が保証されるわけではなかった。コモディティズ・コーポレーションが創業してからまもなく、真菌病《しんきん》（いわゆる葉枯れ病）が全米のトウモロコシ畑を襲った。翌年も葉枯れ病がもっと大規模に発生する――一部の植物専門家がそう予測すると、トウモロコシの不足を見越して先物が上がりはじめた。科学的とはいいきれない噂が交錯《こうさく》しながら市場を脅《おびや》かすのを見て、ワイマールたちはチャンスだと思った。ニュージャージー州のアドバイザーであるラトガース大学の植物病理学者を雇い、その研究予算を増やすとともに、彼が全国の科学カンファレンスに出席して情報収集するための費用も工面した。調査を始めてから数週間後、この植物病理学者は、葉枯れ病への恐怖は度が過ぎていると結論づけた。恐ろしげな話が数多く出回っているのは、マスコミの人騒がせな偏見のせいにすぎないというのである。ワイマールたちは色めきたった。とすれば、トウモロコシ価格は下がるにちがいないからだ。噂が事実無根であることがいずれはっきりするのを見込んで、彼らはさっそく膨大なショートポジションを建てた。するとある金曜の夜、CBSニュースがいつものベトナム関連の報道とあわせて、トウモロコシの葉枯れ病に関するスペシャルレポートを放映した。登場したのはイリノイ州の植物病理学者。ニュージャージーよりもはるかにトウモロコシが多い州の代表者である。トウモロコシの収穫は壊滅的な打撃を受ける、彼はそう予測した。

その週末、ワイマールたちはぐっすり眠れなかった。彼らが大規模なショートポジションの拠《よ》り所とした病理学者は、いまや先輩格の学者に反論されている恰好《かっこう》だった。月曜日がとうとうきて市場が開くと、トウモロコシの先物は急騰《きゅうとう》し、取引はすぐに中断された。価格の極端な変動を防ぐため、商品取引所は一日の変動幅に制限を設けているからだ。どうあがいても市場から抜け出すチャンスはなかった。少数の契約が取り交わされただけで価格は上限に達しており、ワイマールたちはポジションの変更がままならなかった。ようやく火曜日になって、コモディティズ・コーポレーションのトレーダーたちはどうにかショートポジションを処分できたが、痛手はすでに大きかった。二五〇〇万ドルあった資金はもはや九〇万ドルしかない。創業まもない会社がワイマールの目の前で崩壊しようとしていた。ラトガース大学の病理学者が最終的には正しかったことが判明しても、大した慰《なぐさ》めにはならなかった。葉枯れ病は起こらなかったが、コモディティズ・コーポレーションは価格がまさに頂点のときにショートポジションを処分していたのだから。

こうして一九七一年にトウモロコシで失敗したため、コモディティズ・コーポレーションは破綻《はたん》寸前に追い込まれた。創業者どうしの関係もほころびを見せはじめた。今回の件で腹を立てているひとりは、ウサギやキジを撃つための散弾銃を部屋に置いていたが、ワイマールは、その存在にどれほど神経をつかったものだろうと考えるありさまだった。創業メンバーのなかには資本を引き揚げたがる者もいた。高度な分析手法や輝かしい博士号を持ちながらも、ワイマール以下のチームはサミュエルソンの求めるパフォーマンス指数（ＰＱ）に欠けているようだった。しかし、ワイマールには覚悟があったし、過去に逆境をはねのけた経験もあった。まだ学生だったころ、投資に次々と失敗して全財産を失った彼は、ボストン・レッドソックス［マサチューセッツ州の州都に本拠を置く野球チーム］の試合の外野席でビールをがぶ飲みしながら、復活の手段を考えたものだ。今回の舞台はプリンストン［ニュージャージー州の町］だから、なかなかそういうわけにもいかないが、降参するつもりはなかった。彼は自分を、昔よく読んでもらった小説に出てくるヒーローだと考えた。一種の自己陶酔的なマゾヒズムでこの難局に臨《のぞ》み、逆境にともなう不安や内省をむしろ楽しんだ。創業まもない会社を手放す気はなかった。もちろん午後のソフトボールも、花の咲く木々も。番犬のカカオが脚を失ってもがんばりつづけているのだから、カカオのトレーダーだって資本の多くを失ってもがんばれるはずである。

一九七一年七月にコモディティズ・コーポレーションの取締役が集まり、ワイマールに最後のチャンスを与えることで合意した。あと一〇万ドル損を出したら会社は解散ということになった。[17] その後、もともと七人いた専門家のうち、クートナーを含む四人が会社を去った。だが、復活は早かった。そしてそれをきっかけに、コモディティズ・コーポレーションは当時においても最高部類の業績をあげるようになる。

一九七一年の失敗以来、ワイマールは市場に関する持論を考えなおすようになった。そもそもは経済学者としてモデル構築とデータを信頼していた。価格は基本的な需給関係の反映であるから、それを予測できれば金持ちになれる。だが、経験が彼を謙虚にさせた。データの過信は思い上がりを招き、持続困難なほど大規模なポジションをとらせてしまう。トウモロコシのショートポジションがもっと適度な規模であれば、夜のニュース番組の報道にあわてふためく必要はなかったかもしれない。瀕死《ひんし》の危機に陥るどころか、むしろ冷静に利益をあげていただろう。

ワイマールは手始めにリスクのとり方を改めた。世界でいちばん危険な連中は挫折を知らない頭でっかちのトレーダーであると、いまでは言いたかった。[18] 会社で最も荒っぽいトレーダーはほかならぬ自分ではないか、という自覚もおそらくあった。かつてある同僚は、ワイマールにリスク管理をまかせるのは、イーベル・クニーベル［バイクスタントマン］に交通安全を担当させるようなものだと言った。[19] コモディティズ・コーポレーションの営業初年度にリスク管理を担《にな》ったのは、ポール・クートナーがつくったシステムである。数学的に洗練されたシステムだったが、複雑すぎて有効に機能しなかった。クートナーのシステムでは、会社の資本がひとつの大きな壺に入っている。トレーダーはだれでもそこに手を突っ込んでよいが、ボラティリティが高く規模の大きなポジションを増やすときは、懲罰《ちょうばつ》的な金利が会社から課される。理屈上は、荒れた市場でさらなるリスクをとるには、トレーダーによほどの自信がなければならない。でも、トウモロコシの葉枯れ病のケースでわかったように、自尊心の強い会社には自信なんてあり余るほどあるし、事務スタッフはトレーダーたちのエクスポージャーをチェックなどできないから、リスク管理は皆無といってもよかった。クートナーのシステムが不完全だとわかり、クートナー自身も去ったいま、ワイマールはもっと実際的な代替《だいたい》策を考えはじめていた。[20]

　要は、コモディティズ・コーポレーションから派生したともいえる近代ヘッジファンドで（多かれ少なかれ）生き残るリスク管理システムである。[21] その基本は、A・W・ジョーンズのファンドで使われていたセグメントマネジャー制に似ている。各トレーダーは独立したプロフィットセンター〔利益責任を負う事業主体〕として扱われ、過去のパフォーマンスを反映した規模の資本を割り当てられる。[22] だが同時に、リスクの管理もトレーダーには義務づけられた。比較的安定した株式投資の世界ではほとんど重視されなかったことだが、コモディティの世界ではこれがきわめて重要である。株式を支配するルールでは、投資家は自分が買った銘柄の価値の半分までしか借金できない。仮にそれ以上のレバレッジを望んでも実現不可能だった。ところが商品先物は勝手がちがう。トレーダーはわずかな保証金を支払えば、ポジションの価値の大部分を借金でまかなうことができた。レバレッジ比率が高いため、ひとつまちがえば資本の大部分を失いかねない。コモディティズ・コーポレーションの新システムは、ひとつのポジションでとることができるリスクの上限を定めた。また、損失が大きくなれば、さらなる管理策が発動された。当初資本の半分を失ったトレーダーは、すべてのポジションを売却し、一カ月休みをとらなければならない。さらに、みずからの計算ちがいについて説明した報告書を経営者に提出することが義務づけられた。[23]

　この新しいリスク管理システムは、トウモロコシの失敗にともなうもうひとつの見直しと不可分だった。つまり、ワイマールたちは価格のトレンドを尊重するようになったのである。もちろん、効率的市場理論はそうしたトレンドが存在しないとする。価格はランダムに推移するという考え方は根強く、一九七〇年代から八〇年代の半ばすぎまで、これとはちがう見解を学術誌で発表するのは困難だった。[24]だがフランク・ヴァナーソンは、インディアナ州のダン＆ハーギット社が集めた過去の膨大な商品価格データを手に入れていた。ナビスコをやめる前、ヴァナーソンは一年かけてそのデータに取り組み、一五の商品の日足《ひあし》［一日の株価の変動を示すチャート］を分析。コモディティズ・コーポレーションが事業を始める一九七〇年三月には、学者がなんと言おうとも価格のトレンドは存在すると確信していた。[25]それだけではない。彼は自分の発見に基づいて取引ができるコンピュータプログラムまでつくってしまった。名づけてテクニカル・コンピュータ・システム（TCS）。ヘッジファンド業界が生み出した各種の自動取引システムの草分けといってもよかった。[26]

ワイマールは最初、ヴァナーソンのプロジェクトに懐疑的だった。[27]トレンドに追随するという彼の考え方は、拍子抜けするほど単純だった。値上がりしたばかりの商品は今後も値上がりを続けるはずだから、買い。値下がりしたばかりの商品は今後も値下がりを続けるはずだから、売り。ヴァナーソンのプログラムにはもうひとひねりあったのだが（長続きするトレンドとそうでないトレンドを区別しようとした）、ワイマールとしては、一見取るに足らない事象をもとに大儲けできるなんて、やはり信じられなかった。だが一九七一年の夏には、彼は態度をひるがえしていた。トウモロコシの件で屈辱を味わったのが理由のひとつである。自動取引システムのよいところは、リスク管理の要素を最初からコンピュータにプログラムしておかなければならないこと、自信過剰のトレーダーが上限を超えて取引する危険がないことだった。しかし、ＴＣＳは市場の読みにもたけていた。ナビスコで大活躍したワイマールのカカオモデルは、コモディティズ・コーポレーションの営業初年度に市場の方向性を読み誤って損失をもたらしたのだが、ヴァナーソンのトレンド追随モデル（チョコレートの消費や降雨量といったファンダメンタルな要因よりも市場のパターンに着目した）は営業初日からコンスタントに利益を生んだ。

トウモロコシでの大失敗を受けて、ワイマールはＴＣＳに委ねる資本を増やすようになり、人間のトレーダーはＴＣＳの判断を尊重するようになった。というよりも、新リスク管理システムのもとでは選択の余地がほとんどなかった。トレンドに反する取引には資本の一〇分の一までしか使えなかったし、リスク管理に用いられるそのトレンドはヴァナーソンのプログラムが特定したものだった。この新しい手法にはポール・サミュエルソンも逆らえなかった。トレンド追随の正当性は学界ではほとんど、サミュエルソンの研究ではまったく認められていなかったにもかかわらず、彼はTCS用にしぶしぶ追加の出資をした。

一九七四年、マイケル・マーカスという若者がコモディティズ・コーポレーションに入社した。彼はワイマールが当初考えていた理想のトレーダーにはほど遠かった。なんらかの商品を専門とする計量経済学者ではなかったし（それどころか経済学の学位さえ持っていなかった）、コンピュータが嫌いで数学も苦手だった。心理学の博士課程を中退しており、コモディティズ・コーポレーションに雇われた初の博士号非保有者だった。[28] マーカスの入社は人々を驚かせたが、彼が三ケタのリターンを稼ぎはじめると懐疑論者も黙り込んだ。コモディティズ・コーポレーションでの一〇年間で、マーカスは売買勘定《かんじょう》を二五〇〇パーセント増加させた。なかには、彼ひとりの利益が他のトレーダーたちの全利益を上回る年もあった。

マーカスは情熱的で物静かな、恐ろしいほど抑制がきいた男だった。それは自身の体に対する態度に表れている。ほとんどの食べ物には毒が含まれていると信じていた彼は、食事に気をつかった。一度など、生野菜とフルーツだけの食事で体を清めたあげくにやせ衰え、栄養士兼運転手を雇って自分をいさめてもらうほどだった。儲けの多くを手の込んだパーティーや外国旅行につぎ込んだ。一時期、自宅を一〇軒ほど所有していたことがあり、そのうち何軒かは一泊することもないまま売り払った。ジェット機をチャーターしたり、バスを移動住居に改造したりして、取り巻き連中を宿泊させた。世界チャンピオンにキックボクシングを習っていた。[29]

生活様式が極端だったとはいえ、マーカスの情熱は取引面で驚くべき効果を発揮した。コモディティズ・コーポレーションの創業精神にのっとって、彼は市場に影響を与える経済の基礎的条件、すなわちファンダメンタルズを勉強した。毎朝、市場レポートで膨れ上がったブリーフケースを持って出社した。そのころはポストイットというものがなく、重要なページには粘着テープで手書きのメモを貼った。業界紙を熟読して需給の促進要因を探り、価格変動のサインとなる変化に目を凝《こ》らした。自分のポートフォリオを脅《おびや》かす可能性があるシナリオを考え抜いた。トウモロコシが上がれば、小麦もそれに続くだろうか？　寒くなったら最初に影響を受ける作物は何か？　だが、フランク・ヴァナーソンのトレンド追随戦略をふまえて、マーカスはファンダメンタルな価格変動要因以外にも目を向けた。彼は価格チャートを熱心に学んだ。それは投資家の心理を垣間見る窓だと思った。とくに重視したのは、チャートとファンダメンタルズの関係である。たとえば、ファンダメンタルズはよくないが、チャートは上昇相場の継続を示している場合、投資家は市場後退の可能性をすでに考慮済みだということだ。そうなればもう市場は上向くのみである。

マーカスがトレンドを尊重するのは、かつての経験に由来していた。この仕事を始めてまもないころ、彼は綿花取引所のフロアで、トレーダーたちが同僚トレーダーのテンポに呼応するのを目にした。お互いを鼓舞《こぶ》して叫び声をあげたかと思えば、反動のようにぐったりする。ある商品の価格が前日の高値を超えて上がれば、そのまま勢いに乗って上がりつづける可能性が高い。そこでマーカスは大規模なポジションをとり、いざというときに備えた損切り注文で自己防衛する。相場が上昇するか、自分が脱出するかのいずれかだ。波乗りと同じだった。タイミングが合わなければ、サーフボードから降りるだけである。のちにこの方法をまねた著名なヘッジファンド・トレーダーたちと同じく、マーカスが波をつかまえられるのは全体の半分にも満たなかった。でも、そのときの利益は、うまくいかなかったときのわずかな損失の二〇倍にも三〇倍にもなった。

マーカスは自分なりの投資スタイルを身につけるなかで同僚から学び、同僚も彼から学んだので、コモディティズ・コーポレーションには共通の文化が築かれた。彼らは利益につながる波を探して価格チャートを観察し、くり返し起こるパターンをチェックした。市場の底は緩《ゆる》やかなカーブになることが多い。豊作で価格が下がるだけでなく過剰在庫も生じるため、価格は低止まりする。反対に、市場の頂上は鋭い山形になりやすい。作物が突然不足すると消費は急減せざるをえず、価格は急上昇する。しかし、次の収穫がよければ不足は解消され、価格はまた下がる。こうしたパターンの細部は商品によって異なった。たとえばポークベリーやタマゴは、相場の底が鋭い谷形になることが知られていた。保存期間に限界があるため、供給過剰分は在庫にならず廃棄されるからだ。

コモディティズ・コーポレーションのトレーダーは投資家心理についても一家言《いっかげん》あった。人間はそれぞれのペース、それぞれの方法で意見を形成する。新しい情報がすぐに処理できるというのは、現実離れした考え方である。投資家は少しずつ情報を吸収する。だから、それにともなって市場の動きにはトレンドが生じるのである。だが、市場心理はそれだけで説明できるものではなかった。投資家の反応が加速するときがあるからだ。人は市場について将来を見越した判断をするとはかぎらない、とコモディティズ・コーポレーションのトレーダーは理解していた。直近の体験に左右されるのが人間である。たとえば、損を出せば衝動的に売りたくなるかもしれないし、利益を出せば調子に乗って買いたくなるかもしれない。この理解が「渋滞ポイント」をめぐる知見につながった。渋滞ポイントとは、価格が狭い範囲でもみあうチャート上の場所である。商品がこの通常の価格帯から抜け出すと、方向を見誤っていた投資家は一気に損をするので、あわてふためいてポジションを処分しようとし、さきの価格帯からの逸脱をいっそう加速させる。こうしたパターンは、鉄道の駅でドアのまわりに群がる旅行者を連想させた。長い時間をかけて人混みを通り抜けてきたが、いったん抜けると一気にスピードが出るというあれだ。

マイケル・マーカスの売買スタイルの勝利によって、ワイマールの当初のコンセプトは効力を失った。筋金入りのクオンツにもおいおいまた運が向くとしても、トレンド追随で大きな利益が出る以上は、計量経済モデリングにばかりこだわるのは意味がない。ワイマールがめざしていたデータ処理手法は、あまり報われない仕事に思えた。価格を左右する変数が多いので、そのすべてを正しく把握するのはほぼ不可能である。それに、正しく把握したとしても、資金が底をつき、他者に追いつかれるのを待つだけという可能性もある。[30] マーカスの活躍は、専門のトレーダーに対するワイマールの信頼も無意味にした。波乗りで利益が出るなら、強い波を生む商品を探せばよい。砂糖や小麦に詳しくなったところで、その市場が「平穏期」にあるなら時間のムダである。綿花取引所のフロアで働いたことがあるマーカスは、専門とはどういうことかをわかっていた。彼は改宗者の情熱をもって、専門よりも一般という教義を説いたのである。[31]

専門特化しないという決意があったから、マーカスが通貨取引という新分野の先駆者になったのも当然といえる。ニクソンがドルと金の交換を停止したのを受けて、シカゴ・マーカンタイル取引所は一九七二年五月に七つの変動通貨の先物を扱いはじめた。マーカスはさっそく、新しいビーチで波乗りテクニックを披露するチャンスだと考えた。投資家心理を頼りに、商品のときと同じ波を通貨市場でもつかまえられるはずだ。一九七〇年代半ばから後半にかけて、マーカスの取引の約三分の一が通貨取引であり、七〇年代が終わるころにはそれが三分の二になっていた。[32] コモディティズ・コーポレーションの同僚も通貨を売買するようになった。同社が目をかけた独立トレーダーも同じだった。ヘッジファンドの新しいプレーヤー、すなわち一九八〇年代以降に中央銀行を悩ますことになる「マクロ」トレーダー［マクロ（13ページ〜の用語解説を参照）の戦略をとるトレーダー］が、プリンストンの農家という不似合いな場所で躍動しはじめたのである。

マーカスは自由至上主義者《リバタリアン》[33]［個人の自由（liberty）を最大限尊重すべきであり政府の介入は悪であると考える人］であり、その政治的態度は一九七〇年代には結果的に有効だった。時代によっては市場が悪者で政府が英雄になるが、スタグフレーションの七〇年代は、大きな政府はダメだという自由至上主義者の見解が擁護されることが多かった。七〇年代の初めにニクソンが課した価格統制は、後年の見当違いな通貨統制と機能的には同じだった。それは持続性がなく、誤った公共政策を助長し、投機家を大儲けさせた。たとえば、合板の価格を千平方フィート当たり一一〇ドルに固定したところで、戦車の通り道にトラフィックコーン［円錐形の交通標識］を置くようなものだ。当時の米国は建築ブームで、合板の需要はうなぎ上りだった。建築業者は政府の指示よりずっと高い価格でも喜んでそれを買った。まもなく、合板の取扱業者はいったんカナダに卸してから買い戻す方法で、ニクソンの価格統制を逃れるようになった。あるいは、かんながけのような「付加価値サービス」を提供して、千平方フィート当たり一五〇ドルを請求した。そうこうするうち、必要な合板をすべて入手できない建築業者は、価格規制のない先物市場で購入しはじめた。現物市場での人為的な品不足のせいで、先物価格は大幅に上昇する――そう確信したマーカスは、合板の先物を山ほど購入。予想どおり、価格はほぼ倍増した。[34]

一九七三年初頭にニクソンの価格統制が解除されたときには、マーカスはもっと儲けを出した。自由至上主義者ならわかるように、無能な政府は通貨供給量を増やすことで貨幣の価値を下げていたため、トレーダーはレバレッジをきかせて穀類《こくるい》や金属に巨大なポジションを持つだけで大儲けできた。一九七四年だけでも、コーヒーの価格は四分の一、コメは三分の二上がり、白糖《はくとう》価格は二倍になった。これらの商品を信用買いしたトレーダーはことごとく資金を増やしていた。[35] すると、商品の価格が今度は下落を始めた。砂糖はピーク時から六七パーセント下げ、綿花とゴムは四〇パーセント、カカオは二五パーセント以上値下がりした。[36] カーター政権が景気刺激策を打ち出すと、インフレの加速によりドルは円とドイツ・マルクに対して三分の一値を下げ、通貨先物という新市場の波乗りたちに十分なチャンスをもたらした。[37]

一九七五年の初め、マーカスは為替《かわせ》ペッグ［自国通貨の為替レートを特定の通貨に連動させる制度］にチャンスを見出した（のちのヘッジファンドもこれで悪名をとどろかせる）。市場の良識にもとるおかしな政策を探すうち、彼はニクソンの価格統制と同じくらい魅力的なものに目をつけた。サウジアラビアはドルに対する固定相場制をとっていた。このペッグ方式が問題をかかえているのは、ちょっと考えれば明らかだった。原油価格の上昇にともないサウジアラビアの輸出収入が伸びると、同国にはお金があふれ、為替レートに上昇圧力が加わった。もちろん、通貨切り上げがあるかどうかはわからない。資本流入でインフレが高まろうとも、サウジにはこれに耐えるという選択肢もあった。だが、のちにイギリスからタイまで全世界で為替ペッグを攻撃した通貨投機家の論理に従えば、切り上げがあろうがなかろうが、切り下げはありえない。マーカスもそう考えた。つまり、サウジ通貨への投資はきわめて魅力的なギャンブルだった。勝つ保証はないものの、負けないことはほぼ保証されているのだから。マーカスは資金を借りてリヤルに大規模なポジションをとり、夜はぐっすり眠った。一九七五年三月、サウジアラビアは対ドルペッグをやめ、リヤルを切り上げた。マーカスはまたしても大儲けしたのである。[38]

一九七〇年代が終わるころには、コモディティズ・コーポレーションは驚異的な成功を収めていた。トウモロコシの葉枯れ病での失敗は遠い過去のできごとだった。マイケル・マーカスのトレンドサーフィンのおかげで、同社のトレーダーの多くが五〇パーセント以上のリターンをあげていた。一〇〇万ドルを切ったこともある会社の資本は、いまや三〇〇〇万ドル前後。農家を改造したオフィスには棟《むね》が増築され、新しい建物も建つ予定だった。ワイマールは新しいトレーダーを雇い、各トレーダーはチャートを追跡する調査員を雇った。古株が首をかしげるほどのスピードで新しい事務スタッフが増員された。これは間接費［事務等の、事業や製品に直接結びつかない経費］が売買益から出ていたことが大きい。とはいえ、そんなことが問題にならないほど利益は十分にあった。一九八〇年だけでも四二〇〇万ドルという数字である。だから、一四〇人の社員に一三〇〇万ドルのボーナスを払っても、農家を改造したワイマールの会社の利益は、フォーチュン500企業のうち四八社のそれを上回っていた。ワイマールは社員とその家族を、バミューダにある会社の別荘にファーストクラスで連れて行った。トレーダーたちはそんなワイマールの浪費癖をここぞとばかりに非難したが、コモディティズ・コーポレーションが特別な存在であることを知っていたのも、ほかならぬ彼らだった。[39]

特別の存在たりうる何よりの要因、それは柔軟性である。計量経済分析にとどまらずトレンドをも重視したワイマールは、ヘッジファンドの歴史、いやビジネス全般の歴史にくり返し登場するプラグマティズムを実践してみせたのである。イノベーションは、大学や研究施設で見出された「大きな理論」に由来すると思われがちである。スタンフォード大学のエンジニアたちがシリコンバレーの創造性の中心を担《にな》い、国立衛生研究所が製薬産業のイノベーションを支えているというわけだ。でも実際には、学術的な大発見よりも、ささやかな試行錯誤――うまくいくことをどんどん実行し、その背後にある理論など気にしないという姿勢――がイノベーションの原動力であることが多い。研究の成果がそのままビジネスプランになりうるファイナンスの世界でも、試行錯誤がやはり重要である。A・W・ジョーンズは最初、チャートに従うことで市場を幅広く読めるのではないかと考えた。これは結局行き詰まったが、ストックピッカー向けのインセンティブ制度を新しくつくることで彼は成功した。スタインハルト・ファイン・バーコビッツは株式アナリストとしてスタートしたが、その成功の大きな要因は、大口取引《ブロックトレーディング》であり、通貨政策への並々ならぬ執着であった。

マイケル・スタインハルトたち三人組の場合と同様、コモディティズ・コーポレーションも一九七〇年代という時代に合った手法を活用した。金融市場とは、リスクを避けたい人と、リスクをとって儲けたい人を結びつけるためのしくみである。つまり、保険をかけたい人から保険を売りたい人への移転が生じる。一九六〇年代は、商品価格の変動に備えて保険をかけようとする人は多くなかった。政府は農産物に最低価格を設定し、余剰生産のため価格の上昇は防がれた。だが、シカゴ商品取引所のトレーダーは、大豆ピットの階段で新聞を読んで時間を過ごしていた。インフレの一九七〇年代には食品価格の変動が激しくなり、保険のニーズが高まった。食品会社は先物市場を使って高価格のリスクをヘッジし、栽培者は先物市場を使って低価格のリスクをヘッジした。[40] 同じく、為替レートの変動が激しくなり、為替ヘッジのニーズが高まった。多国籍企業は、ドルの上げ下げによって業績がひっくり返る可能性があることに気づいた。一九七〇年代の前半には、シカゴ商品取引所の取扱高が急増し、ピットのトレーダーは新聞を読んで時間をつぶすどころではなかった。

保険をかけたい人が市場になだれ込んだため、保険を売りたい人、すなわち投機家が儲かるのは必然だった。農家や食品会社が先物を売り買いしていたのは、リスクを減らしたいからで、価格の方向性を熟知していたからではない。価格の方向性を見る力があるのは投機家であり、彼らのほうが農家や食品会社と取引するうえで有利なのは当然だった。しかも、比較的競争が少ないから儲けも大きかった。取引所は投機家が買える契約の数に制限を設けることで「保険」の供給量を制限し、その価値を人為的に高めた。コモディティズ・コーポレーションは、この人為的な供給不足がもたらす保険料のアップ分を懐に入れるとともに、ほかにも儲ける方法を見出した。卸売業者との取引所外取引という抜け道を編み出したのである。[41]

このように保険のニーズが飛躍的に伸びたことが、コモディティティズ・コーポレーションの成功の一因である。だが、それよりも何よりも重要だったのは、同社がトレンドフォローに転じたことである。フランク・ヴァナーソンがテクニカル・コンピュータ・システム（TCS）を開発し、ランダムウォーカーの誤りを実証したおかげで、コモディティティズ・コーポレーションは自信をもってマイケル・マーカスのようなトレンドフォロワーを採用し、ファンダメンタル分析とチャートの組み合わせという彼のノウハウを一種の社是《しゃぜ》にすることができた。[42]金融分野の学問がヴァナーソンの発見に追いつくのは、それから何年もたってからのことである。一九八六年、有名な『ジャーナル・オブ・ファイナンス』誌に掲載された論文が、通貨市場におけるトレンドフォローでかなりの利益をあげられると指摘。一九八八年には別の論文が、コモディティでも同じことが可能だと述べた。[43]こうした研究には興味深い符合が見られることもあった。一九八八年の論文の著者のひとり、スコット・アーウィンは、デニス・ダンとの出会いをきっかけに調査を始めようと思い立った。このデニス・ダンは、TCS開発用のデータをヴァナーソンに提供したダン＆ハーギット社の代表である。ほぼ二〇年前にヴァナーソンが取り組んだのと同じデータを分析することで、アーウィンは同じ結論に達したのである。[44]

一九七七年、マイケル・マーカスは金融関連の新聞にアシスタントトレーダーの募集広告を出した。応募してきたのは、ハーバード大学の博士課程を退学し、パートタイムでタクシー運転手をしていた男である。マーカスは彼を一目見て気に入った。ワイマールに電話をして興奮ぎみに言う。「コモディティズ・コーポレーションの次期社長がここにいるよ」[45]

その男はブルース・コフナーという。ワイマールはなぜマーカスが熱心なのか理解できた。その若者は背が高く堂々とした体格で、大きな頭にふさふさの髪が乗っている。リラックスした態度ながら自信に満ち、驚くほど博学だった。ジェームズ・Q・ウィルソン、ダニエル・パトリック・モイニハンといったハーバードの政治科学者のグループに加わっていたこともあれば、フルタイムで音楽を学んでいたこともある。数々の政治キャンペーンにかかわり、音楽から経済成長の目的まで、さまざまなテーマの記事を『コメンタリー』誌に寄稿した。証券取引も、そんななかで学んだことがらのひとつにすぎない。友人との会話に触発されて、彼は先物市場について勉強した。マスターカードで三〇〇〇ドルを借り、それを二万二〇〇〇ドルに増やした。マーカスとワイマールは金融の教科書を二〜三引き合いに出して、このアシスタントトレーダー候補を試そうとした。ところが、ふたりよりもコフナーのほうが読書量にまさっていた。チャールズ・マッケイの『狂気とバブル』［邦訳はパンローリング刊］をはじめとする古典はもちろん、現代の業界紙にも目を通していた。「知性の豊かさを私は大切にしますが、ブルースは文句なしの知識人でした」とワイマールは回想している。[46]コフナーはただちに採用された。アシスタントではなく正規のトレーダーとして。[47]

コフナーのマーカスおよびワイマールとの出会いは、ヘッジファンドの歴史に輝かしい一ページをもたらした。その後一〇年間、コフナーは年平均約八〇パーセントの利益をあげた。みずからのヘッジファンド「キャクストン・コーポレーション」を立ち上げ、芸術や政治の分野で華々しくデビューした。アメリカン・エンタープライズ研究所を主宰し、ニューヨークの『サン』紙を支援することで、保守運動のドンとなった。ジュリアード音楽院の責任者を務め、聖書のイラスト版「ペニーロイヤル・キャクストン」の製作者を支援した（そこにはソロモン王をイメージしたコフナーの版画がおさめられている）。離婚して自分の部屋が必要になると、マンハッタンの国際写真センターを住居にした。ここにはコフナーの稀覯本《きこうぼん》コレクションの保管庫、さらには核シェルターを兼ねた書斎がある。

心理学を学んだことがあるマイケル・マーカスは、コフナーについて早くから気づいたことがあった。コフナーは同僚にはない肉体的・精神的な強さをそなえていた。イライラを忘れる術を心得ていた。自分の取引について考えすぎず、不眠症にもならなかった。他のトレーダーは彼より速く儲けたとしても、彼より速くそれを失ってしまう。コフナーは首尾一貫しており、一種無神経なところがあった。あるとき銀のポジションで大損を出した。たいていのトレーダーならトイレで吐いてしまうほどの損である。その日の経営会議に、彼はまるで何ごともなかったかのような涼しい顔で現れた。[48]

多くのトレーダーとちがって、コフナーは市場を読む力と、類《たぐい》まれな組織的能力をあわせ持っていた。数字をチェックし、チャートをつくるために数人のアシスタントを雇っていたが、必要以上の給料をけっして払わなかった。普通の人々を最大限に活用する才能が彼にはあった。たとえば元司書《ししょ》［図書館職員］に、金利と金先物の関係をモニターさせた。元司書は、両者の関係が一時的な変動を見せたら、通常の状態が戻るほうに賭けろという指示を受けている。このやり方は大きな利益を生んだ。一方でコフナーは、ワイマールから金銭的な譲歩を引き出すのがうまく、しばしば同僚の怒りを買った。自分の利益からアシスタントの給料を出すかわりに、会社全体の予算を使うことがあったし、アシスタントが示唆する取引に自分の資本を回すのではなく、ワイマールを説得して余分な資金を出させることもあった。[49] CFOのアーウィン・ローゼンブラムによると、ブルース・コフナーはコモディティズ・コーポレーションでだれよりも稼ぎがよかったという。[50]

コフナーはファンダメンタル分析とチャート分析を組み合わせたが、そのスタイルはワイマールが最初に取り組んだモデル駆動型のアプローチとは似ても似つかなかった。[51] マイケル・マーカスの場合と同じく、ときにチャートが先行した。コフナーは実際、ファンダメンタルな情報がないときこそ最大の利益をあげるチャンスである、と主張したことがある。[52] 市場がごくふつうに狭い範囲でもみあっていれば、これといった理由もない相場の急変は絶好のチャンスである。つまり、どこかのインサイダーが市場の知らない情報を持っているということだ。そのインサイダーをフォローすれば、情報が公になる前に恩恵にあずかることができる。あるとき、コフナーとマーカスがドルのショートポジションを持っていると、ドルがわけもなく値上がりした。インサイダーが重要な情報をつかんでいると判断した彼らは、ただちにポジションを放出。するとその週末、カーター大統領がドル防衛計画を発表した。もし公式発表を待っていたら（ワイマールが最初やろうとしたように、ファンダメンタルデータをもとにしていたら）、彼らは大損していただろう。[53]

一九八一年、コフナーはロイ・レノックスという社員とともに、のちにヘッジファンドの主要な武器になる戦略を思いついた。彼らは現物よりも先物のほうがコスト安の通貨を探し、有利なフォワードレート［現在ではなく将来のある時点をスタートラインとする金利］でこれを購入した。ほとんどのトレーダーは、ここから得られるものは何もないと考えた。フォワードレートが低いのは、その通貨が値下がりする可能性が高いからだ。でもコフナーとレノックスは、そうは考えなかった。低いフォワードレートは高い金利の反映であることが多い。スペインの銀行が預金者に七パーセントの利子を払っていたら、ペセタは一年先よりも直近の「スポット」市場［先物の逆の、現物取引が伴う現在の市場］のほうが七パーセント価値が高いことになる。フォワード市場でのディスカウントは、金利を受け取るチャンスを失うぶんを実質的に補填《ほてん》している恰好《かっこう》だった。フォワード市場でのディスカウントは、通貨が値下がりするどころか値上がりするしるしである。なぜなら、高金利はインフレを押し下げ、資本をその国に呼び込む可能性が高いからだ。それから約一〇年間、コフナーとレノックスは割引率が大きい為替先物を買い、割引率が小さい為替先物を売った。ライバルに気づかれるまで、この「キャリートレード〔通貨の金利で利鞘を稼ぐ手法〕」は莫大な利益を生み出した。[54]

コフナーの成功は、コモディティズ・コーポレーションの全盛期の終わりをも意味していた。同社の好業績がウォール街の耳ざとい連中に口コミで伝わると、ワイマールは難局に直面した。ニューヨークのブローカーは彼の会社のトップトレーダーに接触し、顧客の資本を直接委ねようとした。マーカスやコフナーらに、ワイマールの会社のなかでヘッジファンドを始めるよう迫ったのである。ワイマールは最初抵抗したが、トレーダー側に分があった。彼が間接費を使いすぎるため、トレーダーたちはすでに独立したがっていた。そこへウォール街から新しい資金源の申し出があった。手数料もたんまりもらえそうだ。[55] 自問自答の結果、トレーダーたちはやりたいようにした。コフナーは何百万ドルというウォール街のキャッシュを運用しはじめた。アシスタントの数も拡大し、もはや「国家内国家」の様相を呈していた。一九八三年にキャクストン・コーポレーションをおこすころには、彼はもはや事実上、ヘッジファンドの大御所だった。秘密主義で、レバレッジをきかせ、人もうらやむほど成功を収めていた。

その一方で、さらに若いふたりの先物トレーダーが台頭しつつあった。追ってご紹介するポール・チューダー・ジョーンズとルイス・ベーコンは、コモディティズ・コーポレーションからシードキャピタル〔事業の初期＝種（seed）の段階で必要な資金〕を受け取った。一九八〇年代のはじめ、ふたりはトレーダーの夕食会に参加するため、ヘリコプターでマンハッタンからプリンストンに到着した。

ジョーンズもベーコンもコモディティズ・コーポレーションから学んでいた。トレンドやチャートパターンに関する考え方を共有し、同社のリスク管理手法を採り入れた。ベーコンは最終的に、コモディティズ・コーポレーションの総務担当シニアオフィサー、エレイン・クロッカーを雇って、自身のヘッジファンド、ムーア・キャピタルの社長に据《す》えた。だがベーコン本人は独立心が強すぎ、ワイマールの会社におさまるわけにはいかなかった。ジョーンズはコモディティズ・コーポレーションからの仕事の申し出を断った。シードキャピタルを受け取るぶんにはよいが、入社するのはごめんだった。[56] 花形トレーダーを引き入れられなかったことは、ワイマールの浪費癖とあいまって、同社に危機をもたらした。一九八四年、社内での突き上げを受けて、ワイマールは間接費の削減と「シンプルライフ」への回帰を約束せざるをえなかった。[57] コモディティズ・コーポレーションが昔の勢いを取り戻すことはもうなかった。重心が移動したのである。ワイマールから若手へ。プリンストンの田園風景から、ニューヨークの新世代のヘッジファンドへ。

第四章

錬金術師

——G・ソロス

一九四九年、ジョージ・ソロスという若きハンガリー人が入学したとき、ロンドン・スクール・オブ・エコノミクス（LSE）は騒然としていた。第二次大戦のトラウマが消えぬなか、ナチズムの犠牲者、共産国からの亡命者、崩壊する大英帝国の若き指導者たちが、こぞってロンドンに避難した。「大理論」が求められていた。ヨーロッパがどのようにして自己破壊にいたったのか、どうすれば再建できるのかを、だれもが知りたがった。労働党政府は英国を福祉国家に変えようとし、マーシャル・プランがヨーロッパ大陸の再建を後押ししていた。LSEの講義室では、熱烈なマルクス主義者が自由至上主義者《リバタリアン》のフリードリヒ・ハイエクと交流を持ち、ケインズ主義者と反ケインズ主義者が意見を戦わせた。同校の歴史を語った文献にもあるように、「LSEの神話が生まれた」のはこのころである。[1]

LSEに入ったとき、ソロスはすでに多くの辛苦《しんく》をなめていた。ブダペストの裕福なユダヤ人家庭に生まれたソロスは、家族と別れ、クリスチャンを装い、父親のさまざまな知人宅に身を隠すことで、ナチの時代を生き延びた。手を縛られ、頭をぐしゃぐしゃにされた死体が街じゅうに転がっているのを目にしたこともあれば、闇市場のディーラーに宝石を売りさばいて家族の生活を支えたこともある。一九四七年、一七歳になるかならないかのころ、ソロスはよりよい未来を求めてハンガリーを出奔《しゅっぽん》。両親に別れを告げ、ロンドンへ向かった。両親とは二度と会わない覚悟だった。皿洗い、ペンキ屋、ボーイなどの仕事を転々とした。ボーイ長には「一生懸命働いたら、いずれアシスタントにはしてやれるかもしれない」と言われた。LS

Eで勉強を始める前の夏に、とうとうお気に入りの仕事を見つけた。客が少ないプールの監視員である。彼はアダム・スミスやトマス・ホッブズ、ニッコロ・マキャヴェリを読んだ。

ソロスに最も影響を与えたLSEの著名人は、ナチズムから逃れるために母国オーストリアを捨てた哲学者、カール・ポパーである。ポパーの論点の中心は、人間は真理を知ることができないということだ。試行錯誤を通じてそれを探るのが関の山であると。こうした考え方は、ソロスのような経歴の持ち主にとってじつに魅力的だった。すべての政治的ドグマは誤りだということにもなるからだ（外部からハンガリーに押しつけられたナチズムと共産主義はそれぞれ、どちらにもその資格がない「知的確実性」をうたっていた）。ポパーの主著『開かれた社会とその敵』は、自分なりに哲学に寄与したいという生涯の望みをソロスのなかに芽生えさせた。同書はファイナンスに関する独自の考え方を彼にもたらし、彼がのちに設立する慈善団体の名前（「開かれた社会」財団）にもつながった。

ソロスは月並みな成績でLSEを卒業し、しばらくは将来性のない仕事に就いていた。北ウェールズ〔英国西部〕でハンドバッグを売っていたこともある。そこで、このような運命から逃れるべく、ロンドン市内のすべての投資銀行に手紙を書き、新入社員向けの仕事がないかを尋ねた。社会的なつながりが足りないという理由で大銀行にはねつけられた彼は、ついにハンガリー人亡命者が経営するブローカー会社に職を見つける。金融のコツを飲み込むと、一九五六年に彼はニューヨークへ出た。五年間ウォール街でがまんすれば、哲学者として独立するための貯金もできるだろうと考えたのである。[2] しかし、投資の腕前があまりにもよく、やめるにやめられなかった。一九六七年には、ヨーロッパ株を専門とするウォール街の老舗《しにせ》ブローカー、アーノルド&S・ブレイクロウダーの調査責任者になっていた。そして、売り込み活動を通じてA・W・ジョーンズのセグメントマネジャーたちと知り合うようになると、一九六九年に運用資本四〇〇万ドルの自身のロング・ショート・ファンドを立ち上げる。彼はこれをダブル・イーグル・ファンドと呼び、ブレイクロウダーの傘下で運用した。[3]

ソロスはカール・ポパーの考え方とみずからの金融知識を融合し、「再帰性《さいきせい》」という概念に到達していた。ポパーの著作が示唆するように、上場企業の詳しい実態は人間が理解するにはあまりにも複雑であり、投資家は現実を模した憶測や便法《べんぽう》に頼っていた。だがソロスはまた、こうした便法には現実を変える力もあることを見抜いていた。強気の予測が株価を押し上げると、企業は低コストで資金を調達でき、業績も向上する。このフィードバックループのせいで、市場は二重の意味で不確実だった。まず、人々は現実を明確には認識できない。だがそれに加えて、現実そのものがこの不明確な認識——それ自体が絶えず変化する——に影響される。効率的市場理論とは根本的に対立する結論にソロスは達していた。学術的なファイナンス理論ではそもそも、合理的な投資家は株式の客観的な評価額を知ることができる。また、あらゆる情報が織り込まれていれば、市場は効率的な均衡に達しているといえる。ポパーの弟子にいわせれば、この前提は人間の認識力の最も基本的な限界を無視している。[4]

一九六〇年代に金融の仕事が波に乗りだしたときも、ソロスは週末になると自宅で研究に明け暮れ、自身の哲学を論文で表現しようと悪戦苦闘した。彼の考え方は投資のしかたにも影響した（後年、再帰性理論は投資の成功を正当化するためにあとづけされたものだ、という言い方もされたが）。一九七〇年の投資メモでソロスは、不動産投資信託のしくみを明らかに「再帰的な」言葉で説明している。「伝統的な証券分析の方法は、将来の利益を予測することである」と説明は始まる。だが不動産投資信託の場合、将来の利益自体が、それに対する投資家の認識に左右される。強気の投資家は成功した信託の持ち分にプレミアムを支払い、結果的に資本コストを引き下げる。資本コストが下がれば利益が増え、すると他の投資家もその信託にもっと資本を注入しようとする。ソロスいわく、大事なのは利益の動向にも投資家心理にも着目せず、その両者間のフィードバックループに焦点を合わせることである。双方の相乗効果により、いずれは投資信託が過大評価され、暴落が不可避になると彼は予測していた。実際、それはソロスが思ったとおりの循環を示した。彼のファンドは投資信託が値上がりするとひと儲けし、値下がりするとさらにひと儲けした。[5]

一九七三年、ソロスはブレイクロウダーを去り、自身の会社を立ち上げた。セントラルパークウェストの自宅アパートから一ブロックの場所にオフィスを借り、ブレイクロウダー時代の相棒ジム・ロジャーズ（短気で仕事中毒のアナリスト）を連れてきた。後年、マンハッタンの自宅でインタビューしたとき、ロジャーズはラップトップPCと電話が装備されたエアロバイクをこぎながら、息を切らしていたものだ。[6] ソロスはロジャーズとともに、不安定な均衡が破れる瞬間を探しつづけた。たとえば彼は、金融自由化によって銀行をめぐる情勢が変わり、これまで振るわなかった部門が魅力的な部門に変化すると考えた（つまりは銀行株で儲けた）。あるいは、一九七三年のアラブ・イスラエル戦争が防衛産業の情勢を変えると見抜いていた。というのも、エジプトが使用していたソ連製兵器の性能がよく、米国は想像以上の難題に直面することが明らかだったからだ。国防総省が議会に働きかけて追加投資を認めさせると予測したソロスは、防衛株に資金をつぎ込んだ。[7]

情勢の変化を感じ取ると、ソロスは躊躇《ちゅうちょ》なく投資した。軍事費が増加すると判断したあとは、ロッキード社最大の外部株主になった。自分が正しいという確証がなくても、彼は思いきって行動した。ある投資案件がざっと検討して魅力的だったら、他の投資家もそれに魅力を感じるはずである。それに、完璧な認識力などありえないから、細かい点を気にしても意味がない。かつてスイスでスキー休暇をとっていたとき、ソロスはリフト乗り場で『フィナンシャル・タイムズ』紙を買い、リフトに乗りながら、英政府がロールス・ロイス社を救済する予定だという記事を読んだ。山頂に着くとブローカーに電話を入れ、英国債を買うよう指示した。[8] 細かな点は専門家にまかせておけばよい。「投資が先、調査はあと」が彼のモットーだった。[9]

一九八一年が始まるころには、ソロスは想像を絶するほどの成功を収めていた。彼のファンド（一九七三年にソロス・ファンド、一九七八年にクォンタム・ファンドと改名）は、運用資産が三億八一〇〇〇万ドルに達していた。一九七〇年代の株式不況にもかかわらず、初期資本をほぼ一〇〇倍にしたことになる。ときに慈善事業の世話になりながら、ロンドンで不安定な暮らしをしていたティーンエージャーが、いまや一億ドル相当の私財を築き、みずからが慈善事業家になろうとしていた。一九八一年六月、『インスティテューショナル・インベスター』誌はソロスを「世界で最も偉大な資産運用家」と呼んだ。ライバル投資家たちは、イリ・ナスターゼがビョルン・ボルグ［二〇世紀屈指のテニスプレーヤー］に贈った言葉を使って賞賛の意を表した。「僕たちはテニスをしているけれど、彼は何かほかのことをしている」[10]

ソロスはおのが才能をたたえるのをためらわなかった。「一歩下がって自分を見ると、そこにあるのは完璧に研《と》ぎ澄《す》まされたマシンだ」と彼は書く。[11] 皮肉は感じられない。別のところではこう告白している。「私は自分を一種の神だと思っていた。でなければ、ケインズのような経済改革者（どちらもみずからの『一般理論』を持っている）か、アインシュタインのような科学者（再帰性(reflexivity)と相対性(relativity)は響きが似ている）だと」。[12] だが悲劇は、彼が幸せではなかったということだ。投資家として成功するためには、知性と感情を市場に集中させねばならず、それは肉体にも影響を及ぼしかねない。ソロスは背中が痛くなると、ポートフォリオにトラブルが発生していることを知るのだった。いつなんどき相場が悪くなるかわからないと考えていた彼は、こうした肉体的シグナルに従ってポジションを売却した。ソロスは投資というビジネスに時間と労力のすべてを費やした。まるで勝つために私生活をすべて犠牲にしなければならない、トレーニング中のボクサーのようだった。彼は自分自身を、ファンドという寄生虫に体を容赦《ようしゃ》なくむしばまれる病人にたとえている。[13]

成功のまっただなかにありながら、ソロスはものごとの優先順位を考えなおしはじめた。一九八〇年には、ジム・ロジャーズとたもとを分かった。気の短さゆえに若手社員をたびたび退職に追い込むロジャーズのせいで、仕事量を減らしたいというソロスの希望がなかなかかなわないからだ。彼は仕事をまかすことのできる新しいパートナーを探しはじめた。[14] 人探しにかまけるうち、投資の業績は落ち込んだ。一九八〇年には一〇〇パーセントを超える利益をあげたが、翌年のクォンタムは二三パーセントという初の損失を出し、ソロスの資本は結果的に四億ドルから二億ドルに半減した。[15] 面目を失った彼は、一九八一年九月には残りの資本をほかの投資家に委託していた。三年前のマイケル・スタインハルトと同じく、市場から一時期身を引いたのである。

一九八四年、投資の世界に本格的にカムバックしたとき、ソロスは新たなバランス感覚を身につけていた。以前は「妄想をやめたら業績が落ちる」くらいの妄想をいだいていた。だが「中年の危機」のあいだに、ある精神分析医のおかげで、強迫観念をなくすことができた。彼はみずからの成功を大いに評価し、力を抜いてもよいと自分に言い聞かせた。そうすることで大きな利益を逃すことになるかもしれない。でも、そうしなければ成功しても意味がない。

ファンドとの情緒的な一体感は終わりを告げた。体の一部が切除されたみたいな感じだった。彼はこの変化を、唾液腺《だえきせん》からカルシウムの結石《けっせき》を取り除いたときの苦しい手術にたとえた。いったん取り除かれて空気にふれると、石は粉々になる。「私の苦悩にもそれと同じことが起こった」とソロスは回想している。「光にふれたら消失したのだ」[16]

ソロスは背中の痛みに基づくシグナルのかわりに、もっと合理的なやり方を導入した。一九八五年八月から、彼は投資に対する考え方を日記につけはじめた。思考内容を記録しつづけることで、判断が研ぎ澄まされると期待したのだ。その成果である「リアルタイム実験」は濃密かつ反復的で、結局は実現しなかったシナリオをめぐる複雑な思考に満ちている。だが、成功要因をあとづけで説明するさいの偏見がないため、それは投機家ソロスの真の姿を映し出している。さらに偶然にも、この日記には彼の最大の業績のひとつが書き記されている。本人が「一世一代の大儲け」と言うドル売り投資である。

ソロスはウォール街の「銘柄選定文化」の出身である。だが、再帰的なフィードバックループに注目した彼は、投資のチャンスについて幅広く考えることができた。綿花取引所をやめて、固有銘柄にこだわらないジェネラリストになったコモディティズ・コーポレーションのマイケル・マーカスと同じく、ソロスは小さな値動きを予測するために少数の銘柄に詳しくなっても意味はないと考えた。必要なのは、大きな波をとらえるために、多数の銘柄について少しずつ知ることである。一九八〇年代には、ポストブレトンウッズ体制すなわち変動通貨制がごく自然なものとして定着しつつあった。ドルの価値はトレーダーの認識に基づいて決まる。そしてソロスは当然、この認識には欠陥があると考えた。トレーダーの認識がいつなんどき裏返るかもしれない以上、ドルの価値も劇的に変化する可能性があった。

通貨市場に対する一般的な考え方はそうではなかった。一九七〇年代から一九八〇年代にかけて、ほとんどの経済学者は、通貨市場は株式市場と同じく効率的均衡に向かう傾向があると考えていた。[17]ドルが過大評価されると、米国の輸出は痛手をこうむり、輸入は促進される。その結果としての貿易赤字が意味するのは、アメリカ人が外国製品を買うのに他国通貨を必要とするほど、外国人はアメリカ製品を買うのにドルを必要としない、ということだ。比較的低いドルの需要はその価値を押し下げ、システムが均衡に達するまで貿易赤字は縮小する。さらに、伝統的な考え方では、投機家はこのプロセスにちょっかいを出せる立場にはない。通貨の将来を正しく見通したとしても、彼らはそれが均衡に達するのを加速するだけである。また、判断を誤れば均衡を遅らせることになるが、その遅れも長くは続かない。投機家が資金を失うからだ。

均衡理論は通貨の実際の振る舞いを説明していない、とソロスは考えた。たとえば、一九八二年から八五年にかけて、米国は貿易赤字を膨《ふく》らませていた。ドルの需要は少ないはずである。ところがこの時期、ドルは値上がりしていた。投機的な資本の流入がドルの価格を押し上げたからである。しかも、こうした資本の流入は「自己増強的」な傾向があった。投機資本が米国に流れ込むと、ドルが上がる。値上がりしたドルはさらに投機家を呼び込み、為替レートを均衡から遠ざける。[18] 投機家が為替レートを決める本当の要因だとすれば、通貨は上げ下げの循環を永遠にくり返すことになる。最初の循環で、投機家はある種の偏見を広め、この偏見が自己増強して、為替レートを貿易均衡に必要な水準からさらに遠ざける。為替レートが異常になればなるほど、投機家は病みつきになり、貿易不均衡は拡大しつづける。ついには、巨大な貿易不均衡の圧力が投機家の偏見を圧倒し、逆転現象が起こる。投機家は一八〇度向きを変え、逆方向のトレンドが新たに始まるのである。[19]

一九八五年の夏、ソロスの頭を支配していたのは、どうやってドル反転のタイミングを判断するかであった。八月一六日に日記をつけはじめたとき、そのタイミングはもうすぐではないかと彼は考えていた。レーガン大統領は二期目のスタートにあたって人事を刷新《さっしん》しており、その新チームからは、貿易赤字を減らすためにドル安をめざす決意が感じられた。ファンダメンタルズも（それが妥当だとすればだが）同じ方向を指していた。金利が下がっていたため、投機家はドルを保有しても報われなかった。もしも政治的行為と低金利の組み合わせによって、少数の投機家でもよいからドルを売ろうという気になれば、上昇トレンドが突然反転する可能性もある。循環の成熟期には、ドルでひと儲けしようとする連中はすでに全員がゲームに参加している。買い手はもはやほとんど残っていないので、相場をUターンさせるにはごく少数の売り手がいればよい。

Uターンは目前なのか？　ソロスは思い悩んだ。米国の成長が加速すれば、金利が上がり、ドル反転の可能性は低くなる。他方、銀行が信用収縮のサイクルに入り、担保価格の下落と融資減少の影響がみずからに跳ね返ってくれば、銀行部門の不振が景気の足を引っ張り、金利を押し下げるかもしれない。「この私にわかるんだろうか？」とソロスは悩んだ。しかし、さらにこうも考えた。「私の競争上の強みはただひとつ、再帰性理論だ」。その理論に導かれて、彼は自己増強的な銀行の混乱のリスクにとくに重きをおき、その結果、ドル安に賭けようと考えた。おまけに、いくつかのテクニカルな指標も同じ方向を指し示していた。[20] 経済学という疑似科学、再帰性という疑似哲学、チャートという疑似心理学を動員して、ソロスは投資の結論を得た。そう、ドルを空売りするときであると。

　内心の不安にもかかわらず、ソロスは決然と実行した。八月一六日の時点で、クォンタムはドル安の対象となるであろう主要通貨（円、ドイツ・マルク、ポンド）を七億二〇〇〇万ドル相当保有していた。同ファンドの全資本を七三〇〇万ドル上回るエクスポージャーである。彼のリスク選好度［リスクをとろうとする度合い］は驚くべきものだった。「原則として私は、どこかひとつの市場にファンドの資本の一〇〇パーセント以上を投じないようにしている」日記の文章は、のんびりしたものだ。「でも私は、現在の考え方に合わせるよう、市場に対する定義を微修正するたちだ」。[21] ヘッジしてこそのヘッジファンドという考え方は、あっさり捨て去られたのである。

　三週間後の九月九日、日記の二回目の記述によると、実験の出足はよくなかった。米ドルは強気の経済指標に支えられ、クォンタムは二〇〇〇万ドルの損失を出していた。ソロスはあらためて内省し、やはり銀行システムの脆弱《ぜいじゃく》さを重視することにした。するとチャートがよい兆候を見せはじめた。ドイツ・マルクが急伸しそうなパターンである。ようやく運が向いてきそうだ。そこでソロスは、分析にさらなる要因を加味した。通貨当局の身になって考え、たとえ景気が予想以上によくなっても、金利は低いままだろうと考えた。連邦準備制度理事会（FRB）は銀行を規制する立場にあるため、金利の引き上げをためらうだろう。足腰の弱った銀行がいちばん望まないのは、コストの高い資本である。それに、FRBには金利を上げない余裕があるはずである。新レーガン政権は財政赤字の抑制を決意し、インフレ圧力を弱めていたからだ。この九月にさまざまな選択肢を検討した結果、ソロスはドル安を見込んだ投資にあくまでもこだわるが、ドルがさらに上がったら、その半分を手放すことを決意した。

ソロスの投資判断は、ぎりぎりでバランスを保っていることが多かった。市場は少なくともある程度効率的であるから、ほとんどの情報はすでに価格に織り込まれている——それが真実である。投機の妙味は、他人が見過ごしている知見を見出し、その小さなチャンスに大きく賭けるところにある。ソロスは証拠を丹念に調べ、理論立てて考える男だったが、そこで急ハンドルを切る男でもあった。たとえば、昼食をともにしたお客のひとことがきっかけで考えを改め、トレーダーにポジションを手放すよう指示を出す。[22] 九月のその第二週の、ドルのショートポジションを維持するという決定も、そんな危うい判断のひとつだった。もし最初の損失のあとに彼がまばたきをしていたら、彼の人生はまったくちがったものになっていただろう。[23]

しかし、ソロスはまばたきをしなかった。二回目の日記から二週間とたたない一九八五年九月二二日、ジェイムズ・ベイカー財務長官はフランス、西ドイツ、日本、イギリスの財務閣僚をニューヨークのプラザホテルに招集した。これら先進五カ国は、ドル安の実現に向けて通貨市場に協調介入することを約束。このプラザ合意により、ソロスはひと晩で三〇〇〇万ドルの利益をあげた。翌日、円はドルに対して七パーセント上昇し、一日の上げ幅としては過去最高を記録した。

ソロスは幸運といえば幸運だった。レーガン政権がドル安をめざしていることは見抜いていたものの、それがどのようなかたちで展開されるのかはわからなかったし、プラザ会合の予定も知らなかった。[24]だが、プラザ合意後に起こったことは運でもなんでもない。ソロスが伝説的人物として知られるようになるのは、まさにここからである。彼は儲けをすぐに現金化して満足するのではなく、さらに追い討ちをかけた。ドルの反転がついに始まったのだ。再帰的フィードバックループに照らせば、どう考えても、ドルのこの値下がりはまだ始まりにすぎない。

プラザホテルでの会議が終わったのはニューヨークの日曜日。だが、アジアはすでに月曜の朝だった。ソロスは香港のブローカーにただちに電話を入れ、円を買い足すよう指示を出した。その翌日、みずからのファンドのトレーダーが各自の運用する小規模なサブポートフォリオで利食い［値上がりの際に売却し利益を確定させること］を始めると、ソロスは珍しく怒りを抑えることができなかった。部屋から飛び出ると、円売りをやめろと叫び、彼らのポジションをすべて引き受けると言った。[25] トレーダーたちは利益の機会が逃げないうちに、それをものにしておきたかった。[26] だがソロスに言わせれば、先進五カ国の政府はドルが下がるというメッセージを出しているのだ。プラザ合意がそのシグナルとなった以上、円をもっと買わない手があるだろうか？

それから何日間か、ソロスは買いつづけた。プラザ会合後の金曜日には、円とドイツ・マルクの保有高を二億九〇〇〇万ドル、ドルのショートポジションを一億七〇〇〇万ドル増やしていた。[27] こうしたやり方にリスクがあるとすれば、それはプラザ合意がたんなるこけおどしに終わった場合である。合意声明は細かな実行案に乏しく、各政府の今後の具体策頼みだった。だが、ニューヨークの他のどんなファンド・マネジャーよりも、ソロスはワシントン、東京、ヨーロッパに政治的なコネクションを持っており、どうやらプラザ合意は真剣らしいと考えた。[28] 一二月初旬には、五億ドル相当の円とマルクをさらに買い足し、ドルのショートポジションも三億ドル近く増やしていた。[29]「あらゆる方向に最大限のエクスポージャーをとった」と日記に書いている。[30]

一九八五年一二月、ソロスはリアルタイム実験の第一フェーズを終えた。ドル反転の機は熟したとの仮説に始まり、ついにその説の正しさが確認された数カ月だった。くり返し予想した銀行制度の崩壊は、結局は起こらずじまいだった。「わが予測のすぐれた特徴は、実現することのないできごとを期待しつづける点にある」と、本人も認めている。[31] だが、そうした誤りもひとつの大きな成功にかき消された。ソロスにはわかっていた。ドル高を支えていたのは人々の当てにならない認識であり、だからこそ、きっかけがひとつあれば突然の反転が起こりうるのだと。システムの不安定さを知っていた彼は、プラザ合意の意味をだれよりも早く理解した。プラザはきっかけであり、新しい政策の詳細が決まっていなくても問題ではなかった。ひとつの政治的イベントが新しいトレンドに弾みをつけ、それがいまや自立的なトレンドとなったのだ。

「プラザ・トレード」の報酬は驚くべきものだった。八月からの四カ月で、ソロスのファンドは三五パーセント成長し、二億三〇〇〇万ドルの利益をあげた。日記をつけることが業績に寄与した、そう確信したソロスは「これはひとりの作家が受け取った印税としては最高額だろう」とジョークを飛ばしている。[32]『ソロスの錬金術』［邦訳は総合法令出版刊］という著書の一部として日記が公開されると、批評家たちはその難解な文章をバカにした。でも、ある評論家が述べたように、卵の黄身といっしょに水銀を沸騰《ふっとう》させるよりは、金融の錬金術のほうがよほどマシである。[33]

一九八七年五月の『ソロスの錬金術』の刊行によって、ソロスはまごうかたなき有名人となった。彼の日記はヘッジファンド界の若きスターたちの琴線《きんせん》にふれた。彼らはそこに、数々の評価不能なものごとと不安げに格闘する投機家の率直な姿を見てとった。コモディティズ・

コーポレーションからシードキャピタルを受け取り、その後チューダー・インベストメント・コーポレーションを大成功させた新進気鋭の綿花トレーダー、ポール・チューダー・ジョーンズは『ソロスの錬金術』を社員の必読書に指定した。[34] 同書のまえがきでジョーンズは、本を出した以上、ソロスは用心すべきであると語り、第二次大戦にまつわる映画「パットン大戦車軍団」の一シーンを引き合いに出した。アメリカ軍の偉大なるパットン将軍がドイツ軍のエルヴィン・ロンメル陸軍元帥《げんすい》に勝利したシーンだ。じつは彼は、ロンメルの戦術書を読んで戦いに備えていたのである。映画のクライマックスシーンで、パットンは指揮所から戦況を眺めてジョーンズお気に入りのせりふを言う。「ありがとうよ、あんたの本は読ませてもらったぜ」[35]

ソロスはそんな警告など気にならないほど楽しんでいた。ついに、みずからがＬＳＥであこがれていたような知識人の仲間入りをしたのだから。高級な洋服に身を包み、大きなめがねをかけ、髪の毛がふさふさしたその姿が、雑誌の表紙を飾りはじめた。中央ヨーロッパ風の訛《なま》りが、彼を取り巻くエキゾチックな雰囲気を高めていた。人物紹介は「大部分のファンド・マネジャーが地図上で東京を見つける前の時代から、ソロスはグローバル投資の研究家だった」という具合である。彼は先物もオプションも通貨先渡取引も受け入れた。ロングもショートもたやすくやってのけた。不気味なほど静まり返ったマンハッタンのトレーディングフロアから世界じゅうの市場を支配し、五カ国語をあやつって全世界の金融事業者とつきあった。[36]『エコノミスト』誌は彼を「世界で最も興味深い投資家」と呼び、『フォーチュン』誌の特集記事は、彼が「最も先見性のある同世代の投資家」としてウォーレン・バフェットをしのぐかもしれないと書いた。[37] だが、一九八一年に『インスティテューショナル・インベスター』誌がソロスを持ち上げたことが、同年の二三パーセントの損失の前兆となったように、一九八七年のちょうちん記事も、ある不幸の前兆となった。

『フォーチュン』の特集記事は一九八七年九月二八日付。そのタイトルは当時の疑問を代弁していた――「株は高すぎるのか?」。八〇年代初めに始まった長い強気相場を受けて、スタンダード&プアーズ500のうち工業関連四〇〇社の株式は、平均して簿価《ぼか》［帳簿上の価格］の三倍で売れていた。これは第二次大戦後、最高の水準である。『フォーチュン』は、株式市場の水準に関する最初の鑑定人としてソロスを招き、「彼は楽観的である」と説明した。トレンドフォロワーが相場を押し上げていたからといって、暴落が近いということにはならない。「相場が過大評価されているというだけで、それが持続不可能だということにはならない」と、ソロスは曖昧に述べた。その裏づけとして、伝統的な評価以上に株が高騰《こうとう》している日本を例に挙げた。いずれ暴落は起こるだろうが、ウォール街より東京が先であると。

強気なのはソロスだけではなかった。翌週にはソロモン・ブラザーズが、上げ相場は一九八八年まで続くとする資料を公表し、その翌週には、モルガン・スタンレーの著名ストラテジストにしてソロスの友人でもあるバイロン・ウィーンが「当サイクル終了前の新高値」を予見した。レバレッジド・バイアウト［企業買収手法の一つ。買収対象企業の資産やキャッシュフローを担保とした負債を資金とする］の時代であり、借金による買収が株価を着実に吊《つ》り上げていた。企業乗っ取り屋の暮らしぶりが、雑誌の特集で意味もなく取り上げられた。当時のムードをよく表しているのが、それまで無名だったP・デイヴィッド・ヘルリンガーという金融マンである。彼は百貨店のデイトン・ハドソン・コーポレーションを六八億ドルで買収すると発表。自宅の前で記者たちに、この件はデタラメかもしれないし、デタラメでないかもしれないと語った――「だって世の中、なんでもありじゃないの」。そしてこのニュースは、デイトン・ハドソンの株価を急騰《きゅうとう》させたのである。もっとも結局はデタラメで、ヘルリンガーは病院送りになったのだが。[38]

　こうした買収熱は、ソロスの再帰性の考え方にぴったり当てはまるものだった。買収は自己増殖していった。それぞれの案件が発表されると、同じ産業部門のあらゆる企業の株価が上がり、買収された企業の株を再売却して儲けようという夢が膨《ふく》らんだ。買収案件への融資がひきもきらず、そのスパイラル効果が株価をいっそう押し上げた。ソロスの理論が予測したとおりである。もちろん遅かれ早かれ、借金の重みに耐えかねて買収取引は崩壊し、トレンドは反転するだろう。だが、その時期が近いという強力な証拠は見当たらなかった。ソロスはマスコミの機嫌をとり、テレビ番組に出演しながら、引き続きウォール街の「最高哲学者」としての仕事をまっとうした。

　一〇月五日、ソロスは新しいファンのひとりをオフィスに招待した。客人の名はスタンレー・ドラッケンミラー。ウォール街のいまをときめく投資信託マネジャーで、『ソロスの錬金術』を読み、一度会いたいと言ってきたのである。ソロスは威厳たっぷりに弁舌《べんぜつ》をふるい、ドラッケンミラーに仕事を提供した。[39] 哲学や慈善事業にあてる時間を増やすため、クォンタム・ファンドをまかせられる後継者がほしかったのである。資金運用には消耗《しょうもう》させられていた。

ドラッケンミラーはそう簡単には誘惑されなかったけれども、ふたりは親しい間柄になった。ソロスが小柄なのに対して、ドラッケンミラーは背が高く肩幅が広かった。ソロスが難解な表現をするのに対して、ドラッケンミラーは率直な物言いをした。ソロスがエキゾチックなヨーロッパ人だったのに対して、ドラッケンミラーは地味なアメリカ人だった。それでも、ふたりはウマが合った。そのころ五〇代後半だったソロスは尊大に振る舞い、まだ三〇代半ばだったドラッケンミラーは自我を抑えて聞き役に回った。また、ふたりは市場について同じ意見を持つ部分が多かったのに、それぞれのファンドはポジションのあり方がちがっていた。ドラッケンミラーは市場の暴落が近いと考え、ウォール街に対してショートポジションをとっていた。クォンタムは日本市場に対してはショートだが、米国市場に対してはロングだった。実際、ソロスは少し前にストックピッカーを増員し、クォンタムは買収株――ウォール街の冗談好きが言うところの「ガービトラージ［ごみを意味する「ガーベッジ」と、利鞘を稼ぐ取引を意味する「アービトラージ」を組み合わせた言葉］」で目をみはる利益をあげていた。市場の波に乗ることで、ソロスのチームは九月末には約六〇パーセントのリターンを記録した。すべてが順調だった。

一〇月一四日、ソロスは『フィナンシャル・タイムズ』紙に、東京市場が暴落するとの見方をあらためて示す記事を発表した。その水曜の朝、彼は景気循環理論について講演するためにハーバード大学ケネディスクールに向かった。講演が終わると、米国相場が下がっていた。各種ニュースは、議会が企業合併にかかわる税金を引き上げるかもしれないと報じている。そうなれば上げ相場の原動力がひとつ失われかねない。[40] ダウ・ジョーンズ工業平均はその日に三・八パーセント下落——本来ならソロスの注意を引いているはずの動きである。市場が均衡からほど遠いところにある、ということはわかっていた。相場の上昇がたちまち暴落に変わりうることもわかっていた。のちに彼はこう悔やんでいる。「そのときにオフィスにいるべきだった。市場から脱出するべきだった」[41]

木曜日、株価は下がりつづけた。金曜には急落した。その日の市場が引けたあと、ソロスは新しい側近の訪問を受けた。三日間にわたる下落をへて、ドラッケンミラーはダウ・ジョーンズ工業平均が下がるのもここまでだろうと確信していた。彼のチャートによれば、価格は反発するであろうポイントまですでに下がっている。その金曜の午後、ドラッケンミラーはショートからロングにポジションを転じた。[42]

ソロスは友人の意見に耳を傾け、目の前に大量のチャートを広げた。これらを作成したのは『ソロスの錬金術』にほれ込んだもうひとりの人物、ポール・チューダー・ジョーンズ。ソロスはこの男とも頻繁《ひんぱん》に話をしていた。ドラッケンミラーはそこに表れたパターンを吟味《ぎんみ》し、内心、パニックに陥《おちい》った。このチャートによると、彼は救いようのない誤りを犯していたのだ。そこから読み取れるのは、右肩上がりの放物線が途絶えたときは必ず相場の下落が加速する、という過去の傾向だった。つまり、一九八七年の相場は一九二九年の相場と似ているのである。おそらく暴落は間近だった。[43]

翌朝、ドラッケンミラーはかつての勤務先のボス、ジャック・ドレイファスを訪ねた。ドレイファスは秘書に命じて、さまざまな市場指数のチャート、さらには銘柄ごとのチャートを保管させていた。「銘柄別のチャートをすべて、ぐったりするほど入念に調べました」と、ドラッケンミラーはのちに回想している。「わかったのは、多くの銘柄が必然的に大きく値を下げているということではありませんでした。多くの銘柄が抜け出したところだったのです」。つまり「渋滞ポイント」から抜け出し（もみあいを終え）、下落に弾《はず》みがつこうとしていたわけだ。「どの銘柄もきれいさっぱりもみあいから抜けていた……私は明らかに事態を見誤っていました」[44]。市場全般に注目することで、ドラッケンミラーは個々の銘柄が発する警告をキャッチしそこなった（そういえばチャートウォッチャーのあいだでは、「兵士が将軍を統率する」と古くからいわれている）。その週末、ドラッケンミラーは生きた心地がしなかった。月曜日になるとポジションを手放すべく奔走《ほんそう》し、午前中遅くには一八〇度方向転換していた。悲惨な数時間をへて、再度ショートポジションをとったのである。

その日すなわち一九八七年一〇月一九日は、ブラックマンデーとして歴史に名を残した。ダウ・ジョーンズ指数は二二・六パーセント下落。この由緒ある指数ができた九一年前以来、最大の下落幅である。ドラッケンミラーはポジションを急きょ反転させることで最悪の事態を免れたが、ソロスはそうではなかった。市場から脱出すべく最善を尽くしたが、いかんせん運用資金がドラッケンミラーの比ではなかった。ほんの数日前には順調だったガービトラージ銘柄が、パニックのなかでは売り払うのに困難をきわめた。ドラッケンミラーがポジションの反転を終え、ソロスがまだしゃにむに売却中だった昼近く、市場の下落は地獄絵図の様相を呈《てい》した。「それほど速く下がるとは、みんな思ってもいませんでした」と、ある市場関係者は回想する。彼女はオフィスの窓からホットドッグの売店を眺めて、気を静めたという。ホットドッグが売れているかぎり、世界が終わることはないから。[45]

月曜の夜、ソロスは状況をあらためて分析した。ウォール街では大損を出したが、日本でのショートポジションが日経株価指数の下落により利益をあげ、損失を緩和していた。ニューヨーク市場の異常な暴落は、相場の下落から投資家を守るという謳《うた》い文句の最新商品「ポートフォリオ保険」が原因であると噂されていた。相場が下がるとコンピュータプログラムが自動的に先物を売り、投資家の損失に歯止めをかけるというしくみである。しかし、弱気相場のなかで数多くの先物売りが出た結果が、未曾有《みぞう》のメルトダウンだった。この説明が正しいとすれば、ソロスにとって明確なメッセージが含まれている。つまり、ファンダメンタル要因ではなく、コンピュータによるプログラム売買に触発された暴落は、すぐに修正されやすい。おそらく反発は間近だった。
火曜の朝、思ったとおり市場は反発。ソロスは市場にふたたび乗り込むチャンスをつかんだ。だが、日本でのポジションが大きな不運に見舞われた。彼は市場の流動性が高い香港で先物を売ることで、日経指数のショートポジションを構築していた。しかし、ブラックマンデーに株価が暴落すると、香港先物取引所は、取引所の閉鎖によって損失を抑えることを決定した。火曜日にウォール街が反発しはじめ、翌日に日本でも反発する兆しが見られたとき、ソロスはショートポジションを抜け出すことができなかった。水曜日の日経指数は、一日の上げ幅としては一九四九年以来最大の九・三パーセント上昇した。ソロスはなす術《すべ》がなかった。[46]
その水曜日、ニューヨークの市場が引ける数分前に、ソロスはまたドラッケンミラーと話をした。ダウ指数は二日間にわたって大きく反発していたが、ドラッケンミラーは再度風向きが変わると考えていた。彼は暴落の歴史を研究し、ひとつのパターンを学んでいた。相場は急落後、二日間大きく反発するが、その後また下落するというのだ。[47] その水曜の午後、ドラッケンミラーはソロスに、自分はショートポジションをとると語った。
ソロスは納得しなかった。彼は他の側近たちにも相談し、ブラックマンデーは一種の事故だと確信していた。そう、ポートフォリオ保険が原因の悪夢だったのだと。[48]
ドラッケンミラーは早起きである。木曜の朝に目覚めたときは、ヤギのようにナーバスになっていた。[49] 前日の相場は強気のまま引けていたから、ポートフォリオ保険という異常事態ゆえに過去のパターンは適用できない、というソロスの見込みは当たるかもしれない。だがロンドンの動きを確認すると、株価は下がっていた。ニューヨークも同じような状況になれば、ドラッケンミラーのショートポジションは功を奏し、ソロスはトラブルに巻き込まれる。

午前八時ごろ、ドラッケンミラーはソロモン・ブラザーズの先物デスクから電話を受けた。

「市場に巨象がいるので、先物はのっけから二〇〇を割る可能性がある」と、そのブローカーは言う。これは大ごとだった。先物は前夜、二五八で引けていたから、この巨象トレーダーの売り圧力のせいで一気に二〇〇まで下がれば、ほぼ四分の一の下落である。ドラッケンミラーは、そうなった場合に備えておいたほうがよさそうだと考えた。そのブローカーには、先物が一九五まで下がったらショートポジションを閉じるよう指示を出した。そこまで下がれば利食いしてもよいだろう。

相場が開くと、巨象の影響力はすさまじかった。先物は二〇〇、さらにはそれ以下に下落。ドラッケンミラーのソロモンへの注文はすべて成立し、ひと晩だけ持っていたポジションで二五パーセントの利益を出した。午前一〇時前後には、巨象の売りは終了し、相場は安定した。ドラッケンミラーは、ここでまたポジションを反転させるべきだと考えた。前日の午後の会話を思い出し、ソロスに電話を入れた。

「ジョージ、昨晩はとにかく僕がショートだと伝えたかったんだ。でも、たぶんこれが底だと思う。どこかのクレージーな輩《やから》が売りまくったらしい。無謀というかなんというか」

ソロスは冷静で、なにやら超然としていた。「いま、傷を癒《いや》しているところだ。また挑戦するさ」[50]

週末になってようやく、ドラッケンミラーは何が起こったのかを知った。『バロンズ』誌の最新版を手に取って読むと、市場の巨象はほかならぬソロスだったのである。[51]『バロンズ』では一部のみ報じられていたが、詳しくいえば、この件は日本でのトラブルと関連していた。水曜日に大きく上昇した東京市場は、木曜日にもまた上がっていた。ソロスは先物のショートポジションから脱出したかったが、香港当局が取引所を再開するまでは売る術がない。そうこうするうちにも、お金が失われていく。月曜日のニューヨーク市場での損失に加えて、クォンタムは突如として信頼を失う危険があった。これはレバレッジ・ファンドにとって致命傷となりかねない。融資先のトラブルに気づくと、貸し手は債権を回収しはじめる。すると融資を受けている側は下げ相場に株を売らざるをえず、それが死のスパイラルを招く。[52]木曜早くにロンドン市場が下落し、ニューヨークでも急落しそうな様相になると、ソロスはサイドラインに退くときだと判断した。月曜日は市場から抜け出すのに時間がかかりすぎた。一週間のうちに同じことをくり返したくはなかった。

「何が起こっているのかわからない」と彼は言った。「とにかく現金化することだ。またチャンスはある」。そこで彼はトレーダーのジョー・オロフィーノに、シカゴ・マーカンタイル取引所でS&P先物を売って市場から抜け出すよう指示した。オロフィーノはシアーソン・リーマン・ハッタンのブローカーに売り注文を出した。クォンタムの一〇億ドルに及ぶポジションは売り払われようとしていた、それもただちに――。だが、それだけの規模のポジションを売れば、相場が動かないはずはない。ソロスの「特売」が始まるやいなや、先物ピットのトレーダーたちも必死になって売りはじめ、ドラッケンミラーをはじめとする投資家は、底値まで下がるにまかせてからショートポジションの利益を確定させればよいと了解した。「そんな注文を見て、彼らは相場をどんどん下げた」と、ソロスはのちにしょんぼりと回想している。[53]

現金化するというその日の決定は、約二億ドルの損失をもたらした。たぶん彼のキャリアのなかでも最悪の判断だった。[54]およそ一週間で、年間六〇パーセントのプラスが約一〇パーセントのマイナスまで落ち込み、八億四〇〇〇万ドルが消え失せた計算である。[55]これはその後のヘッジファンドの弱みを実証するエピソードである。つまり、ファンドが大きくなればなるほど、価格に混乱を与えず、その過程でみずからに損失を与えることなく、市場に出入りするのは難しくなる。クォンタムがもっと小規模であれば、ソロスも月曜日にドラッケンミラーと同じくらいのスピードで危機を脱出できていたかもしれない。木曜日には価格の下落を起こさずにポジションを売ることができただろう。ソロスの売買スタイルは「急旋回」の能力を前提としていたが、その前提がおかしくなると、彼は窮地《きゅうち》に立たされた。

暴落のあまりの大きさに、多くのマネーマネジャーが自信を喪失した。自尊心の強い連中は膝をかかえてしょげかえってしまった。「その秋は意気消沈して、やる気を失っていた。自信が揺らぎ、孤独だった」と、マイケル・スタインハルトはのちに回想している。[56] ソロスの消沈ぶりはそこまでではなかった。暴落前からドラッケンミラーに打ち明けていたように、彼はクォンタムの運営に疲れていた。意識のどこかに「引退」の文字がつねにあった。しかし、一九八七年にかぎらずいかなるときも、彼の図太さは一級品だった。それにソロス・ファンのあいだでは、暴落後の復活劇こそがジョージ・ソロス最大の業績のひとつに数えられている。ブラックマンデーの一〜二週間後、ソロスはドルの空売りのチャンスを見出し、何ごともなかったかのような顔でレバレッジをきかせてポジションをとった。ドルはしっかり下がり、ギャンブルは成功した。ほんの二カ月前には赤字でひいひいいっていたにもかかわらず、クォンタムはプラス一三パーセントで一九八七年を終えた。

ブラックマンデーのあとに、さまざまな冷笑が起こったのはやむをえない。英『タイムズ』紙は「ジョージ・ソロスは二〇年かけて天才になったが、四日で間抜けになった」と、匿名《とくめい》のコメントを載せた。[57]『フォーブズ』は、何週間か前の同誌の特集でソロスが残念ながら強気だったことを皮肉った。「金持ちで思い上がりの激しい、ハンガリー生まれの有名な資産運用家、ジョージ・ソロス氏が、ビジネス誌の表紙に大袈裟《おおげさ》な見出しとともに登場したら、手持ちの株を売りましょう」。[58] クォンタム敗北のニュースは、東ヨーロッパへもまたたく間に広がった。ソロスが東欧地域での慈善活動をやめるのではないか、との懸念がささやかれた。ソロスはハンガリーへ飛び、寄付を続けることを首相に約束した。だが一九八七年が終わるころには、ソロスの金融人生も終わりだという噂は時期尚早《しょうそう》と片づけられていた。『ファイナンシャル・ワールド』誌はソロスをウォール街ナンバー2の稼ぎ手に位置づけた。ナンバー1は、チャート専門家にしてパットン将軍ファンの、あのポール・チューダー・ジョーンズである。

「ラザロの復活［イエス・キリストが知人のラザロを生き返らせる逸話］」さながらの一九八七年の蘇生《そせい》劇は、二年前のプラザ合意にともなう大儲けとあわせて、投資家の英雄としてのソロスの地位を盤石《ばんじゃく》なものにした。だが、それはもっと幅広い影響も及ぼした。ソロスの例をもとに、（少なくとも現在のような）「マクロ」ヘッジファンドとして知られるようになるものが生まれたからだ。一九二四年から一九四六年に亡くなるまで、ジョン・メイナード・ケインズは母校キングス・カレッジの基金をグローバル市場に投資した。「ヘッジファンド」という言葉がまだなかったにもかかわらず、彼は現代のマクロマネジャーばりの数多くの手法を駆使した。通貨、債券、株式に世界的な規模で投資した。ロングポジションもショートポジションもとり、レバレッジで利益を拡大した。第二次大戦後は、安定的なインフレ、規制金利、固定通貨などのせいで、マクロ投資というケインズの伝統は廃《すた》れてしまった。皮肉なことに、ケインズ自身がブレトンウッズ会議での固定為替レートをめぐる交渉に貢献したのである。一九七〇年代にブレトンウッズ体制が終わると、マクロ投資は活気を取り戻した。とはいえ、最初は一時的なものだった。

二種類の主要投資家がその復活を後押しした。マイケル・スタインハルトをはじめとする株式投資家は、すでにおわかりのように、金利の変動が株式市場を動かす可能性があると気づいた。一九八〇年代以降はその論理をふまえて、まずは米国、そして全世界での債券への投資により、金利の変動に直接資金を投じた。[59] 一方、マイケル・マーカスやブルース・コフナーをはじめとする商品投資家は、綿花、金などの売買からスタートした。だが商品市場が通貨や金利の新しい取引を生み出すようになると、それを利用した。とはいえ、『ソロスの錬金術』の刊行まで、株式と商品の伝統は別々のままだった。株式投資家はファンダメンタル分析が主流の文化、商品投資家はチャートやトレンド追随が主流の文化に根差していた。だがソロスの事例は、その両者にとって見逃せないものだった。『錬金術』でのリアルタイム実験は、ファンダメンタル分析とトレンド信奉を組み合わせていた。エコノミストの言語とチャートウォッチャーの直感を組み合わせたといってもよい。このようにソロスは、ヘッジファンド一族の両派と意思疎通し、「相手にも一理ある」と各派に再認識させることができた。[60] 数年もたたないうちに、ポール・チューダー・ジョーンズのような商品投資家とスタン・ドラッケンミラーのような株式投資家はたんに「マクロ」投資家と見なされるようになった。[61]

暴落後の何年間かは、ブラックマンデーにかかわる事象の持つ意味が細かくチェックされた。現代金融工学（これはのちに人々の頭のなかでヘッジファンドと混同される）は大暴落の責任を問われた。金融工学の開発者たちは不安定なフィードバックループを築いていた。つまり、相場の下落が保険による売りを促し、それがまた相場の下落と保険による売りを促すのである。カリフォルニア大学バークレー校の経済学教授で、ポートフォリオ保険の共同開発者でもあるマーク・ルービンシュタインは、ふさぎ込むようになってしまい、のちに臨床的鬱病《りんしょうてきうつびょう》と診断された。アメリカ市場の弱体化がソ連の攻撃意欲をそそり、その結果、自分が核戦争の責任を負わされるのではないか――それがルービンシュタインの悩みだった。[62]

初めてのことではないとはいえ、金融イノベーションに対する風当たりはあまりにも強かった。ソロスはポートフォリオ保険がブラックマンデーをもたらしたと考えていた。しかし、市場の暴落は歴史上くり返されてきたものであるし、ポートフォリオ保険がずっと少ない海外市場でも急落は起こっていた。米国内にかぎっても、事後検証によると、先物および現金市場を通じて一〇月一九日に売られた三九〇億ドル相当の株式のうち、ポートフォリオ保険がきっかけとなった売りは六〇億ドルほどにすぎない。ローテクの要因も重要だった。多くの投資家は、ポジションが下落したら売るという指示をブローカーに出していた。この昔ながらの損切り戦略が、少なくともポートフォリオ保険と同じくらい売却に影響した可能性がある。また、暴落を恐れる声が事前に広がっていたため、心理的な面もそこには働いた。当時の『アトランティック・マンスリー』誌の記事には「一九二九年と類似」という見出しが躍《おど》り、『ウォール・ストリート・ジャーナル』紙はブラックマンデーの朝の記事で、最近の相場下落のグラフを一九二〇年代の相場のグラフに重ねて見せた。[63] 結局のところ、金融のツールはただのツールでしかなかった。その当時の弱気な空気ゆえに、人々はポートフォリオ保険を買い、損切り注文を出したのである。[64]

ポートフォリオ保険の役割はともかく、暴落のもっと大きな教訓は別のところにあった。ウォール街の乱高下は、ソロスが長年批判してきた効率的市場理論に大打撃を与えた。一週間のあいだに、米産業界の価値がパチンコ玉のように飛び跳ねたのである。効率的な部分などどこにもなかったし、均衡の兆《きざ》しもなかった。「再帰性理論はそれを説明できるが、効率的市場仮説にはできない」と、ソロスはのちに書いたが、大まかにいえば彼は正しかった。[65] 効率的市場という考え方が、一九五〇年代および六〇年代のアメリカの大学に端を発するのは、もちろん偶然ではない。そこはわれわれの記憶にあるかぎり最も安定した時代の、最も安定した国の、最も安定した場所だったのだから。ホロコーストと戦争とロンドンでの極貧を生き延びたソロスは、まったく異なる人生観を持っていた。そしてブラックマンデー以降、学問の世界も彼に同調しはじめた。大暴落は、投資の面ではソロスにとって屈辱だった。でも、知性の面では自説を裏づけるできごとだった。

学術界の翻意《ほんい》には三つの側面があった。効率的市場仮説はつねに、価格変動は「正規の」確率分布に従うというあやふやな仮定に基づいていた。要するに、真ん中周辺の頻度《ひんど》が高く、両端へ向かうにつれて少なくなるという、ベルカーブ型の正規分布である。すでに一九六〇年代の初めごろ、ブノワ・マンデルブロという一匹狼的な数学者が、正規のベルカーブが想定するよりも両端部分の分布が厚くなる可能性があると主張していた。効率的市場理論の父ユージン・ファーマは、そのころにマンデルブロのことを知り、株価の変動を検証した。するとマンデルブロの主張が裏づけられた。もし価格変動が正規分布しているのであれば、標準偏差《へんさ》［データのバラつきの度合いを測る尺度］五以上の変動は、およそ七〇〇〇年に一回の割合で日々の価格データに表れるはずである。ところが調べてみると、三～四年に一回の割合で出現したのである。

ファーマとその同僚は、この発見を葬り去った。マンデルブロの洞察が厄介なのは、それがあまりにも具合が悪いということだった。それは金融経済学の統計ツールを無用の長物にしてしまう。異常分布のモデル化は、数学でほとんど未解決の問題だったからだ。効率的市場理論家にしてコモディティズ・コーポレーションの共同創業者でもあるポール・クートナーは、次のようにこぼしている。「マンデルブロはまるでチャーチル首相のように、ユートピアではなく、血と汗と艱難辛苦《かんなんしんく》を私たちに約束する。もし彼が正しければ、最小二乗、スペクトル解析、最尤解《さいゆうかい》、標本理論、分布関数などなど、私たちの統計ツールはほとんどが時代遅れになる。ほぼ例外なく、過去の計量経済学の業績は無意味になる」[66]。この知の底なし沼にはまるのを避けようと、経済学者たちはそこから目をそむけつづけた。それは何よりも、正規分布という数学的概念が大きな飛躍を遂げていたからである。一九七三年、三人の経済学者がオプション評価の革命的な方法を生み出し、スリリングな新しい金融産業が誕生した。マンデルブロの反論は無視された。「正規分布はすぐれた近似法である」と、ファーマはあくまで主張した。[67]

一九八七年の大暴落によって、経済学者たちはその主張を再検討せざるをえなかった。正規確率分布の観点では、一〇月一九日にS&P500先物が見せたほどの下落が起きる確率は、10の一六〇乗分の一だった。言い方を換えれば、株式市場が二〇〇億年（宇宙の推定余命の上限）開いていても、それほどの暴落が起こるとは考えられない。さらに、ビッグバンがふたたび起きて宇宙が誕生し、それから二〇〇億年市場が再開することが二〇回続いても、やはりそれだけの暴落が起こるとは考えられない。一九七〇年代に無視されて以来、金融経済学から離れていたマンデルブロが、すさまじい勢いで復権した。断片的な情報が複雑なフィードバックループのせいで大きな価格変動をもたらすことがある——彼は「カオス理論」をめぐってそういうソロス的な考え方をし、これがマネーマネジャーのあいだで熱狂的に受け入れられた。

ブラックマンデーは、金融経済学者の思考を支える統計的基盤を揺るがせただけでなく、彼らが立つ制度的前提の再考を強いた。効率的市場理論の大前提は、投資家はつねに行動の手段を持っているということである。すなわち、IBMの適正株価が時価の一〇〇ドルではなく本当は九〇ドルだと知っていれば、彼らはそれを空売りして価格を一〇ドル引き下げる——。このシナリオは制度摩擦を考慮しておらず、かなりの飛躍を含んでいる。たとえば、知識豊富な投機家たちが、空売りするために十分な数のIBM株を借りることができなければならない。また、IBMの適正株価が九〇ドルだという「知識」はけっして確かなものではない、という現実に目をつぶらなければならない。投機には必ずリスクがともない、投機家が担えるリスクにはかぎりがある。彼らがいつも効率的な水準まで価格を上げ下げできると思ったら、まちがいである。

一九八七年の暴落以前は、こうしたごまかしも大した問題には見えなかった。たしかに、大部分の一般投資家は行動するための手段や自信がないかもしれないが、効率的市場理論は少数の例外的な投資家に期待をかけた。非適正価格を見破り修正するための情報と資本を持った、ひと握りの投資家がいればよい。[68] だがブラックマンデーは、手だれの投資家でも成功するとはかぎらないことを実証した。市場暴落の混乱のさなか、ブローカーの回線は、パニック状態になった売り手からの電話でパンクした。電話が通じず、注文は至難の業。レバレッジをきかせた投資家は、信用枠《わく》がキャンセルされるのではないかと恐怖した。効率的市場モデルでは簡単であるとされる借金が、現実にはままならない。そして何よりも重要なことに、売り圧力があまりにも強いため、トレンドに逆らうのは危険すぎた。全世界が売っているときには、有名ヘッジファンドが「下げすぎだ」と思おうがどうしようが関係ない。買うなんて狂気の沙汰《さた》である。

効率的市場仮説は、少なくとも、有事には適用できないと思われた。だが、この大暴落はさらなる疑問を投げかけた。市場が効率的なら、そもそもなぜ株式バブルが膨らんだのか？　答えの一部はやはり、投機家が直面する制度的障害にありそうだった。一九八七年の夏、各企業の株はそれまでのどんな時期よりも、業績に見合う以上の価格で売られていた。でも市場がいったんそう評価したら、これに抵抗するのは高くつく。ヘッジファンド・マネジャーは、空売りするために株を借りるのは難しいことを、そしてこれを行う少数の有能な人間も軍資金が限られていることを、だれよりもわかっていた。こうした制度的現実のせいで、過大評価は続いたのではないか。賢い投機家のおかげで価格が適正な水準に落ち着くという効率的市場の前提は、控えめに見積もっても誇張だった。

一九八七年以後に効率的市場理論に向けられた第三の批判は、おそらくソロス自身の不満に最も近いものだった。その攻撃の矛先は、経済学者のモデルの中心的存在、すなわち「ホモ・エコノミクス」として知られる完全に合理的な経済人である。投資家が米産業界に対する評価を一日で二五パーセントも変えたのだから、合理的な分析以外にもなんらかの要素がかかわっていたはずだ。完全な経済人なぞいるものではない。経済学者たちは突然のように、この理論と現実の乖離《かいり》を説明しようとする考え方に寛容になった。一九八八年、シカゴ大学のリチャード・セイラーは『ジャーナル・オブ・エコノミック・パースペクティブ』誌の連載記事で、人間の選択が経済学者の期待する合理性に反する事例を紹介しはじめた。ロンドンでの学生時代からヒトの認識の限界にこだわってきたソロスにすれば、またしても胸のすく思いだった。

効率的市場理論に対する統計面、制度面、心理面からの三重攻撃は、ある意味でヘッジファンド業界を正当化するものだった。それはマイケル・スタインハルトの大口取引《ブロックトレーディング》やヘルムート・ワイマールのコモディティ投資がうまくいった理由の説明になり、大学の理論家よりも市場の実務家のほうが先を行っていることの証明になった。市場の効率性が不完全であると気づいた金融研究者たちは、自身のヘッジファンドを次々に立ち上げ、目端《めはし》のきく基金はそこに資金を投じるようになった。一九八七年以降の業界の急成長の始まりである。だが、こうした考え方の大転換には負の側面もあった。市場が必ずしも効率的・合理的でないとすれば、それは社会に悪影響を与える可能性もある。つまり、景気循環が経済の安定性を損ない、普通の労働者や家庭がダメージを受ける可能性である。また、市場が悪魔にもなりうるとすれば、売り買いをくり返すヘッジファンドはステロイド依存の悪魔そのものではないか？　たとえ大袈裟《おおげさ》だとしても、これは黄金期を迎えたヘッジファンドに絶えずつきまとう疑念だった。

第五章

番長

——J・ロバートソン

一九八四年の晩春、コロンビア・ビジネス・スクールは金融の大物ふたりの激突の舞台となった。アカデミックファイナンス担当責任者のひとり、マイケル・ジェンセンは効率的市場理論を擁護するために、ウォーレン・バフェットはジェンセンに反論するために招かれた。聴衆にはニューヨークのプロの投資家が多いと知りながら、ジェンセンはランダムウォーカーの主張を勇敢にもくり返した。ストックピッカーの商売が成り立っているとしたら、それは頭の混乱した素人が、どこへ投資したらよいか知りたいという「心理的需要」を持っており、なおかつ、それを知ったところで役に立たないという事実を意に介していないからだ。ランダムウォーク仮説を否定しているらしい少数のマネーマネジャーは、たんに運がいいだけだとジェンセンは断言した。もちろん、五年続けて相場に勝つ者もいるだろう。でも、一〇〇万人にコインを投げてもらったら、五回続けて表を出す人だって現れる。コイン投げにスキルなどない。投資も同じである。[1]

これに対してウォーレン・バフェットは、ヘッジファンド宣言とでもいうべき話をした。まずはジェンセンの話を受けて、「全米コイン投げコンテストが開かれたとします」と聴衆に語りかけた。最初はすべてのアメリカ人がコインを投げ、裏が出た者が脱落する。これを一〇回くり返すと、二二万人が残る。すると人間のさがとして、勝ち残った者は少しうぬぼれはじめる。パーティーの席で魅力的な異性に近づき、自分のテクニックがいかなるものか、自分がコイン投げの分野にいかにすぐれた知見を持ち込んだかを打ち明ける。二〇回くり返すと、二一五人残る。彼らは鼻持ちならない態度になり、コイン投げの技術と奥義に関する愚かな本を出す。でもそこで、さるビジネススクール教授が、二億二五〇〇万頭のオランウータンがコイン投げマラソンをやっても、結果は同じだと指摘する。二〇回続けて表を出した傲慢《ごうまん》なオランウータンが二一五頭いるだけだと。

ジェンセンの言いたいことをジェンセンより上手にしゃべったバフェットだが、そこにはじつは落とし穴があった。もしも二一五頭のオランウータンが全米に無作為に散らばっていたら、彼らの成功はたんなる幸運と片づけられる。でも、二一五頭のうち四〇頭が同じ動物園の出身だったら、何か別の説明ができはしないだろうか？　統計的に無作為に見える現象も、その分布を考えればまったくちがって見えてくる、とバフェットは言った。めったにない癌《がん》がある特定の村で数多く観察されれば、あなたはそれを偶然とは思わず、村の水を分析するのではないか。

そこでバフェットは、銘柄選択の成功も無作為に分布しているのではないと主張した。それどころか、すぐれた成果は特定の「村」――地理上の村ではなく投資手法に基づく村――に集中している。その言い分を実証するため、バフェットは師匠のベン・グレアムを嚆矢《こうし》とするバリュー株［割安で放置されている株］投資のマネジャー九人の業績を紹介した（三人は一九五〇年代半ばにグレアム・ニューマン・コーポレーションで働いており、残る六人はバフェットらの影響でグレアム的な手法に転向していた）。バフェットいわく、けっしてやらせではなく、記録が残っているグレアム・ニューマン出身者のすべてと、彼がバリュー株投資に転向させたファンド・マネジャーすべての業績である。すると、お互いの選択銘柄をまねたわけでもないのに、ベン・グレアムの後継者はいずれも相場に勝っていた。[2] これはたんなる偶然だろうか？

バフェットが言いたいことは明白だった。投資マネジャーをたんに業績数値だけでとらえれば、ひと握りのサクセスストーリーも偶然の産物と片づけられる。コイン投げで一〇回続けて表を出すのと同じである。ところが、投資マネジャーが独自の知的な「村」（投資スタイル）に属していると考えれば、その成功譚《たん》はけっしてランダムではなく、どこかに集中しているかもしれない。ヘッジファンドの物語はこうしたハイパフォーマーたちの物語であり、なかでも最も有名な一派をつくったのは、ノースカロライナ州出身のやり手——その名をジュリアン・ロバートソンという。[3]

相場の名人は、ともすれば超然としている。人間関係の潤滑油《じゅんかつゆ》である追従《ついしょう》や寛容など必要としない。あるのは事実だけ——儲けるか儲けないか。社交術があってもポートフォリオの利益が変わるわけではない。ある日、伝説的なマクロトレーダー、ルイス・ベーコンの部屋を仲間のヘッジファンド・マネジャーが訪ねると、そこにいたのはトレード画面の背後に隠れて指示を出す、まるでオズの魔法使いみたいな人物だった。ベーコンはのちに自分用の島を買ったが、大して意味はなさそうだった。とっくの昔に世の中から孤立していたのだから。[4]

ジュリアン・ハート・ロバートソンは少しちがっていた。南部的な魅力をそなえ、ニューヨーク的な人づきあいができた。冷静に自己制御するどころか、気持ちのぶれが半端ではなかった。背が高く筋骨隆々《きんこつりゅうりゅう》で自信たっぷりの、男のなかの男、スポーツマンのなかのスポーツマンであり、採用する人材も自分のイメージどおりに選んだ。ロバートソンが経営するタイガー・マネジメントで出世するために必要なのは「体格」だけだ、とさえいわれたほどである。さもなければ、アイダホ州ソートゥース山脈におけるタイガー・マネジメント恒例の過酷な山登りやレースには耐えられない。タイガー一家はロバートソンが保有する飛行機で西へ飛び、山の頂上へ連れて行かれる。一行はいくつかのチームに分かれ、それぞれが電信柱ほどもある丸太数本、ロープ、オール一対を渡される。それらの装備を近くの湖まで運び、丸太を縛《しば》り、ブイめがけて競争する。ただし、チームの全員がいかだには乗れないようになっているので、何人かは冷たい水に飛び込まなくてはならない。こうした冒険行以外でも、タイガー・マネジメントの男性ホルモン分泌《ぶんぴつ》量は常軌《じょうき》を逸《いっ》していた。会社専属のトレーナーがおり、トレーニングをさぼりそうなアナリストを見つけると声をかける。「一五分後にビジネスディナーだって？　その前に三キロほど走ってシャワーを浴びる時間があるかな？」

ソロスやスタインハルトと同様、ロバートソンもA・W・ジョーンズの影響でヘッジファンドをおこした。一九七〇年代にキダー・ピーボディ〔証券会社〕に勤めていたとき、ジョーンズの義理の息子、ボブ・バーチと知り合いになった。ふたりは老御大《おんたい》を昼食に誘うことがあったが、そんなとき、ロバートソンはジョーンズのパートナーシップのしくみについて質問するのだった。同じ南部出身のアレックス・ポーターとも親しかった。一九六〇年代にニューヨークへ移ってきたポーターは、ロバートソンのアパートに住みつき、その後、A・W・ジョーンズのセグメントマネジャーになった。ロバートソンは、『フォーチュン』誌の記者である妹（ジョーンズ的なファンドについて記事を書いたことがあった）を通じて、キャロル・ルーミスという同誌の記者と知り合った。ヘッジをかけた投資組成を初めて説明した人物である。タイガー・マネジメントの創業から数年後、ボブ・バーチは当時のジョーンズの資金の五分の一に相当する五〇〇〇万ドルをロバートソンに預けている。[5] 賢い決断だった。

ロバートソンがタイガーを立ち上げたのは一九八〇年。四八歳と比較的遅い時期だった。最初の冬に狭いオフィスの暖房が故障し、風邪をひいてしまったため、がらがら声で売買の注文をするはめになった。彼はソープ・マッケンジーという大らかな性格のパートナーを連れてきたが、主導権を握っているのがだれかは明らかだった。「意見がちがうときは私が折れました」と、マッケンジーはふり返っている。[6] タイガーに君臨しているあいだ、ロバートソンは配下のセグメントマネジャーに権限委譲することなく、みずから売買の責任を担いつづけたが、他の面ではほとんどジョーンズのモデルに忠実だった。[7] 銘柄を選んでロングとショートを建て、リスクの一部をヘッジした。[8] 相場全体の方向性についてだれかがコメントしても「たわごと」と片づけ、銘柄選択で利益を出してみせるとクライアントに約束した。[9] ファンドが成長すると、米国だけでなく全世界で銘柄を選ぶようになった。商品、通貨、債券にも投資したため、当初のジョーンズ的手法にマクロ投資の性格が加わった。先物やオプションでエクスポージャーをヘッジすることもあった。これはジョーンズにはできなかった方法である。だが、こうした投機的な手法は保守的な目的のためにこそ使うのだと、彼はジョーンズにならって強調した。[10]

一九八〇年五月の創業から一九九八年八月の最盛期まで、タイガーは手数料控除後で平均三一・七パーセントの利益をあげた。S&P500指数の年間上昇率一二・七パーセントを上回っている。[11] この期間に銘柄選択が成功したというのは、効率的市場仮説にとって屈辱的な事実だった。官僚的な信託銀行のライバルたちが合議制で投資決定をしていた時代に、A・W・ジョーンズが儲けを出せたのは理解できる。ブロックトレーダーというエリート集団に属することでマイケル・スタインハルトが利益をあげ、コモディティズ・コーポレーションのクオンツやトレンドサーファーが競争相手に先んじたのも理解できる。それにたぶん、独学者で予言者のソロスが相場の転換期を感じ取ることができたのも理解できる。だがロバートソンは、市場の制度的弱みや、一流のクオンツ戦略や、何かしら哲学的なビジョンを発見したと主張したわけではない。彼はかつてタイガーの東京駐在員、ロバート・カーに宛てた手紙で自分の投資アプローチを概観しているが、その内容があまりに平凡なため、彼の成功がますます謎めいて見える。いわく、タイガー・マネジメントの人間は、優良企業を排してもっと優良な企業を加えることで、アグレッシブにポートフォリオを運用しなければならない。ひとつの投資に資本の五パーセント以上をつぎ込む危険を冒してはならない。調子が悪くても運がふたたび向くまで攻めつづけなければならない。[12] この筋肉男と部下たち（最初はほんの二～三人、その後はたぶん一〇人余り）は、ただたんに、会社や通貨や商品を分析し、その展望に賭けたにすぎない。これこそまさに効率的市場論者が不可能だと考えたことである。

このありえない事実をどうにか取り繕《つくろ》おうとする試みは、たいてい説得力がない。ジョーンズのファンドと同じく、タイガーはたしかに都合のよい時期にスタートを切った。そのころから株式相場が上がりはじめたのである。創業翌年の一九八一年には、確定拠出《きょしゅつ》年金〔拠出（掛け金の額）が確定している種類の私的年金（将来の給付額は運用成績次第であり未確定）〕４０１Ｋが発明された。タイガーが営業をやめるころには、４０１Ｋはすっかり社会に定着し、資産の四分の三が株式で運用されていた。この間、企業の合併や買収を背景に、市場は高騰しつづけた。たとえば一九八一年から八八年にかけて、一五五〇近いアメリカ企業が株式を非公開にしたため、残る公開銘柄が希少化して価値を上げた。株式投資家にはよい時代だった。

ロバートソンももちろん、この恩恵にあずかった。彼は本能的に合併ブームを察知していた。ストックピッカーとしての彼の眼目《がんもく》は、ある企業の市場での株価を吟味《ぎんみ》し、その真の価値を見分けることにある。この方法で買った銘柄は、乗っ取り屋にも魅力的な銘柄であることが多かった。たとえば一九八五年に、タイガーはエンパイア・エアラインズを一株九ドルで買い、乗っ取り屋に一五ドルで売った。航空機部品ディストリビューターのアビオールを一株一二・

五ドルで買い、二五ドルで売った。[13] その年の終わり、タイガーは手数料控除《こうじょ》後で五一・四パーセントという驚くべき利益をあげた。ロバートソンはそのことを投資家向けレターで、次のように冗談めかして伝えている。「申し上げます。エメラルドやダイヤモンドの購入をお考えでないのなら、このレターを奥方に見せてはなりません」

だが、ロバートソンが強気市場に乗っかるだけで記録的な業績を残したと考えるのはまちがいである。ポートフォリオにはショートポジションも含まれていたから、彼のファンドは市場と同スピードで上昇するはずはなかった。しかし、必ずといってよいほど、彼は相場に勝った。[14] あるタイガー出身者によると、これは小さな会社に目をつけたせいだという。いわく、ユナイテッド航空など大企業の市場価格は、ウォール街のアナリストがデータを隅々まで調べるから効率的になりやすい。ところが小さな会社は監視の目を逃れやすい。たしかに、タイガーは怠《たい》慢《まん》な投資家が見逃している小さな会社に注目した。だが同時に、大企業でも利益を出している。なんとユナイテッド航空もそのひとつである。小企業重視理論に対するもっと根本的な反論は、そのそもそもの理屈が怪しいというものだ。小規模銘柄が分析されにくいからといって、それですぐに利益が稼げるということにはならない。もちろん、田舎町の小売事業者や地方の小銀行の存在など、ほとんどの投資家は知らないだろう。だが、彼らは株主ではない。タイガーがそうした会社の株を買った相手は、その株を保有しようとするくらい知識豊富で、今度は売ろうとするくらいやはり知識豊富な人たちなのである。[15]

タイガーが銘柄選択で成功したのは、大半のファンド・マネジャーができなかった空売りを自由にできたことが、明らかに影響していた。ジョーンズ的なヘッジファンドは一九七〇年代前半にほぼすべて消滅していたから、空売り屋どうしの競争はさほど激しくなかった。ロバートソンにとってさらに好都合だったのは、ウォール街の市場分析がそもそも強気だったことである。大ざっぱにいえば、一九八〇年代前半の大手金融会社のブローカーは、「買い」の推奨《すいしょう》と「売り」の推奨の割合が一〇対一だった。[16] 担当企業との関係を失いたくないので、どのアナリストも売り推奨を書面でしようとはしなかった。とくに、社内の投資銀行家たちがその同じ企業から顧問料を期待していたことが大きい。そこでロバートソンは、アナリストたちに電話をかけ、空売りに適しているのはどこかを言葉巧みに聞き出した。「どの企業もきみらの子どもたちだというのはわかってるよ。ただ、そのなかであまりかわいくない子がだれか、ちょっと教えてくれないかな」[17]

ロバートソンは疑い深いたちだったので、空売りは性に合っていた。一九八三年七月の投資家向けレターでは、相場が強気一辺倒であることに不満をもらしている。「マスコミも世間一般もアナリストもみんな強気で、『草を食べている』ようなものです。こういうときは、丸太に入り込んで蜂蜜をなめるのがいちばんかもしれません」。相場が弱気になると、ロバートソンの疑り深さが功を奏した。たとえば一九八四年、S&P500指数はわずか六・三パーセントの上昇だったが、タイガーは二〇・二パーセントの利益をあげた。ロバートソンの利益の半分以上は空売りによるものだった。[18]その翌年、パトリック・ダフというポートフォリオマネジャーは、プライム・モーター・インズというホテルチェーンが表向きの業績数値よりも厳しい状況にあるのではないかと疑った。当時は伝統的な年金基金に勤めていたため、何も行動を起こさなかったが、一九八九年にタイガーに加わると、ロバートソンを説得して同社の株を空売りした。一年もしないうちにプライム・モーター・インズの株は二八ドルから一ドルに下がり、空売りの威力を証明した。ロバートソンには伝統的なファンドにはない武器があった。「それは私とカモたちだ」と、彼はかつてあるスタッフに語っている。[19]

だが、タイガーが効率的市場理論を無視したのは、空売りだけで説明できることではない。空売りによる利益がなくても、ロバートソンはたいていの年にプラスの業績をあげていた。つまり、同理論では優位性を発揮するのが不可能とされた分野、すなわち伝統的な株式購入の分野で優位性を発揮したことになる。しかもロバートソンの実績は、バフェットの実績と同様、単独の現象ではなかった。バフェットがある投資「村」――ベン・グレアムのバリュー株投資を学んだ猛者《もさ》たち――の一員であったように、ロバートソンもある村の長だった。二〇〇八年の時点で、三六人のタイガー出身者が「子タイガー」ファンドを設立しており、その運用総額は一〇〇〇億ドルにのぼる。ほかにもロバートソンは、二〇〇〇年に自分のファンドを解散して以降、二九のファンドにシードキャピタルを提供していた。[20]これらロバートソンの弟子たちの成績はよかった。子タイガーの業績は相場に勝っただけでなく、他のヘッジファンドをも上回っている［詳しくはⅡ巻末の資料1を参照］。しかも、検証の対象となった二〇〇〇～二〇〇八年は、多くの株式ロング・ショート・ヘッジファンドが空売りで簡単に利益を出した一九八〇年代とは時代がちがう。

ロバートソンの業績が彼ひとりで終わったのであれば、運のいいコインの投げ手と片づけることもできただろう。だが、何人もの弟子たちが成功している以上、そうはいかない。その優位性の源泉が何であったにせよ、ロバートソンの投資手法は利益を生み、しかも伝承可能だったのである。

ロバートソンの成功を本当の意味で説明する第一の要因は、A・W・ジョーンズの革新的ノウハウをさらに新しくした点にある。ジョーンズはセグメントマネジャーに対して、それぞれの収益率に応じた報酬を与えていた。外部アナリストに対しては、それぞれが稼いだ利益を追跡し、それに応じて手数料を払うことで、よいアイデアを持ってきたくなるようにさせた。同じように、ロバートソンも部下たちの血管にロケット燃料を注入した。ただし、やり方はちがっていた。お金で釣るだけではなかった。

ロバートソンには「あの人を喜ばせたい」という気持ちを人に起こさせるところがある。彼はカロライナ出身ならではの魅力で人々をとらえ、相手がネコのようにごろごろ喉《のど》を鳴らすまで、ゆっくりとした口調でお世辞を言う。「パーワーフール、ボブ」と、若い部下には呼びかけるかもしれない。「きみのパーワーフールな力添えがなければ、僕はまーったくのむーりょーくーだよ」。ロバートソンの注目を浴びるという喜びの一方で、彼の気分が変わるかもしれないということも部下たちは知っていた。「なぜだ、このちんけな暴君野郎」と彼は言うかもしれない。声は氷のように冷たい。「ラテンアメリカの暴君めが」。ロバートソンは毎週金曜日に部下たちを集め、その週の仕事の成果を聞いた。ほめ言葉は極端だった。二〇歳そこそこのいかり肩のアナリストが推奨銘柄をプレゼンテーションするのを聞いて、「それはぼーくが知っているかぎりベーストなアイデアだ」と感嘆するかもしれない。すると、その筋骨隆々の若手アナリストは会議のあいだじゅう心のなかで小躍《こおど》りし、ガッツポーズをつくっていることだろう。あるいは「それはぼーくが知っているかぎりさーいあくのアイデアだ」とロバートソンは言うかもしれない。そう言われると、ウォール街を仕切る大男であっても気の毒なほどしゅんとしてしまうだろう。[21]

タイガーで働くというのは、たんなる仕事ではなかった。それはまるで特殊部隊に加入するようなものだった。司令官はあなたを前よりも大きく、賢く、タフにしてくれる。どんなライバルよりもよく考え、よく働くチームの一員なのだから、毎年必ず相場に勝つことができる、とあなたを信じさせてくれる。タイガーの創業から一〇数年間は、司令官は若い部下たちと隣り合わせの席から指揮を執った。彼らは司令官が電話でおしゃべりをし、大声でわめき、幅広いネットワークから情報を仕入れるのを目撃した。[22]ロバートソンのふたりのアシスタントは、馬車の車輪ほどもあるローロデックス［回転式名刺入れ］をふたつ使っていた。タイガーのアナリストから銘柄の推奨があると、上司であるロバートソンはその会社に勤めていた旧友三人にさっそく連絡をとって確かめる。アナリストが「ボーイングを空売りすべきだと思います」と言えば、ロバートソンは「ボーイングの国際マーケティングをやってたやつを知っているよ」と答える。アシスタントが馬車の車輪を動かし、ボーイングの元マーケティング責任者の声がスピーカーフォンから流れ、ロバートソンがその二〇歳そこそこのアナリストを促して空売りの根拠を説明させる。[23]

　こうした環境でのし上がる才覚がある若者にとって、可能性は無限だった。うまくやっているかぎりボスの注目を浴びることができる。ボスから「ビッグタイガー」と呼ばれ、著名人の知り合いに紹介してもらえる。ある若手アナリストはシカゴ・ブルズ［バスケットボールのチーム］のオーナー、ジェリー・ラインズドルフに紹介された。「この男は私のマイケル・ジョーダンです」とロバートソンは言った。ゴルフ好きの部下はジャック・ニクラウスとイリー・キャロウェイに紹介された。あるとっておきの部下はホワイトハウスに連れて行かれ、ビル・クリントンに面会した。「ビル、こいつはルー。なんでもできる、信じられない男だよ」とロバートソンは言った。だがロバートソンのつねとして、リスクも同様に大きかった。クリントンに紹介されてから一年半後、ルー青年はタイガーを去った。ホワイトハウスからはきだめ《シットハウス》へまっさかさま、とは本人が同僚に言ったせりふである。[24]

ロバートソンはその個性にものをいわせて人々を惹《ひ》きつけた。歌手のポール・サイモンに会ったときは、お互いに野球ファンだという理由でタイガーへの投資を承諾《しょうだく》させた。[25] 作家のトム・ウルフもタイガーに投資していたが、ロバートソンはこうした有名人を使って人を採用するのがうまかった。一九八六年、彼はマイケル・ビルズというゴールドマン・サックスのアナリストを雇いたいと考えた。ゴールドマンのお偉方がこの若者に大きな将来を約束していることなど、おかまいなしだ。ロバートソンはビルズを手厚くもてなし、金融家、慈善家にして歴史ファンで、一九八二年のニューヨーク州知事選にトレードマークの赤いサスペンダー姿で出馬したこともあるルー・レーマンを口説き役として引き入れた。「長年の経験からいって、ジュリアン・ロバートソンほどの投資家には一度も会ったことがない」と、レーマンはビルズに熱心に説いた。そこへ切り札の出番となる。トム・ウルフがビルズに電話をかけ、その若者の父親について話をするのだ。ビルズの父親はかつて軍のパイロットをしていた。そして軍のパイロットにとって何よりもうれしい贈り物は、ウルフの『ライトスタッフ』〔戦闘機パイロットが主人公の小説。一九八三年に映画化〕である。ほどなくウルフとビルズは、空を飛ぶこと、栄誉、勇気について深い感情を共有していた。二〇分間の電話が終わるころには、ゴールドマン・サックスはひとりのアナリストを失っていた。ビルズはタイガーと契約した。

　タイガーの投資家リストには産業界や金融界の大物がずらりと名を連ねていたが、ロバートソンは彼らに意見を求めることをいとわなかった。パートナー向けのレターでアイデアを（女性の場合は直感を）求めることも多かった。一九八〇年代初め、タイガーはある投資家の提言を受けて、メンターという銘柄への投資を三倍に増やした。一九九〇年代初めには、ゼネラル・インスツルメントとエクイタブル生命保険がタイガーに最大級の利益をもたらしたが、いずれもその会社と関係のあった知人がロバートソンに購入を勧めていた。同じころ、ロバートソンはシティコープの株を買いはじめた。主な理由は、不動産損失の処理後に力強い業績回復が見込まれたからだが、もうひとつの理由は、知人がジョン・リードCEOの人柄に太鼓判を押したからである。ロバートソンはインサイダー取引には関与していなかった。さまざまな人たちとの接触から幅広い助言を得ていたが、株価にすぐ影響を及ぼす可能性がある決算情報を事前に入手していたわけではない。でも彼は積極的に人脈を築き、それをみごとに活用した。[26]

全盛期のロバートソンを間近で見ていた者にとって、彼の才能は疑いようがなかった。たとえば、どこかのCEOとの会議にふらっと現れては、その会社を追いかけてきたアナリストに匹敵するほどの知識を披露する。[27]なんの予備知識もない会社に関するプレゼンテーションを聞きながら、その会社にとっての死活問題を細部まですぐに把握できる。CEOとゴルフをしていて、そのCEOがラフに入ったボールをこっそり動かすのを見たら、その会社の株は買うまいと心に誓う。一九八〇年代のヘッジファンドの大物三人（ロバートソン、ソロス、スタインハルト）のために資金を運用したことがある著名な空売り投資家《ショートセラー》、ジム・チャノスは、いちばん知的魅力があったのはロバートソンだと言う。「自分自身の資金を三人のうちだれかに託さなければならなかったら、ロバートソンを選んでいたでしょう」とチャノスはふり返る。「彼はだれよりも株のことを知っていました」[28]

ロバートソンの個性、すなわち人の力を最大限に引き出す能力は、彼の最も明らかな利点のひとつだった。しかし、この手の長所ははっきりと定義しづらい面がある。だから、チャノスほどにはロバートソンのことを知らない人たちが、それを見逃してもしょうがないだろう。『インスティテューショナル・インベスター』誌一九八六年五月号は「ジュリアン・ロバートソンの超ホットな世界」と銘打った記事を掲載したものの、せっかくのスペシャルソースは味気ないものにされた。「ロバートソンが他のマネーマネジャーとまったく異なることをしているわけではない。彼はただそれを上手に行っているのだ」[29]。一方で、ロバートソンの経営者を見る目は、ときに曇っている可能性もあった。CEOがゴルフでずるをしたからその会社を見限るというのは、科学的な方法とはいえない。しかし、たとえその手法が王式なものでも独創的なものでもなかったとしても、ロバートソンはまちがえるより正しいことのほうが多かった。そして、それが資金運用の成功というものである。人的なシステムにせよコンピュータシステムにせよ、つねに正しいシステムなどありえない。最先端の定量システムをつくる数学者は、一〇回に六回、市場を正しく見通せれば満足なのだ。

この一〇回のうち六回というルールは、タイガーのもうひとつの特性にも当てはまった。それは「長期主義」である。ウォール街のアナリストはふつう一年から一年半の見通しを顧客に提供し、ヘッジファンドは短期主義、長期主義のいずれかで業績を伸ばすことが多い。ロバートソンは断固として長期主義の立場をとった。彼の理想の投資（本人なら「もーんくのつけようがない投資」とでも言うだろうか）は、三年で倍増するようなたぐいのものだ。もしそんな投資のネタを見つけたら、彼はどんな厳しい状況に陥っても、世界が自分の分析に追いつくまで歯を食いしばってがまんするのをいとわなかった。一九八三年、ロバートソンは原油価格の下落を確信し、石油および石油サービス関連銘柄の大規模なショートポジションをとった。しばらくは損失が出たが、結局は彼の判断が正しかった。三年後に原油価格は半分になっていたのである。一九八四年には、ノンブランド製品が利益率を維持しつづけるのは難しいと考え、ジェネリック医薬品［特許が切れた医薬品と同成分で製造し、割安で販売されるもの］メーカーを空売りした。またしても損失が出たが、ロバートソンは信念を貫いた。二年後、ゼニス・ラボの破綻《はたん》を彼は大いに歓迎した。同社の株価は三カ月のあいだに四五パーセントも下落したのである。[30]

性格判断ではないが、がまん強さはいつも報われる種類の長所ではない。ときに報われたとしても、重要なのは運のよさだった。一九八七年、ジョン・グリフィンという部下がロバートソンを説得して、中国に製造拠点を置く小さな電機メーカーを空売りした。その後、この会社はクリスマスの売上を大きく伸ばし、株価は二〇ドルから二五ドルに跳ね上がった。グリフィンとロバートソンは自分たちの信念にこだわったが、状況は改善しなかった。同社は春に向かってますます業績を伸ばし、株価は三五ドルに達した。一九八八年、グリフィンはスタンフォード大学のビジネススクールに通うことになったが、ボスには信念を曲げないよう懇願した。「状況はきっと好転しますから！」と。ロバートソンはこれを信用した。すでに株価が倍の四〇ドルになっていた（タイガーとしては最初の投資の一〇〇パーセントのコストがかかっていた）にもかかわらず、グリフィンの言いなりになった。ある日、グリフィンはスタンフォードで偉大なるボスから一枚のファクスを受け取った。言葉は何も書かれていない。そこにはただ「五〇ドル！」とあるだけだった。

数カ月が過ぎた。そして一九八九年四月、一〇万人のデモ隊が北京の天安門広場に集結した。デモは勢いを増し、人々は政治改革を要求した。本格的な革命が可能に思えた。当然ながら、中国に工場を持つ米企業の株価は坂を転がるように下落した。タイガーのショート銘柄も例外ではない。

グリフィンは興奮して公衆電話に駆け寄った。ついに報われたのだ！　電話の向こうの師匠相手にまくしたてる。

「ジュリアン、大丈夫だって言ったでしょ！　あなたは待ってくれた！　僕を信じてくれた！　うまくいきましたよ！　僕にはわかってました！」

アメリカ大陸の反対側で、ロバートソンはこの興奮した声を聞いた。「まあまあ、ジョン」彼はゆっくりと答えた。「きーみのショートがうまくいくには、じゅーう億人の革命が必要だったということだよ」

この話がもし、運のよさがなければロバートソンのがまん強さは問題を起こすということを示しているのだとしても、それは同時に彼の才能を示す話でもある。グリフィンという有能な若者（のちに自身の大きなヘッジファンドを立ち上げる）は、タイガーを離れてビジネススクールに通っていた。でも、心理的にはまったくタイガーを離れていなかった。いまなお投資回収を熱望しながら、電話に走り寄って師匠が出るのを待ちわびたのだ。およそ四半世紀たっても、ふたりの絆《きずな》は変わらなかった。二〇〇七年のスピーチで、グリフィンはロバートソンに見守られているという感覚がずっとあったと話している。「すべてのマネーマネジャーは、肩に乗った小鳥がときおり相場の正しい動きを耳元でささやいてくれたら、と思っています。私の小鳥は南部特有のゆっくりとした話し方をし、頭が禿《は》げています。彼はときおり次のようにさえずります。『坊や、それをやっちゃまずい』[31]」

ロバートソンの庇護《ひご》のもと、グリフィンのような若者はふだん以上に張り切った。そしてインターネット以前の時代には、張り切るというのはとても大切なことだった。データを広くあまねく行き渡らせる検索エンジンなどはまだなかったので、フォードの売上がどんな具合かを知りたければ、タイガーのアナリストは、フォードの顧客や競争相手、サプライヤー、あるいはカーディーラー、部品メーカーなど、とにかく役に立つ情報を持っていそうな人たちと話をしなければならなかった。エイボン・プロダクツ［化粧品メーカー］への投資を検討していたあるアナリストは、エイボンの販売員になることで情報を集めた。別のアナリストは、エンジンに不具合があると噂されていた韓国の自動車メーカーを空売りしようと考えた結果、その会社のクルマを二台購入し、整備士を雇って点検させた。[32] 一九九五年初めのメキシコの債務危機にさいして、ニューヨークの大部分の投資家はアメリカの銀行が打撃をこうむるのではないかと心配した。だが、タイガーのアナリストはメキシコへ飛び、シティコープが危険にさらされていないこと、さらに、国内の銀行が弱体化したためメキシコ人たちはシティと取引したがっていることを知った。パニック状態のニューヨーカーたちがシティの株を売りまくるなか、タイガーは格安価格でこれを買い集めた。

ロバートソンの社交的な性格は、他のヘッジファンドの大物にはないものであり、それが彼の強みになった。おかげで一般大衆と配下の特殊部隊との対立をお膳立《ぜんだ》てしても許された。ロバートソン対カモの構図である。[33]

一九八〇年代の「買収景気」が九〇年代の「グローバリゼーション景気」に取って代わられると、ロバートソンもグローバル化した。ジョージ・ソロスとはちがって生まれつきの国際派というわけではなかったけれども、その向こう見ずなスタイルに旅は合っており、彼は精力的に各国を回った。買収王テディ・フォルストマンといっしょに香港へ飛んだ。ヨーロッパを猛スピードで横断し、パリのアメリカ大使館は「非常に居心地がよい」と報告した。[34] ブラジルのビーチには女性の割合が少ないと嘆《なげ》いてみせながら、サンパウロのビジネスリーダーの頭のよさに驚嘆した。ロバートソンは行く先々で新しい人に会い、新しい楽しみ方を発見した。目的地に着き、最初の二～三の打ち合わせに参加すると、相手はロバートソンの魅力に引き込まれ、知り合いの重要人物を彼に紹介するのだった。

ロバートソンの旅をだんどりする「キャンプカウンセラー」はたいていジョン・グリフィンだった。聡明で疲れを知らず、アイアンマン・トライアスロンに参加したこともあるグリフィンは、ロバートソンの補佐役にうってつけだった。ふたりは世界じゅうの株主総会に出席し、合間に本気でテニスの試合をし、また次の株主総会で発言した。[35] チューリヒのスイス・ユニオン銀行での昼食後（グリフィンは大量のチョコレートムースとタルト一個をたいらげた）、ロバートソンと補佐官は競うようにホテルへ戻り、レンタカーに乗り込んだ。ロバートソンが後日、投資家に報告したところによれば、ふたりは「音楽のボリュームをいっぱいに上げて、オーストリアへ向かいました。途中、リヒテンシュタインに少し立ち寄ります。目的はスキーです」[36]

一九八九年一一月の初め、グリフィンが休暇をとってまだスタンフォード大学のビジネススクールにいたころ、部屋のファクスマシンがボスからのメッセージを吐き出した。「坊や、ベルリンの壁はもうすぐ崩壊する。これはとても大きなチャンスだ」。数日後、壁はそのとおり崩壊し、その二日後にタイガーはドイツの証券を買い集めはじめた。ロバートソンはドイツのことなどほぼ何も知らなかったけれども、グリフィンはロンドンでの夏休み中にドイツ市場について勉強していた。それにロバートソンは、経験のなさゆえに歴史的好機を逃すのをよしとしなかった。タイガーが買ったのは、統一景気のせいで利益が出るはずのドイツ銀行、東西ドイツ国境ぞいに発電所を保有し、東側市場を新しく開拓できると思われる大手公益事業会社のフェーバ、その新しい市場に電気を届ける電力ケーブルのメーカー、フェルテン・ウント・ギヨーム。予想どおり、ドイツの株式市場はお祭り騒ぎの様相を呈し、フェルテン・ウント・ギヨームへのタイガーの出資額はすぐに倍増した。[37]

翌年の夏、ロバートソンとグリフィンはドイツに入った。東ベルリンへ行ってわかったのは、ヘッジファンドやジュリアン・ロバートソンについて聞いたことがある人間などいないということだった。また、ドイツに対するイメージがまちがっていたことにも気づかされた。最初に訪問した会社の待合室で、ロバートソンはテーブルに手をふれ、埃《ほこり》で黒くなった指を見た。「まだまだ道のりは長そうだ」と、彼は少し不審げに言った。その後もいろいろな会社を訪れた。ロバートソンがウォール街的な質問をし、ドイツ人が最大限の愛想を見せる。その間ずっと、ロバートソンは、数字から見えるものと彼らの口から出てくるものとのギャップを感じていた。アメリカ人の目からすると、また保有する工場などの資産と比較すると、ドイツ企業の株は滑稽《こっけい》なほど安かった。アメリカ人経営者のようにこれらの資産を管理することができれば、ドイツ人経営者は莫大な株主利益を生み出すにちがいない。いまの経営者にその能力がないのなら、ウォール街式の買収をくり返せば問題はすぐに解決するだろう[38]。だが、ドイツを回れば回るほど、ロバートソンの熱はさめていった。社長室でその会社の株主資本利益率（ROE）を尋ねるのだが、彼らが気にしているのは利益よりも売上高だった。会社を経営するのは、株主のためではなく社員のためだった。たとえば化学企業のバイエルで、ロバートソンは経営トップに豪華な昼食をごちそうされた。

「こんな食事をとれるなんて、CEOにはなるべきものですな」とロバートソンが言う。もっと倹約したほうがよいとは口に出さない。

「いえいえ」と相手が応じる。「この食事は全社員に出しています」

「おや！　飛行機がすぐ近くを飛ぶんですな」と、ロバートソンが窓の外を見ながら言う。

「ええ。会社の飛行クラブです」と答えが返ってくる。「希望者はパイロットの免許をとるために練習できるんです」[39]

昼食後、ロバートソンはグリフィンに判決結果を知らせた。「彼らは何もわかってない」。ドイツ人経営者はROEなんてこれっぽっちも気にかけていなかった。一九九四年には、ドイツ人に対するロバートソンの考え方は一巡してもとに戻っていた。この国の産業は「非効率という巨大な贅肉《ぜいにく》の塊《かたまり》」にすぎない、と彼は書いている[40]。

ロバートソンのドイツへの投資――強気から失望と弱気へ――は、タイガーにとっての危険信号を内包していた。全方位に手を広げるにあたって、タイガーは不案内な分野にもあてどなく進出していた。拡大は新たな機会を生む。だが、そこにはまちがいを犯す機会、いずれ大金を失う機会も含まれる。

一九九〇年の終わり、ロバートソンはまた雑誌で紹介された。「ジュリアン・ロバートソンの実像は……あまり知られていない」——記事の書き出しはまるで秘密のベールを取り払うかのようである。「証券取引委員会への提出書類に、金融メディアでの短い記事。ジュリアン・ロバートソンはまだ名声を得ていない。財産は手にしたが、名声はまだだ」。もちろん、こうした所見はこの場かぎりのものだ。秘密めかすほうが読者の注意を惹《ひ》きつける効果がある。それに、このあとロバートソンの輝かしい実績を紹介するのだから、なおさらその効果は大きい。タイガーには、裕福な個人から、さらには基金から、お金が流れ込むようになった。記事が掲載された翌年、タイガーは運用資産が一〇億ドルを超す三つ目のヘッジファンドになった。

一九八〇年代のロバートソンは、スモール・イズ・ビューティフルをむねとし、小さいからこそ図体のでかい競争相手より優位に立てると主張した。しかし一九九〇年代になると、彼は慎重さを脱ぎ捨てた。たくさんのスタッフ、広いオフィス、居並ぶ著名投資家——そのどれもが魅力的に映った。資産運用レースにおいて、ロバートソンはとてつもなく競争力をつけていた。一〇億ドル超えはソロスとスタインハルトの後塵《こうじん》を拝したが、一九九三年の終わりには運用資産が七〇億ドルに達していた。スタインハルトを上回り、ソロスに少し手が届かない規模である。ナンバー2になっても満足ではなかった。人々の注目の的になるのが上手なソロスがうらやましかった。タイガーが業績でクォンタムを凌駕《りょうが》した年は数多くあり、ロバートソンはそれを暗唱できるくらいソロスに対抗心を燃やしていた。「一九八一年はわれわれが彼を撃沈。八二年は彼の勝ち。八三年はわれわれが彼を撃沈。八四年もわれわれが彼を撃沈しました」かつてそうインタビューに答えている。[41] ただ、なんだかんだいっても、最大の注目を集め、最大の資産を蓄えたのはソロスだった。

ロバートソンの拡大路線はリスクをはらんでいた。得意分野以外にも分散投資せざるをえないからだ。数十億ドル規模のファンドを維持するには、米国の株式市場だけでは間に合わなかった。とくに小型株は、ほぼ「立入禁止」状態だった。アナリストが有望な小規模企業を見つけ、三年で株価が倍増すると考えても、買える株が二〇〇〇万ドルぽっちなら、わざわざ手を出す価値はなかった。[42] この問題への対応策のひとつとして、ロバートソンは海外の株式市場に進出した。だがそのさい、アメリカ的な直感が文化の異なる他国でも通用するはずだと考えていた。ドイツでの経験からわかったように、アメリカ人の基準に照らせば評価が低すぎる企業も、ドイツ人の利益への無関心を考えれば、じつはしかるべく評価されているのかもしれなかった。そんなおり、ロバートソンはドイツのときと好対照な問題に日本で出くわした。完璧な論理をもとに、タイガーは日本の銀行株を空売りしていた。つまり、大手銀行は経営を誤っている、わずかな利益しかもたらさない金利で融資をしている、不良債権をかかえているのにかなりの高値で株が売買されている、という理屈である。一九九二年にロバートソンは、東京の尋常ならざる評価はタイガーにとって大きなチャンスだと請け合っている。[43] だが三年後、タイガーの日本担当アナリストは、なぜ銀行株が下がらないのかを問わざるをえなかった。「その答えがわからない」と、彼は率直に認めている。[44]

拡大路線はまた、マクロ取引で多くのリスクをとることをロバートソンに強いた。彼は早くから通貨取引に手を出していた。一九八五年にあげた巨額の利益のうち四分の一強はドル売りによるものである。ジョージ・ソロスが有名にしたプラザ合意投資の縮小版だ。[45] 一方でタイガーは、ブルース・コフナーがコモディティズ・コーポレーション在籍中から利用していた一種のキャリートレード［通貨の金利差を利用して稼ぐ手法］でも好業績をあげた。利率一六〜二四パーセントのオーストラリアとニュージーランドの国債を買う。そのための資金の多くは金利が一〇パーセント未満の国で借り受け、その差を利益とした。だが、一九九〇年代初めにタイガーが拡大すると、ロバートソンは通貨市場へのコミットメントをさらに強化することを決めた。一九九一年、彼は日本語を話す通貨スペシャリスト、デイヴィッド・ジェルステナーベルをモルガン・スタンレーから雇い入れた。その後すぐ、バリー・バウサノという通貨トレーダーがタイガーに加わった。

問題は、ロバートソンにマクロトレーダーとしての高い能力がなかったことである。ソロスともロバートソンとも仕事をしたことがある空売り投資家のジム・チャノスは、株式に対するロバートソンのすぐれた理解力を保証した。だが、金利や通貨に対するロバートソンの理解力について同じことを言うマクロトレーダーはいなかっただろう。[46] 実際、バリュー投資を重んじるロバートソンには、マクロ投資家としての資格がないといってもよかった。バリュー投資家はレバレッジを使って株を買うことがあまりないし、買った株は概して長期保有する。株価が下がると、さらに買い増すことが多い。二五ドルで割安だったのだから、二〇ドルならなおさらお得というわけだ。しかし、マクロ投資家はレバレッジをかけるので、このようにトレンドに抵抗するのはきわめて危険である。相場が自分たちに不利に動いたら市場から逃げ出す、その準備をしておかなければならない。同様に、バリュー投資家は固い確信を誇りにしている。企業のバランスシートを穴が開くほど眺《なが》め、その価値をしかと見きわめている。そこに価値があることを知っているのだ。マクロ投資家には、それだけの確信を得るための手段がない。通貨の客観的な「価値」を決める、信頼できる方法など存在しないからだ。

　一九九〇年代にロバートソンのもとで働いたマクロトレーダーたちは、彼の投資スタイルに順応するのに苦労した。ボスがチャートを受け入れられないことはすぐにわかった。なにしろ「まやかし、でたらめ、たわごと」呼ばわりしたことがある手法である。それから、自分たちのリスク管理能力がボスのお気に召さないこともわかった。相場が自分に不利に動くと、マクロトレーダーはそれに乗り遅れた、あるいはたんに自分がまちがっていたと考える。こだわりつづけて英雄を気どるより、脱出するほうが得策である。ところがロバートソンは正反対だった。彼には確信があった。方針を変えなければ、いずれ山頂に到達するはずだと。あるとき、タイガーのマクロトレーダーは、ヨーロッパでの債券のポジションが短期的に損を出すことを恐れ、一時的にヘッジをかけて損失を防ぐようロバートソンに進言した。

「ヘッジだって?」ロバートソンは腹立たしげに言った。「ヘーエーッジーだって? そんなことしたら、僕が正しかったときに儲けが減るじゃないか」

「まあ、そのとおりです」とマクロトレーダー。

「なんでそんなことをしなきゃならないんだ? なんでだ、え? 爪の垢《あか》ほどの量じゃないか」

こうしてリスク管理の試みは終わりを迎えたのだった。


一九八〇年代から九〇年代初めにかけては、ロバートソンの強みが潜在的な弱みを小さく見せていた。彼の特殊部隊は世界じゅうの市場に降り立った。ドイツに期待しすぎたときのように、しくじる可能性もあったが、成功することのほうが多かった。ロバートソンはマクロ的な確信を株式で表現することが多かった。プラザ合意［一九八五年、先進五カ国がドル安の方針で合意。１５０ページを参照］後、ドルが値下がりしそうなのは明らかだった。ロバートソンは輸出でうるおうであろう米企業を見定め、その株で大きな利益をあげた。一九九〇年に米国の不動産価格が下落すると、どの銀行を空売りすべきかを正しく見きわめた。そして不動産投資による不良債権がなくなるやいなや、強気に転じた。一方、タイガーの債券や通貨への進出は、危険ではあったものの、しばらくは華々しい成果をあげた。一九八八年初めから一九九二年終わりまで、タイガーは五年連続でS&P500指数を上回る投資成果を出した。そして翌年には、手数料控除後で六四パーセントという途方もないリターンを投資家にもたらした。『ビジネスウィーク』誌の推測によれば、ロバートソンのその年の個人所得は一〇億ドルに達していた。

だがこのころ、ちょっとした変化があった。ロバートソンは以前よりもオフィスに姿を見せなくなった。それも出張という理由ばかりではない。一九九三年の最初の一〇週間は、サンバレーでスキーに興じ（長めの週末が五回）、コスタリカでカジキ釣りをし（長めの週末が一回）、オーガスタ・ナショナル・ゴルフクラブでゴルフをし（三日間）、ケニアに滞在した（丸々二週間）。タイガーのオフィスを改装し、自分自身は部下から離れた優雅な角部屋におさまった。アーロン・スターンという垢抜《あかぬ》けた精神科医を雇って、部下のマネジメントや自身の躁鬱《そううつ》症状の管理を手伝わせた。自分と部下のアナリストのあいだに新たな緩衝材《かんしょうざい》を置いた恰好《かっこう》である。オフィスに現れる頻度《ひんど》が減るにつれ、ロバートソンの情熱や気性の激しさはますます摩擦の種になった。何日も見かけないでいると不意に現れ、事実や数字、部下たちがフォローしている銘柄の最新情報を要求する。「打たれ弱い人はここでは幸せになれない」と精神科医は忠告した。彼は正しかった。タイガーに加わったアナリストの多くが一年かそこらでやめていた。

だがロバートソンは、失いたくない人間も失った。一九九二年秋の年次パーティーの席で、彼は部下のマクロトレーダーを紹介していた。「デイヴィッドとバリーです。去年は一〇億ドル稼ぎました」。おかげでふたりは自力で資金調達しやすくなり、一九九三年の春にタイガーをやめて自身のヘッジファンドを立ち上げた。これをきっかけに、有能な部下が立て続けに去って行った。[47] タイガーは大きな成功を収めていたため、部下たちは自分がすべてを仕切りたいと考えるようになった。ロバートソンが主導権を渡そうとしないから、なおさらである。部下たちが運用できるサブポートフォリオをつくろうかというアイデアはあったものの、彼が実際の権限を渡すことはけっしてなかった。さらに、やめやすい環境も整っていた。裕福な投資家たちが次世代のスターを探すようになり、タイガーのアナリストは独り立ちしてすぐに資金を調達することができた。ジェルステナーベルとバウサノは、自身のファンド、アルゴノート・ファンドの開業から二カ月もしないうちに二億ドルを運用していた。一九八〇年にタイガーがスタートしたときの八五〇万ドルとは段ちがいである。

　タイガー一家が大きくなると、ロバートソンは西部山脈への旅によって、特殊部隊の文化を維持しようとした。一行はロバートソンの自家用機で目的地へ飛び、自然の猛威との戦いに挑んだ。ある年の冬は、アザラシの皮をスキーの底に貼り、三〇キロ近い荷物を担《かつ》いで山を登り、氷点下の気温のなかテントに寝泊まりした。またあるときは、森のなかでチームに分かれ、リストに書かれた物品を自転車で回収する競争をした。ひと仕事終わると一行はキャンプファイヤーを囲み、ロバートソンがときに、同じテントの共有をめぐって言い争いをするふたりのアナリストの仲裁に入った。だが、こうしたわざとらしいチームビルディングの取り組みはしばしば裏目に出、友情のちょっとした亀裂から一家の緊張は高まった。夜にキャンプファイヤーを囲むときは、タイガーの将来をめぐる壮大な話し合いが期待された。何人かの部下が自分自身のポートフォリオの運用を許されるのか？　タイガーの後継者育成プランはどのようなものか？　しかし、ロバートソンには主導権を手放すつもりなどさらさらなかった。こうした山岳行《リトリート》を企画したのは自分の引退《リトリート》について話し合うためではない、と彼は憤慨するのだった。

　ある山へ出かけたとき、ガイドが渓谷を渡した三本のロープのところへ一行を案内した。谷の深さは一〇〇メートルはあろうか。風雨が激しい。それでも若者たちはとにかく行動に移った。一人ひとり、二本の安全索を登山用ハーネスから間に合わせのロープ橋に固定し、空中に踏み出す。各人がロープの係留《けいりゅう》地点から最も遠い橋の中央近くまで来ると、橋全体が風のなかでゆらゆらする。そして、恐れを知らぬ投資家にして冒険家、彼らの指揮官であるジュリアン・ロバートソンの精神が彼の頭上を照らすのだ。するとそのとき、トム・マッコーリーというアナリストが濡れたロープで足を滑《すべ》らせた。三メートルばかり落下して、彼は安全索《さく》［命綱のワイヤー］に救われた。

　仲間はロープからぶら下がっているこの同志に目をやった。その下には何もない空間がずっと続いている。マッコーリーの落ち方はまさにタイガー流だった。笑いながら、安全索の先で体を弾《はず》ませている。まるで特大のベビージャンパー［赤ん坊が安全に飛び跳ねることができる遊具の一種］を使っているみたいに。

ところが、仲間のひとりが気づいて青ざめた。マッコーリーは二本の安全索で体を支えるのではなく、一本しかそれを使っていなかった。しかも先端のカラビナは開きかけている。叫んだ者もいれば、声が出ない者もいた。何人かは夢でも見るように、マッコーリーが着ているふわふわの白い服について考えていた（まるでピルズベリー社のキャラクター「ドゥボーイ」のようだった）。

「おいトム、弾むのはよせ」と、だれかが叫んだ。

「カラビナがまずいことになってる」

「本当に、弾むのはよせ」

長い数秒間があった。その間にガイドが恐る恐るロープ上を移動し、マッコーリーのカラビナをロックした。だが、タイガーも無敵ではないというその事実が、みんなの記憶を離れなかったのである。[48]

第六章

ロックンロール・カウボーイ

——P・T・ジョーンズ

一九八〇年代の終わりはヘッジファンドの転換期になった。七〇年代初めの弱気相場のあと、ヘッジファンド事業者は一掃されたも同然だった。残った数十のファンドもほとんど目立たないように営業しており、運用資産は取るに足らなかった。だが一九八七年の大暴落後に、何かしら根本的な変化があった。一九九〇年には砂漠のなかから六〇〇のヘッジファンドが生まれており、九二年にはヘッジファンドの総数は一〇〇〇を超えていた。[1] 金融評論家は「ビッグスリー」(ソロス、ロバートソン、スタインハルト)という表現をしたり顔で使いはじめ、一九九三年は「ヘッジファンドの年」とされた。[2] ビッグスリーの陰ではたくさんの新興ファンドが業績を急拡大していたし、主役格どうしのつながりが新しい動きをさらに予感させた。ジュリアン・ロバートソンは、若手トレーダーのルイス・ベーコンと義理の親戚関係になっていた。マイケル・スタインハルトは、キャクストンのブルース・コフナーと短いあいだだけれども仕事のつきあいがあった。ヘッジファンドの大物たちはお互いの地所《じしょ》で狩猟や釣りを楽しみ、同じ慈善団体の役員を務め、バハマ〔中米の国〕のリゾート地、ライフォードケイに年一回集まった。彼らがひとつの部屋に集合するというその事実が、ウォール街の新たな勢力の誕生を物語っていた。

若手の大物のなかで最も興味深い人物は、すでに紹介した、パットン将軍の大ファンにしてソロスの友人、ポール・チューダー・ジョーンズ二世である。彼は一九五四年に、綿《めん》と縁の深い家庭に生まれた。祖父は綿商人として成功し、おじのビリー・デュナバントは綿業界の有力者だった。バージニア大学で経済学を学んだあと、ジョーンズはニューオーリンズの綿花《めんか》トレーダーに弟子入りし、二年後にニューヨーク綿花取引所に移る。フロアトレーダーたちとつきあっていると、市場がすべての情報をある種効率的に織り込んでいるとは考えにくかった。商品のピットで価格を決めるのは、経済データではなく、目の前で声を張り上げている荒くれ男たち——昼食時にマティーニを飲み干したかと思うといきなり喧嘩《けんか》を始め、自分の感触に従って相場の上げ下げを決める、そんな「コットン・カウボーイ」たちだ。もちろん彼らも、成長率や失業率などに関する新しい情報はチェックする。でも、フロアトレーダーとして生き残りたければ、ニュースそのものを理解するよりも、ピットがそれにどう反応するかを予測するほうが重要である。政府のインフレ報告書の発表を受けた電光石火の取引で、あるフロアオペレーターが一〇〇〇万ドル稼いだという話が伝えられる。混乱が収まったころに、当人が出てきて「ところで数字はどうだった？」。[3] まあそういう世界である。

ジョーンズは一九八三年に綿花取引所のフロアを去り、自身の会社、チューダー・インベストメント・コーポレーションの設立準備に取りかかった。まだ三〇前の若さだったが、コモディティズ・コーポレーションの援助を受けることができた。コモディティズは彼のファンドに三万五〇〇〇ドルを出資したうえに、この世界のベテランたちに彼を紹介してくれた。これは相場観の検証に役立った。たちまちのうちに、ジョーンズは独自のスタイルを持った天才として頭角《とうかく》を現した。彼の売買手法は、心理学とハッタリに基づくゲーム、奸知《かんち》と虚勢《きょせい》を組み合わせた一種のポーカーだった。手札《てふだ》を見て賭け方を決めるだけでは十分でない。他のトレーダーが何をたくらんでいるのか——強欲《ごうよく》なのか慎重なのか、全賭けに出るつもりなのか、それとも一杯いっぱいなのか——を感じ取らなくてはならない。砂糖が上がりそうだというニュースを聞いたとしよう。だがそこで、自分以外の人間がどう反応するかを自問しなくてはならない。もし大手のトレーダーがすでに十分買っていれば、そのニュースが価格を動かすことはほとんどないだろう。だが、彼らが手ぐすね引いて待っていたのなら、相場は一気に上昇するだろう。[4] 競合トレーダーを注視すればするほど、彼らがどんな手に出るかがわかる。そして最終的にはその頭のなかを覗《のぞ》いて、彼らが買いたいときには誘い出し、及び腰のときは市場から追い立てることができる。大手トレーダーが臆病になっていると感じたら、売るぞーと叫べばいい。すると彼らも売ることになる。そこであなたは一八〇度旋回《せんかい》し、買えるだけ買うのである。[5]

この機転と虚勢のゲームでは、派手にわめくことが役に立った。ジョーンズは自分のことを「最も純粋な意味でのカウボーイ」とうれしそうに表現したが、市場にはボクサーのごとき激情をもって立ち向かった（大学時代に彼はボクシングをやっていた）。[6] さまざまな取引所のフロアで、莫大な注文を電話越しに大声でブローカーに伝える。一回の電話のなかで指示を覆《くつがえ》すこともしばしばだった。「頭がおかしいのではないか」と思わせれば思わせるほどライバルたちは平静を失う、と知ってのことである。目的に合わせて方法も変えた。目立たぬように多数のブローカーに少しずつ注文することもあれば、大きな買い手が突然現れれば他のトレーダーも先を争って買うことを見越して、銃を連射しながら市場に奇襲をかけることもあった。おそらくは悪評を取引上の武器として使うため、彼はあえてこのスタイルを表に出したのだろう。一九八六年と八七年には、自分の仕事ぶり（癇癪《かんしゃく》ぶり）を追いかけたドキュメンタリー映画の撮影を許している。[7]

映画の最初のほうのシーン。ジョーンズが静かにデスクに座っている。もうすぐ市場が開く。身に着けているのは、白いシャツ、地味なネクタイ、印章付きの指輪。仕上げは大ぶりのめがねと、きちんと分けた茶色の髪。まるで名門大学出身の会計士といった風情《ふぜい》だ。

「あと八分」ジョーンズはゆっくりと気怠《けだる》そうに言う。メンフィス［米国南部の都市］で過ごした子ども時代の名残りが感じられる声だ。

「ただいま準備中」と彼は続ける。少しだけ早口になった。

「『モホークの太鼓』だ」声を大きくし、脚を神経質に揺らす。

そしてこの会計士はいきなり爆発する。「市場でタムタムを鳴らすぞ！」何かに取りつかれた兵士のように小躍《こおど》りし、ガッツポーズをとり、スピーカーフォンに向かって手を振る。

「七〇ドルで三〇〇〇！」スピーカーに向かって叫び、捕らえた敵兵の処刑を命じるかのように両手を振り回す。少しのあいだ座っていたかと思えば、また立ち上がる。「ダニー、そうじゃない！　時価で五四〇売れ！　五四〇だ！」

注文を確認するブローカーの声がスピーカーフォンを通じてこだまする。ジョーンズは大急ぎで拳《こぶし》を突き上げる。「そうだ！　進め！　行け！」。トレーダーたちがその指示を実行すべくピットに散る。

その少し先のシーンでは、ジョーンズが数百万ドル規模の投資をしたあと、奇妙な儀式を始める。良家の坊っちゃんふうの靴を脱ぎ、スニーカーに履《は》き替えるのだ。

「このテニスシューズに、この国の未来はかかっている」と、彼はカメラに向かっておごそかに言う。「債券が一ポイント反発したときも、株が三〇ドルばかり反発したときも、いつもこれを履いていた」。ボタンダウンのシャツに地味なネクタイ、そして不釣り合いな真っ白の靴といういでたちで、革張りのいすに深々と腰かける。

「最大限のところまで待ってから、こいつを履くんだ」幼い声を懸命に太くしようとしながら、彼は言う。アクションヒーローのまねをする小学生みたいだ。「チャリティーオークションで購入した、ブルース・ウィリスの靴だ。あの絶倫《ぜつりん》男のね」

そして、ひとつのトレード画面のうえにビニール製のゴジラを置く。

こうした風変わりな態度の背後には、どのような知的プロセスがあったのか？　答えはとらえどころがない。彼が自分の成功について説明しても、必ずしも説得力がないからだ。[8]説明の最初に挙げられるのが、二〇歳そこそこのチーフエコノミスト、ピーター・ボリッシュである。若さを補うために旧式のサスペンダーを身に着けたボリッシュは、一九八〇年代と一九二〇年代の不気味な相似《そうじ》について語りたがった。両時代の株式チャートを重ねると、驚いたことに、どちらも同じように不安定なラインで上昇している。それでボリッシュと上司は、一九二九年に匹敵する規模の大暴落が近いと確信した。あるインタビューでボリッシュは、結果をでっち上げたことを正直に認めている。望むような一致が得られるまで、二本の線の起点に細工をしたのだという。[9] このいかさまデータをもとに、ジョーンズは逸話《いつわ》を築き上げた。ウォール街の法外な稼ぎは、それを正すべきときがくるというシグナルだった。銀行の資本は希薄化していた。ゴッホの絵はオークション前の予測の一〇倍の値で売れていた。一九八七年のドキュメンタリー映画で、ジョーンズは静かにカメラを見つめ、身の毛もよだつ大暴落を予言する。

「ロックンロールしまくるだろうね」と彼は言う。その目はとてもうれしそうだ。

ボリッシュがある種の「水晶玉」を発明したと世の中が考えることを、ジョーンズは喜んでいたのかもしれない。それはライバルたちを脅《おびや》かす効果があった。一九八〇年代半ばの彼の業績を考えれば、ライバルたちが彼の言うことを信じたのも無理はない。一九八五年にジョーンズは一三六パーセントのリターンをあげ、八六年には九九パーセントのリターンをあげようとしていた。だが本当のところは、ボリッシュによる一九二〇年代の検証は、ジョーンズが成功したから出てきた話である。一九八七年一〇月にたしかに暴落は起こったのだけれども――。大部分のウォール街関係者は、遅かれ早かれ市場は急落すると見ていた。難しいのは、それがいつかを特定することだった。ボリッシュは暴落の到来が一九八八年の春だと予測した。言い換えれば、あれこれ出された他の予測と変わりばえしなかったことになる。[10]
ジョーンズは自分の成功についてほかにも説明を試みたが、どれも信憑性《しんぴょうせい》に欠けていた。スタインハルトの一九七〇年代の成功に貢献したエキセントリックな独学者、トニー・シルフォと同様、ジョーンズもコンドラチェフの波《なみ》理論のとりこになっていた。つまり、世界は二四年周期で動くから予測可能だというのである。コンドラチェフの教えに助けられて、シルフォは一九七三年の暴落を予想した。すると次の大変動は一九九七年までないことになる。だが一九八七年には、ジョーンズはそれでもコンドラチェフの理論が「ロックンロール」が目前に迫っているという主張の後押しになると信じていた。ジョーンズがもっと夢中になったのは、ロバート・プレクターという市場アナリストが解明したエリオット波動《はどう》分析である。株価は最後に一度爆発的に上がってから最低でも九〇パーセント下落する、とプレクターは確信をもって述べた。もしそうなれば、一七二〇年にイギリスで起きた南海泡沫事件《なんかいほうまつじけん》［バブル崩壊事件］以来の大暴落である。ジョーンズはあるインタビューで「私の成功の多くはエリオット波動手法のおかげです」と、嘘偽りの感じられないようすで語っている。[11] だが、プレクターの災厄《さいやく》予想はいつも大袈裟《おおげさ》きわまりなく、ジョーンズでさえ、プレクターは暴落がいつ起こるかを正確に示すことはできないと認めていた。[12]
実際にはジョーンズの利益は、存在すら疑わしい数十年の周期を理解することではなく、短期的で機敏な動きをすることによるものだった。コモディティズ・コーポレーションのトレーダーたちのように、ジョーンズは市場の波に乗るのがうまかった。大波がきそうになるとサーフボードのうえに立ち、分が悪くなるとすぐにボードから降りる。「最初のポジションをとるときには、自分が正しいかどうかなんてわからない」と、かつて告白している。彼の成功はなんらかの長期的な分析に基づいている、という説を打ち砕《くだ》くものだ。むしろ、別の機会にもっと率直に説明しているように、彼のやり方は「市場の台本を書いて」その振る舞いを設計したうえで、台本が現実になる瞬間をとらえるべく、低リスクの投資で何度も仮説を検証するというものだ。[13] 何年かあとに、ジョーンズはこうした台本書きのための精神修養について述べている。「毎晩、部屋のなかの静かな場所で目を閉じます。自分がピットにいるところを想像します。場が開くのを思い描き、一日のうちで市場に生じるさまざまな心理状況を想像します。こうした訓練を毎日くり返していました。すると本番になっても準備ができているのです。前に経験したことがあるからです。心理的な極限状態を利用できるようになっています。すでにそれを乗り越えているからです」[14]

一九八七年の大暴落はこのような準備の力を実証した。一〇月一六日金曜日にS&P500が下落しはじめると、ジョーンズは市場の暴落がついにやってきたのではないかと感じた。ボリッシュによればもう数カ月先のはずだが、そんなことはどうでもよかった。ジョーンズはそれを額面どおりに受け取りはしなかった。重要なのは、ジョーンズが暴落の可能性を思い描いていたことである。彼の理解では、相場がいったん下がりはじめたら、それこそ巨大な下落になる可能性が高い。投資家たちは「審判の日」を何カ月も予期していた。そうなれば彼らの自信は決定的に崩れ去るだろう。ポートフォリオ保険〔159ページを参照〕は相場急落の危険性を高めていた。株価の下落がポートフォリオ保険業者による売りを引き起こし、それが株価をさらに押し下げるからだ。市場の置かれた状況ゆえ、その下落に賭けるのは抗《あらが》いがたい流れだった。金曜日の下落が結局はなんでもなかったら、ジョーンズは空売りで少しばかり損をするかもしれないが、あとはポジションを閉じて次なるチャンスを待つだけだ。しかし、投資家の弱気心理とポートフォリオ保険のせいで市場が急降下すれば、儲けは計り知れない。リスクとリワード（報酬）のバランスは圧倒的にリワード有利だった。[15]

金曜には、ジョーンズはS&P500の先物を目いっぱい売っていた。彼は、コモディティズ・コーポレーションからシードキャピタルを受けていたトレーダー仲間のルイス・ベーコンやヨーロッパの友人たちといっしょに、バージニア〔アメリカ南東部の州〕の山奥へハンティングに出かけた。週末が終わったときには、客人がいっぱいでニューヨークへ戻る自家用機に乗りきれないほどだった。つねに礼儀正しいジョーンズは友人たちに席を譲り、自分はバージニアにとどまろうとした。

「だめだ」とだれかが言った。「大きなポジションがあるんだろ?」[16]

ジョーンズは飛行機に乗り、ブラックマンデー〔一九八七年一〇月一九日〕の朝はマンハッタンのデスクにいた。もし客人たちがそれほど寛容でなかったら、彼は生涯で最大の株価暴落が起こった一日を見逃していただろう。その日の朝、株価は大きく値を下げ、さらに恐るべき下落を見せた。ジョーンズはこの滝のような急落に最後までつきあった。売り抜けようと必死の投資家がブローカーに電話をかけまくるなか、パニック状態になっていないのは、破壊的状況を目《ま》の当たりにして茫然自失《ぼうぜんじしつ》の輩《やから》だけだった。数年後、ジョーンズは暴落《クラッシュ》に対するウォール街の反応を、自分がボートに衝突《クラッシュ》したときのようすになぞらえている。「ボートにひかれたときのことを思い出します。プロペラに尻をやられました。そのとき最初に考えたのは、『なんてこった。傷を縫《ぬ》わなきゃならないから日曜の午後が台無しだ』。ショックを受けていたので、友人たちの顔を見るまで、どれくらいひどい傷なのかもわからなかったんです」[17]。同じように、一九八七年の暴落は一部の人たちの頭を麻痺させてしまった。だが、ジョーンズは市場の台本を書いており、混乱への精神的備えができていた。

　下げ相場に乗っかったジョーンズは、さらに第二のチャンスをつかんだ。彼はいつものように市場の台本を書き、この暴落に連邦準備制度理事会（ＦＲＢ）がどう対応するかを考えていた。そして、当局は銀行に現金を注入して金利を下げることで人々の気持ちを鎮《しず》めようとするだろう、と推論した。ここにまた——と彼は考える——リワード有利の「非対称的」な投資機会が実現する。ＦＲＢが予想どおりに行動すれば、債券相場は高騰《こうとう》するだろう［国債は原則として固定金利なので、預金などの市中金利が下がれば国債の価値が相対的に増し、価格も上がる］。だが、ＦＲＢが何もしなかったとしても、相場が下がる理由はない。ブラックマンデーの日の遅くに債券相場が上昇すると、これは台本どおりの筋書きになる兆《きざ》しだとジョーンズは判断した。彼はそれまでで最大の債券のポジションをとり、まもなくそれは彼にとって最大の利益をもたらした。

このふたつの作戦の成功により、チューダー・インベストメント・コーポレーションは八〇〇〇万～一億ドルの利益をあげたといわれる。おかげでその年のリターンは二〇〇パーセントにのぼった。それからまもなく、ジョーンズはカウボーイとしての奇態《きたい》な振る舞いとは対照的な側面を見せた。ヘッジファンドでの儲けを利用したロビン・フッド基金という慈善組織を立ち上げ、ニューヨークの最貧困層のために何百万ドルもの資金を出したのである。

ブラックマンデーにおけるジョーンズの勝利は、まぐれではなかった。一九八〇年代後半は、コモディティズ・コーポレーションの伝統を受け継ぐほかのトレーダーたちにもよい時代だった。ソロス、スタインハルト、ロバートソンのビッグスリーは一九八七年の暴落でことごとく大損を出したが、ブルース・コフナーとルイス・ベーコンはどちらも業績良好だった（ただしジョーンズほどではなかったが）。ビッグスリーとジュニアスリー（コフナー、ベーコン、ジョーンズ）は、相場が反転するだろうということで意見が一致していた。彼らは何度も話し合いを重ね、ジョーンズにいたってはジュリアン・ロバートソンを説得して株式ショートのポートフォリオを持たせようともしていた。[18] だが、トラブルを予測するのと、それが現実になったときに電光石火のごとく対応するのは別のことだった。この点でコモディティズ・コーポレーションのトリオは、株式の伝統をふまえる年長グループよりも機敏だった。ジュリアン・ロバートソンのようなストックピッカーは自分が選んだ銘柄に固執した。彼のファンド、タイガー・マネジメントは一つひとつの銘柄を念入りに調べ上げていたのだ。それを売り払うなんてできない相談だった。だがジョーンズ、コフナー、ベーコンはそんな感傷とは無縁だった。彼らの特徴は柔軟性であり、手のひらを返すことなど朝飯前だ。[19] 彼らは個々の銘柄には関心がない。売買するのは市場全体であった。

株式市場の暴落後、コフナーとベーコンは債券市場に乗り込み、ジョーンズと同じ台本にそって利益をあげた。[20] それから一〇年、彼らは好業績を残しつづけた。コフナーは、コモディティズ・コーポレーション時代に見出したキャリートレードをもとに、通貨で輝かしい業績を収めた。一九八九年と九〇年には、とくに原油先物投資のおかげで、ウォール街一の儲けを出したといわれている。一方のルイス・ベーコンは、シアーソン・リーマン・ハットンのブローカーとして小口顧客の取引で手腕を発揮し、一九八九年に自身のヘッジファンド、ムーア・キャピタルを創設した。イラクのクウェート侵攻が株式および原油市場に及ぼす影響を正しく予測し、創業年には八六パーセント、翌年には二九パーセントのリターンを達成した。コモディティズ・コーポレーションからの出資金がもはや微々たる金額にしか見えないほどである。ポール・チューダー・ジョーンズは、顧客から託された資金をすべて引き受けることができなかったため、ベーコンに投資するようアドバイスした。

ジョーンズ本人はそのころ、東京で大勝ちしていた。ウォール街の目利きならみなそうだが、ジョーンズも一九八〇年代後半にバブル景気の到来を感じていた。日本政府はプラザ合意のあとに金利を思いきって下げ、円高が景気に及ぼす影響を相殺《そうさい》しようとしていた。その結果、調達コストの安い資本が大量に生まれ、日本の資産、さらには多くの外国資産の価格が押し上げられた。ジャパンマネーが、カリフォルニアのゴルフコースから印象派の絵画まで、あらゆるものの重要な買い手になったのである。一九八七年、日本電信電話（ＮＴＴ）が東京証券取引所に上場した。株価収益率（ＰＥＲ）は二五〇。ありえない数字である。正気とは思えないほどの過大評価だが、それでも数値は上昇しつづけた。

バブルのご多分にもれず、日本にとって難しかったのは、バブルがいつか崩壊すると知ることではなく、崩壊がいつなのかを予測することだった。ＮＴＴの上場後、東京市場を積極的に空売りしていたら、それは自殺行為に等しかっただろう。というのも、その後二年間、日経株価指数はなんと六三パーセントも上昇したからだ。バブルにたてつくことほど高くつく行為はないという証左である。ジョーンズにかぎって早々にたてつくことはしなかった。強気筋に勢いがある以上はトレンドに追随するべきで、それにはむかうようなリスクは冒《おか》せなかった。[21] 彼はトレンドが転換するときを待った。すると一九九〇年の初め、東京市場はわずか数日で四パーセント近く下落した。ついに待ち望んでいたシグナルをキャッチしたのである。

一九九〇年一月半ばに『バロンズ』が企画した座談会で、ジョーンズはなぜ東京市場が急落間近なのかを饒舌《じょうぜつ》に語っている。[22] 彼がまず述べたのは、一般的な株式アナリストとしての所感である。つまり、市場のPERが高すぎるというのだ。しかし、一九八七年のウォール街の場合のように、彼は市場プレーヤーたちのポジションに特段の注意を向けた。[23] ウォール街のケースでは、ポートフォリオ保険が下落に拍車をかけるしくみをつくり出しており、それが投機家に非対称的な機会をもたらした。東京の場合、日本の金融文化が同様の非対称性を可能にした。つまり、日本の預金者はファンド・マネジャーに年八パーセントのリターンを期待していたのだが、このハードルが重要視されたため、株式市場が反転するとファンド・マネジャーは防御のために債券へなだれ込むのである。それならリスクフリーで八パーセントの収益を確保できるからだ。[24]

東京市場が年初に四パーセント下げたのは、意味が大きくちがうとジョーンズは主張した。長らくの上昇をへて一二月に下落したのであれば、まだ八パーセントをクリアしているファンド・マネジャーは気にも留めなかっただろう。その年が終わるまであと二週間ばかり債券を保有しても、さほどの収益が得られるわけではないからだ。でも、一月に下げたとなると話はちがう。ファンド・マネジャーは、それまでに株式で得た収益のうえにあぐらをかいているわけにはいかない。その年はまだ五〇週間も残っている。債券市場に避難して八パーセントの目標を確保するには十分の期間である。マネジャーがジョーンズの予想どおり防御的な動きをすれば、その結果起こる大脱出により、株式市場は窮地《きゅうち》に追い込まれかねない。

日本に関するジョーンズの台本は現実のものになった。日経225指数は二月に七パーセント、三月に一三パーセント下落。年末にはその価値の五分の二を失い、それまで世界最大だった株式市場は見る影もなかった。だが、ジョーンズの台本が正しかったのはそこだけではない。神業《かみわざ》とも思える正確さで、彼は東京市場が最終目的地にいたるまでの変動ぶりを言い当てたのである。過去の弱気相場のパターンをもとに、彼は一月の時点で、日経は下落したあと小さく反発すると予測した。そして、春になって日経225の動きが落ち着くと、大がかりなショートポジションから控えめなロングポジションへスイッチした。[25] この戦略は、商品トレーダーの柔軟さと、ジュリアン・ロバートソンのようなバリュー投資家の頑固さのちがいをよく表している。案の定、日経は五月に八パーセント上昇し、ジョーンズはまたしても利益を出した（この反発は一時的なものだと確信してはいたが）。

その月、一九九〇年の五月、ジョーンズは『バロンズ』からまたインタビューを受けた。同誌は東京市場が破滅へ向かっているという彼の一月の予言をたたえ、ジョーンズのほうは控えめに、一九八八年と八九年にも日本市場の暴落を予言したが、それは時期尚早《しょうそう》だったと回想した。もっとも、彼の技能の本質はまさにそこ――そうした予言をしても、それで実際に損を出さないというところにある。次にジョーンズは、相場は下落しながらも何度か反発するが、反発が期待外れに終わるたびにまた急落するという予測をくり返し述べた。理屈はこうだ。暴落の第一ステージで売却しなかった投資家は、損を取り返したいと熱望する。だが反発のたびに、それができるほどの規模ではないと知ってあきらめ、売り抜けるのである。当面、日本市場は軽めのロングだが、夏の終わりにはふたたびショートポジションをとるつもりだと、ジョーンズは言った。このタイミングは抜群だった。東京市場は七月から一〇月初めにかけて急落した。[26] その年、つまり一九九〇年、ジョーンズは主に東京での売買によって、八〇〜九〇パーセントの収益をあげた。

ジョーンズの本当の業績は、たんに日本市場の急落を予測したことではない。下落の途中で短い反発が何度かあると予測したことでもない。彼が本当にすぐれていたのは、予測上の確実性がなくても、可能性が高いから賭けてまちがいないという状況を見きわめる眼力《がんりき》である。一九八七年一〇月、そしてまた一九九〇年一月に、ウォール街と東京市場は回復していた可能性もあるが、その場合、ジョーンズはわずかな損失を出してショートポジションを脱していただろう。だが彼には、市場は上昇するよりも下落する可能性が高いことがわかっていた。そしてさらに、もし下落が起こったら、それは考えられるどんな反発よりもはるかに劇的なものになるとわかっていた。まるでジョーンズは、ふたつのイカサマが仕組まれたルーレットゲームをやるギャンブラーだった。まず、ルーレットには赤の数字がふたつ多いので、赤が勝つ確率は五〇パーセント以上である。また、赤が出たときの払い戻しは五倍なので、非常においしい勝負である。ジョーンズは自分が勝つと確証できる術を持っていたわけではない。でも、テーブルにチップを置くタイミングはわかっていた。

ジョーンズの成功事例の多くは、こうした眼力のおかげである。綿花取引所のフロアにいたころから、彼は他のプレーヤーのポジションを観察することの重要性を理解していた。大物投資家が現金のうえにふんぞり返っているのか、それともすでに思いきって資金を投じたのかを知っていれば、相場がどちらに動きそうかを見分けやすい。いかなる状況でもリスクとリワードのバランスを判断しやすい。ピットトレーダーは、ライバルたちが大声で注文を叫んでいるのが聞こえるから、彼らのポジションを知っていた。いったんフロアを離れると、ジョーンズは同じように市場に対する感触がつかめるよう、即興的にさまざまな方策を講じた。大手の機関投資家を顧客に持つブローカーに電話をかけ、現物ポジションをヘッジするために商品市場を利用する商社に連絡をとり、仲間のヘッジファンド・マネジャーと頻繁《ひんぱん》に話をした。投資家がコールオプション［将来一定の価格で「買う権利」］を買っているのか（だとすれば株価の上昇を見込んでいる）、プットオプション［将来一定の価格で「売る権利」］を買っているのか（だとすれば株価の下落を予想している）を示すデータをチェックし、年金・保険のポートフォリオに占める現金と株のバランスに関する報告書に目を通した。だが、他の投資家がどうしているかを知るだけでは不十分である。彼らがどうしたいのか――何が目的で、状況ごとにどう反応するのかを知る必要があった。日本のファンド・マネジャーが例の八パーセントのハードルをクリアすることにこだわっていると知っていれば、一月に相場が下がったら彼らが債券に乗り換えるだろうと予想がつくわけだ。

ジョーンズのやり方は、コモディティズ・コーポレーションで一般的だった心理的洞察の延長線上にあった。市場は思いもよらない行動に左右され、その結果、効率的市場論者の思い描く純粋なランダム性が弱まるということを、ジョーンズは理解していた。だが、それとは別のバイアス［人間の認知における偏り］要因にも彼は通じていた。もし投資家が心理的な理由から不合理な取引をしかねないとすれば、制度的な理由からも同じことをしかねない。心理的な要因と制度的な要因はときに融合する。たとえば綿花農家は、収穫した綿花の一部を売らないで必ず残しておく。価格がもっと上がるのを期待してのことだ。ところが年末になると、そうした心理的バイアスが制度的要因にぶち当たる。すなわち、そろそろ売らないと税務上不利になるという問題である。結果的に、あるパターンがあることにジョーンズは気づいた。毎年一二月になると、綿市場は売り注文の山と化し、翌一月になると復調するのである。[27] 綿花以外の商品市場にも同じようなゆがみが潜んでいた。子牛は母親のおなかに一年近くいるので、牛の供給は価格の上昇になかなか反応しない。その結果、供給が需要に追いつくには数カ月かかることもあり、牛先物の上昇トレンドは長きにわたる傾向がある。あるいは株式市場の例をとると、ダウ工業指数の銘柄は各四半期の最終金曜に値上がりする傾向がある。なぜなら、裁定トレーダー［同一商品の別市場における価格差を利用して利鞘稼ぎをするトレーダー］がその日、期限の切れる先物をヘッジするために空売りしていた銘柄を買い戻すからだ。

　制度的なゆがみの重視は、ジョーンズがいかにして相場に勝ったかを説明する助けになる。制度的要因を重んじたおかげで、彼は有利な価格を得られるとわかっている状況で売買することができた。取引の相手は売らざるをえない立場にあるからだ。効率的市場論者は、現在の価格には関連情報がことごとく反映されているため、投資家が株式や商品の将来的な動きを予測するのは難しいことを実証していた。だがジョーンズは、年末に綿花を売らざるをえない農家から、あるいは四半期ごとの最終金曜日に株を買い戻さざるをえない裁定トレーダーから、市場価格よりも有利な条件を勝ち取ることで、その理論を回避した。その意味で、ジョーンズの成功はスタインハルトのそれに似ていた。一九七〇年代から八〇年代にかけて、スタインハルトは大量の株を安く買うことができた。まとまった株を売却できるなら多少の割引はいとわない機関投資家が相手である。このような取引手法では、ジョーンズであれスタインハルトであれ、神のように将来の価格動向を予言する必要はない。ただ必要なときに流動性を提供するだけでよかった。

ジョーンズの成功にはさらなる要因があった。それは一九八七年のドキュメンタリーで示された向こう見ずなスタイルにも関連する。相場が突然に動きだすきっかけを探すのがジョーンズのやり方だとすれば、彼はときに自分自身がそのきっかけになろうとした。大量の売買で市場の反転を促し、みずからの台本を実現させるのである。このテクニックもやはり効率的市場理論の弱点をつくものだった。同理論では、たとえばフォードの株が割安であれば、一部の賢い投資家がフォード株を買い、効率的な水準まで価格を上昇させる。だが現実には、賢い投資家の財力には限界がある。合理的な価格に達するまでフォード株を買いつづける現金がないかもしれない。市場全体が振るわないときは、とくにそうなる可能性が高い。日本の株式バブル（あるいはドットコムバブル、住宅バブルでもいい）はおかしいとわかっていても、それをしぼませるに足る逆張りをするための借金ができない。だから逆張り投資家《コントラリアン》の力には限界がある。だから相場がトレンドを持ち、バブルが起こる。

　アンドレイ・シュレイファーとロバート・ビシュニー［いずれも米国の経済学者］が「裁定の限界」と呼んだこの考え方は、ジョーンズが直感的に知っていたチャンスを暗示している。相場はファンダメンタルな価値から乖離《かいり》することがある。投機家にはその流れを止める力がなく、トレンドは合理性の限界を超えて進みつづける場合もある。だが、あなたにもし他のトレーダー以上の勇気と武器があれば、市場を奇襲し、夢遊病から目覚めさせることができる。そして、あなたが新たなトレンドの火つけ役なのだから、あなたがまずそこから利益を得ることになる。

　市場への奇襲はいってみればジョーンズの専売特許だった。彼はコットンピットのカウボーイたちがライバルに不意打ちを食わせるのを目にしていたが、この戦術を数々の市場で展開したのはたぶん彼が初めてだろう。フロアに立たない「アップステアーズ・トレーダー」のほとんどは、複数のブローカーを通じてばらばらに注文することでポジションを隠そうとしたが、ジョーンズは、できるだけ目立つほうが奏功《そうこう》する場合もあると知っていた。[28]

　ドキュメンタリーのなかで、ジョーンズはＯＰＥＣの原油産出削減合意を懐疑的にとらえる。理論上は、産出量が減れば価格が上がるので、ＯＰＥＣのアナウンスにより原油価格の上昇トレンドが始まる。でもジョーンズは、OPEC加盟国が産出量割当の削減を守ることなどめったにないと知っているから、上昇トレンドは現実に根差していないと考える。では、その根拠のない流れをどうやって反転させ、利益を得るのか？

最初のうち、ジョーンズは静かに行動する。小さな売り注文を何度も出し、自分の意図が悟《さと》られないようにする。ショートポジションを築いているあいだに上昇トレンドが止まっては元も子もない。だが、こうしたステルス作戦が終わると、いつもの荒々しいカウボーイスタイルにスイッチする。今度は、けっこうな売りが入っていることを市場に知らしめなければならない。市場を恐れおののかせたいのだ。

「一〇〇〇だ！」と彼はブローカーに叫ぶ。「いや、一五〇〇だ！　目にもの見せてやれ！　まだまだ終わりじゃないと言ってやれ！　行け行け！　まだまだあるぞ！」

こうして市場に揺さぶりをかけたら、石油商社の友人に電話をかけ、原油相場の勢いが止まったかどうか探りを入れる。ピットトレーダーなら同じように敵のようすを探るだろう。しばらく話をしてから、ジョーンズは電話を切る。

「『やつら、めちゃくちゃ売りやがった』だとさ」ジョーンズはいかにもうれしそうだ。「商社の連中は何も気づいてない」。ここで彼はいわくありげにまばたきし、自分の胸のあたりを大袈裟に指差す。「こりゃなおさら好都合だ。合意そのものがダメになりそうなのを知っている、どこぞの無茶なアラブ人の仕業とでも思ってくれないかな」[29]。思惑どおり、ジョーンズの奇襲攻撃はうまくいき、原油価格は下落に転じた。台本実現のきっかけを待つのではなく、きっかけをつくることに彼は成功したのである。

一九八七年の春、ジョーンズは銀に目をつけた。金がすでに反発しており、銀はこれに続くのが普通だった。そのうえ、主な鉱山の採掘が止まるかもしれないとの噂もあった。三月のある早朝、ジョーンズは彼のヒーロー、ジョージ・S・パットン将軍ばりの挟《はさ》み撃ち作戦に出た。まず、フロアトレーダーから銀の先物を買い占め、彼らの手元に何も残らないようにする。次に四つのディーラーから銀の現物を買う。まもなく、これらのディーラーはジョーンズが考えたとおりの行動を起こした。彼らは金がすでに反発し、銀もそれにならいそうだとわかっているので、在庫を切らしたくない。そこですぐに銀取引所に電話を入れ、何分か前にジョーンズに売ったぶんを取り返すだけの買い注文を出す。ところが彼らは驚かされることになる。いつもなら銀の先物を売ってくれるはずのトレーダーが、チューダー・インベストメントに全部売り切っていたからだ。一方、トレーダーのほうもジョーンズの台本どおりに動く。ディーラーから急ぎの買い注文があったため、供給停止の噂が現実のものになったと考え、ジョーンズに売ったばかりの契約をあわてて買い戻そうとしたのだ。大混乱が生じるまでにはさほど時間がかからなかった。ジョーンズのせいで品不足を起こした投機家とディーラーは、価格上昇への自衛策を講じようと焦《あせ》り、その過程でさらに価格を押し上げた。市場反発のタイミングを感じ取り、それを図太く後押しすることで、ジョーンズはまんまと勝ち逃げしたのである。[30]

だからといってジョーンズが市場に対する無限の支配力を持っていたわけではない。彼はかつてこう告白している。「どんな市場にもどんぴしゃのタイミングで入っていける。上向きの推進力を少し加えてやれば、強気相場の幻想をつくり出すことができる。でも、市場が本当に健全でなければ、私が買うのをやめた瞬間に価格はすぐ下がってしまう」。[31] ジョーンズ自身は相場に対する支配力に限界があることを強調しようとしたものの、その実力は否定しようがなかった。短時間とはいえ相場を動かすことができるという事実は、それだけで画期的だった。ジョーンズはまるで雪が降ったばかりの山の頂にいる少年だ。大量の粉雪がいまにも斜面を崩れ落ちようとしていたら、そこに石を投げ込んで、お金の雪崩《なだれ》を引き起こすことができた。もちろん、本人が言うように、ファンダメンタルな経済要因に逆らって市場を動かすことはできない。それは山頂の少年が雪を上向きに動かせないのと同じである。しかし、雪崩を起こせるというのはすごい能力である。市場がそろそろ動きそうだと判断できれば、ジョーンズは自分の好きなときに連鎖反応を引き起こし、そこから最初に利益を得ることができた。

雪崩を起こす力は、大きな取引のリスクをいとわない姿勢の反映だったが、ジョーンズの評判もそれに劣らず大きかった。荒くれカウボーイが登場すると、人々は彼が市場を動かすものと考えた。そしていつのまにか、それが実現するように行動した。規模と評判が高まれば高まるほど、ジョーンズの力は大きくなった。どんなに流動性が高い市場でも——。たとえば一九八〇年代の後半、米国債先物はふつう五〇〇〇万ドル単位で取引されていたが、ジョーンズはときおりその倍の規模の注文を出し、トレーダーたちにパニックを引き起こした。[32] 一九九〇年代前半のS&P500指数先物の大物トレーダー、ジェームズ・エルキンズは、ジョーンズが及ぼした効果について次のようにふり返っている。「彼が市場に入ってくると、ピット全体がびくびくしたものです。こちらのほうが規模が大きいかもしれないのに、評判が評判なので、彼が参入するとすべてがおかしくなりました。みんなが過敏に反応したのです」[33]

まだコットンピットにいる時分から、ジョーンズは市場が心理学に影響されることを理解していた。つまり、一九八〇年代後半以降の行動ファイナンス［心理学の成果を取り入れた経済学。行動経済学ともいう］に関する学術的発見を予見していた。一方で彼は、市場には制度的な思いがけないクセがあることも了解していた。この点では、(効率的市場仮説の数多くの欠陥を生み出した) 税目的の売買に関する学術的文献を予見していた。だが、ジョーンズならではの最大の強みは、市場を知っていることではなく、己を知っていることにあった。自分の取引が他人の計算をどのように狂わせ、連鎖反応による利益をもたらすのかを、彼は理解していた。

ヘッジファンドの規模が大きくなればなるほど、ジョーンズの知見の影響も大きくなった。著名なヘッジファンド・マネジャーのところへ多額の資金が流れ込むにつれ、もはや原油や銀のトレーダーだけが用心すればすむという状況ではなくなった。一九九〇年代以降、ヘッジファンドはあらゆる種類の市場を動かせる規模になったのだ。その力は政府をもしのぐ可能性があった。

第七章

ホワイトウェンズデー

――ソロス＋S・ドラッケンミラー対イングランド銀行

一九八八年の秋、スタン・ドラッケンミラーはソロス・ファンド・マネジメントに加わることに同意した。友人たちは「きみの将来をソロスに託すな」と忠告してくれたが、ドラッケンミラー本人は一年もせずに追い出されるだろうと半ば覚悟していた。[1] ソロスは「ドラッケンミラーこそ私のファンドを継ぐべき天才だ」と何度も誘いをかけていた。だが、前例を見れば、実際には権限を譲りそうにもなかったから、ドラッケンミラーはソロスの言葉をどの程度信用していいのか判断がつきかねた。新しい仕事を始める前日、ドラッケンミラーは偉大なるボスが週末を過ごすサザンプトン［英国南部の都市］の家を訪れた。前庭の芝生にソロスの息子のリチャードがいた。「おめでとう」と声がかかる。「父にとって九番目の永続的な後継者ですよ」[2]

ソロスとドラッケンミラーは生活様式が正反対だった。ソロスの趣味が哲学書の執筆だとすれば、ドラッケンミラーの趣味はスリー・リバース・スタジアムでピッツバーグ・スティーラーズ［米国ペンシルバニア州ピッツバーグに本拠を置くアメリカンフットボールのチーム］の試合を見物すること。でも投資家としては、ふたりはぴったりの組み合わせだった。ふたりとも「銘柄選定文化」の出身だったが、ふたりともそれにこだわってはいなかった。

ドラッケンミラーはピッツバーグ・ナショナル・バンクの株式アナリストとしてキャリアをスタートさせたが、昇進が早かったせいで、株の専門家なら当然使えるはずのツールをマスターできなかった。弱冠二五歳で調査ディレクターとなり、現場で企業のバランスシートを分析することに十分な時間を費やせなかった。[3] それよりむしろ、彼の強みはさまざまな分野を組み合わせる力量にあった。株式のセンスが確かなだけでなく、通貨や金利に対する感覚も鋭かった。これは一時期、経済学の博士課程に通っていたせいである（その後、象牙《ぞうげ》の塔は自分に似合わないと判断したのだが）。ある同僚が感心して述べたように、ドラッケンミラーは経済学者以上に株式市場を理解し、銘柄選択者《ストックピッカー》以上に経済学を理解していた。お金になる資質だった。株をフォローし、企業のエグゼクティブと頻繁に話をすることで、ドラッケンミラーは景気動向に関する警告を事前に察知し、それが債券や通貨に対する彼の見方に影響を与えた。また、景気をフォローすることで、彼は株式情勢に関する警告を事前に察知した。通貨が下がっていたら輸出株が買い、金利が上がっていたら不動産デベロッパーが空売りどき——という具合である。

企業と景気に対する感性に加えて、ドラッケンミラーには三つ目のスキルがあった。テクニカル分析［現在までの値動きに基づいて将来の値動きを予測する手法。企業の業績や証券の本質的価値は考慮しない］である。ピッツバーグでの最初の上司がチャートを研究していたこともあり、ほとんどのストックピッカーが「こんなパターン認識などまじないのようなものだ」と見下していたにもかかわらず、ドラッケンミラーはそれが使えるとすぐに考えた。株や債券が過大評価されていると告げるファンダメンタル分析を行うのと、相場がいつ修正されるかを知るのはまったく別のことであり、チャートがその答えのヒントになった。テクニカル分析によって、ドラッケンミラーは「市場の波に注意せよ」「ポール・チューダー・ジョーンズの機敏性とジュリアン・ロバートソンの銘柄選定の巧みさを組み合わせよ」と教えられた。彼は一九八七年の大暴落を生き延び、その後の時代にたんまり稼いだ。純粋な株式出身マネジャーにそんな人間はいない。たとえソロスであっても――。

ピッツバーグ・ナショナル・バンクに在籍して四年たったころ、ドラッケンミラーはニューヨークで講演をしたことがある。それを聞いて感銘を受けた聴衆のひとりが、彼に声をかけた。「銀行にいらっしゃる！　銀行でいったい何をされてます？」

しばらく話を交わしたあと、その人物が言う。「ご自身の会社をおこされてはどうですか？」ドラッケンミラーには十分な資本の後ろ盾がなかったが、相手は譲らなかった。「おたくとしゃべるだけで月一万ドル払いましょう」[4]

それで一九八一年二月、二八歳のとき、ドラッケンミラーはデュケーヌ・キャピタル・マネジメントを立ち上げ、進取のマクロトレーダーとしてのスタイルに磨きをかけはじめた。企業と景気に対する観察眼にチャート分析を組み合わせて、自由闊達《かったつ》なポートフォリオをつくり上げた。四年後、投資信託会社ドレイファスの目にとまり、デュケーヌを経営しながらいくつかのファンドを運用するよう誘いを受ける。あるファンドは三カ月もせずに業績を四〇パーセント伸ばし、この若手マネジャーをウォール街の有名人にした。一九八七年に『ソロスの錬金術』が出版され、ファンダメンタルとテクニカルを組み合わせたソロスの手法が公になると、ドラッケンミラーはこの大物のスタイルが自分に似ていることに気づいた。ふたりはソロスのオフィスで昼食をとりながら会談し、すぐに意気投合した。この最初の会合が終わるころには、ソロスはドラッケンミラーに「うちに来ないか」とさっそく誘いをかけていた。

最終的にドラッケンミラーは誘いを受け入れたわけだが、最初のうちは、ロバート・ソロスの芝生のうえでの冷たい歓迎も根拠がないことではないように思えた。「永続的な後継者」としての何人かの先達を含め、クォンタム・ファンドのアナリストはこの新しい王位継承者とことごとくぶつかった。ドラッケンミラーの体格が、彼が日曜になると観戦するフットボールの選手並みだったにもかかわらず。さらに悪いことに、ソロスはドラッケンミラーをS&P500のスペシャリストと見なした。株式以外に債券や通貨も扱ってきたにもかかわらず。一九八九年八月のある夜、ドラッケンミラーはピッツバーグへ飛び（そこではデュケーヌをまだ続けていた）、クォンタムで自分の債券のポジションがいつのまにか売り払われていたことを知った。彼はソロスに電話をかけ、感情を爆発させた。あとになってからとやかく言うような上司と、うまくやっていけるわけがない。[5]

「あなたがいると息苦しい」ドラッケンミラーはソロスに怒鳴っていた。「僕はおどおどしているし、満足もしていない。自分の力を精一杯発揮できていると思えないからです」

「やめさせてください」彼はついに言った。

ここでクォンタムを去ることになっていても、おかしくはなかった。しかし、この電話がきっかけで、それまでになかったほど大きなギャンブルの成功がソロスにもたらされるのである。

「やめるな」とソロスは応じた。「私がやめる」

クォンタムの資金の大部分を保有しているとは思えないほどの冷静さで、ソロスは家族をロンドンに移した。「私はヨーロッパへ行く」実際にそこへ向かう道みち、彼はドラッケンミラーに言った。「私がきみの邪魔をしていただけなのか、それともきみが本当に無能なのか、これでわかるというものだ」[6]

それから数カ月、ソロスは自分のギャンブルの結果に十分満足することができた。ベルリンの壁が崩壊し、ロンドンに移った彼は東ヨーロッパでの慈善活動に心おきなく専念した。一方、壁の崩壊はドラッケンミラーにとって都合のよい市場の混乱を生み、驚くべき利益をもたらしつづけた。一九八九年の三一・五パーセントを皮切りに、その後四年間のリターンは二九・六パーセント、五三・四パーセント、六八・八パーセント、六三・二パーセントを記録。ある同僚いわく、まるで次から次にヒットを飛ばす、六〇年代半ばのボブ・ディランのようだった。[7]クォンタムの資産は一八億ドルから五〇億ドルに増え、ソロス・ファンド・マネジメントは旗《き》艦《かん》ファンド以外にも新しいファンドを開設。一九九三年末には、運用総資産が八三億ドルに達した。[8]

ソロスには自分の幸運を認識するだけの分別《ふんべつ》があった。かつてドラッケンミラーが感情を爆発させたことを教訓に、彼の名誉を傷つけることがないよう気をつけた。永続的な後継者を探していたソロスにとって、これだけ有能な人間を見つけられたのは運がよかった。一九九〇年代を通じて、ソロスはこの若者のコーチ役を務めた。質問をしたりアドバイスを与えたりしたが、引き金は本人に引かせた。自分自身の投資がしたいという願いを満たすため、ソロスは自分専用の資本を別途確保した。でも実質的に、ドラッケンミラーがクォンタムの資金の大部分を支配していた。[9]マスコミがクォンタムの成功をあくまでソロスのせいにするとしたら、それはひとつには、ソロスがマスコミのまちがいを正そうとしなかったためであり、ひとつには、ドラッケンミラーがソロスとは対照的に、スポットライトを浴びるのを毛嫌いしたためである。[10]

ソロスがロンドンに移った瞬間から、ドラッケンミラーのアプローチはコーチのそれの延長線上にあった。彼は『ソロスの錬金術』の教えを吸収し、二年間、ソロスとつねに話をしてきた。彼の手法についてはなんでも学んできた。ソロスのやり方にならって、ドラッケンミラーはクォンタムの資本を株式のロング・ショートに投資し、借り入れた資本でS&P500の先物、さらには債券と通貨を売買した。また、これもソロスのやり方にならって、企業の現場で起こっていることが景気動向をめぐる早期警戒シグナルを提供してくれると考え、企業の幹部たちとこまめに連絡をとった。ドラッケンミラーは、チャンスがあれば両手でこれをつかみにいった。弟子が師匠から学んだことがひとつあるとすれば、それはしかるべきタイミングがきたら、持てるものすべてをつぎ込めということである。[11]

ソロスが家族といっしょにロンドンに引っ込んでからまもなく、ベルリンの壁の崩壊がそのタイミングをもたらした。喜びにわく東ドイツ市民が、雇用や社会保障を求めて、自由で裕福な西ドイツに殺到。それにともなうコストが、ドイツ政府を大幅な財政赤字に陥《おちい》らせるのはまちがいなさそうだった。ほかの条件が同じなら、財政赤字はインフレに火をつけ、通貨の価値を損なう。この理屈をふまえて、トレーダーたちは壁の崩壊後にドイツ・マルクを売りまくり、マルクはドルに対して値を下げた。だが、ドラッケンミラーの見方はちがった。彼は『ソロスの錬金術』がレーガン政権初期の財政赤字についてふれたくだりを思い出した。その当時、財政赤字はドルを弱めるどころか、間接的に強めていたのである。[12] なぜなら、レーガンの財政緩和政策が連邦準備制度理事会（ＦＲＢ）の金融引き締め政策によって相殺《そうさい》されたからだ。高金利のせいで投資家は資金をドルで保有しようとし、その結果、ドルが強くなった。ドイツも同じパターンをたどるとドラッケンミラーは考えた。財政緩和に押されてドイツのタカ派的な中央銀行が金利を引き上げ、ドイツ・マルクは反発するにちがいない。そこで壁の崩壊後、彼はドイツ・マルクをがむしゃらに買い求め、数日間で二〇億ドルのポジションを購入した。翌年、マルクはドルに対して二五パーセント上昇した。[13]

この取引のすばらしさは、それがポール・チューダー・ジョーンズ的な知見に基づいている点である。すなわち、市場の他のプレーヤーを理解すれば、リスクとリワードの比率がきわめて魅力的な取引を特定することができる。ジョーンズが得意だったのは個人トレーダーのポジションを見きわめることだったが、ドラッケンミラーの相手はもっと大がかりで魅力的だった。そう、政府の出方を理解するのである。なかでも中央銀行の動きは注目に値した。彼らの意図はっきりしていることが多かったし（たとえばドイツ連邦銀行はインフレと闘う決意を隠そうとしなかった）、彼らの行動は市場を動かす可能性がある。一九八九年一一月、ドラッケンミラーにとっては、ドイツ連邦銀行が金利を引き上げそうだというだけで十分だった。この事実ひとつだけでも、利益を生むトレンドを引き起こしてくれるだろう。[14]

このドイツ・マルク取引のおかげで、一九九〇年のクォンタムの収益率は二九・八パーセントに達した。だが、これはほんの序章にすぎなかった。二年後、ドラッケンミラーは自身のキャリアのなかで最大のクーデターを起こして、ヨーロッパの金融秩序を壊滅させ、グローバルファイナンスの旗手としてのヘッジファンドの立場を確かなものにしたのである。

ドイツ統合の恩恵は、ドイツ連銀が予測可能な行動をとってくれたことだけではない。東西統合により、ドイツ・マルクを支えると同時に欧州為替相場メカニズムを支えるという、この中央銀行の矛盾した役割があぶり出された。欧州為替相場メカニズムはヨーロッパの通貨変動を和《やわ》らげるために一九七九年に設定され、そのおかげで企業は、為替レートの大変動でビジネスモデルが成り立たなくなる心配をせずに投資や取引ができた。同メカニズムは一〇年以上うまく機能し、通貨統一という方向へ進まずとも各国の通貨を安定させた。参加する通貨は狭い範囲で互いに変動することが許されたが、その柔軟性が十分でないときは、通貨の切り下げ［自通貨の他通貨に対する交換比率（価値）を引き下げること］について関係各国と協議することができた。こうしたルールは、金利を使って景気循環を管理する余裕を各国政府に与えた。為替レートの安定、金利の柔軟性という目的のバランスがとられたのである。

ドイツ統一はこの妥協を難しくした。ドイツ国内ではインフレ圧力が高まり、ドイツ連銀は金利の引き上げを余儀なくされた。だがそのころ、ヨーロッパの他国は景気後退のさなかで、金利の引き下げを必要としていた。ドイツの高金利と他国の低金利が相まってドイツ・マルクに資金が流入した結果、弱いヨーロッパ通貨、なかでもイタリア・リラとイギリス・ポンドは為替相場メカニズムが認める範囲の下限近くで取引され、いまにもその枠からはみ出しそうなあんばいだった。ヨーロッパの各国政府には選択肢がふたつあった。（高金利目当ての）流入資本を減らすためにドイツが金利を下げ、イタリアとイギリスがその逆を行う。あるいは、中央銀行が通貨市場に介入してマルクを売り、リラとポンドを買う。金利調整と通貨介入がどちらも失敗すれば、イタリアとイギリスは通貨を切り下げざるをえない。

一九九二年の夏、ドラッケンミラーはこの緊張した情勢について考えをめぐらせはじめた。彼がとくに注目したのはイギリスである。クォンタムの若手ポートフォリオマネジャー、スコット・ベセントが変動の激しい同国の住宅部門について研究し、いくつかの銘柄を空売りしていた。イギリスの住宅ローン金利はふつう固定されていない、とベセントはドラッケンミラーに指摘した。イングランド銀行が金利を上げると、家計はたちまち苦しくなる。この連動性があるため、ドイツの高金利はイギリスをとりわけ苦境に陥れるだろう。もしイングランド銀行がポンドの地位を守るために金利を上げれば、それはローン債務者をただちに直撃し、すでに不況の渦中にあるイギリスで消費を落ち込ませてしまう。

ドラッケンミラーはそこに、どう転んでも損をしそうにない投資のチャンスをかぎとった。イギリス当局は金利引き上げに二の足を踏み、ポンドの価値が下がってもやむなしと考える公算が高かった。他方、ポンドがドイツ・マルクに対して値上がりする可能性はほとんどなかったし、自国の景気が低迷するなか、イングランド銀行も必要以上に金利を引き上げることはまずない。この非対称的な投資機会に乗じて、ドラッケンミラーはマルクを買い込み、ポンドを売却。八月が終わるころにはこのポジションに一五億ドルを投じていた。[15]

ここまでのポンド取引では、ドラッケンミラーの三つのスキルが使われた。第一に、景気動向を占う情報源として株式調査を大切にすること。ソロスと同じように、だがコモディティズ・コーポレーションの三人組とはちがって、ドラッケンミラーは景気動向の前ぶれとして企業の業績に着目した。第二に、通貨と金利を理解すること。ソロスと同じように、だがジュリアン・ロバートソンとはちがって、ドラッケンミラーは株式トレーダーであると同時に、他の金融商品にも精通していた。そして最後に、リスクの少ない投資機会を生む制度的要因に目を光らせること。日本のファンド・マネジャーが年八パーセントのハードルレートを課されているために生じる非対称的な投資機会をポール・チューダー・ジョーンズが見逃さなかったように［223ページを参照］、ドラッケンミラーはイギリスの変動住宅ローン金利の重要性を把握していた。だが、ポンド投資の次なるステージでは、これらとはちがう才能が発揮された。ドイツ連銀につきまとう圧力をはじめとして、ドラッケンミラーはヨーロッパの「金融政治」を理解しなければならなかった。

ヒトラーの台頭を後押ししたハイパーインフレ以来、ドイツは金融の安定を重んじてきた。米国のFRBは、低インフレと完全雇用の両方をめざすことが法律で義務づけられているが、ドイツ連銀のミッションはインフレとの闘い、その一点であった。したがって、東西統一のコストが財政赤字をもたらすかぎり、ドイツが本能的に金利引き下げを拒むのは明らかだった。そしてドイツが強硬な姿勢を崩さなければ、ポンドへの圧力はますます高まるだろう。ただし、政治的な理由でドイツ連銀が態度を軟化させる可能性は少なくともあった。その少し前の一九九二年二月に、ヨーロッパではマーストリヒト条約が調印され、統一通貨ユーロの創設が構想されていた。ドイツ政府はこの計画を支持していた。インフレとの闘いに熱中するあまりヨーロッパの金融秩序を崩壊させるようことがないよう、慎重に検討しなければならない。

ドラッケンミラーが最初にポンド売りをしかけたときは、ドイツ連銀が反インフレという伝統的なスタンスと、ヨーロッパに対する責任のどちらをとるかは定かでなかった。だが、ドイツの意図はやがてはっきりした。一九九二年九月四日と五日、欧州共同体の財務大臣と中央銀行首脳がイギリスのバースという美しい街に集まった。ノーマン・ラモント英財務相は、イギリスの金利引き下げの余地をどうにかつくろうとして、また同じく不況に苦しむイタリアとフランスの財務大臣にもそそのかされて、ドイツの金融緩和をくり返し要求した。テーブルを拳《こぶし》でたたき、ドイツ連銀のヘルムート・シュレジンガー総裁に訴えかける。「ここにいる一二人の財務大臣全員が貴国の金利引き下げを求めています。応じられてはいかがか？」

動揺したシュレジンガーは、本能的にその場を立ち去ろうとした。彼はドイツ連銀の独立性を重んじていた。そのためにキャリアを捧《ささ》げてきたといってもよい。政治的圧力、なかでも外国からのそれを嫌った。ようやく冷静さを取り戻すと、シュレジンガーは意を決して言った。金利を下げる予定はないが、金利を上げる理由も見当たらない、と。ラモントはこの発言に飛びつき、ドイツが譲歩したとマスコミに流した。もっとも、金利が上がるとはだれも思っていなかったのだが。[16]

ラモントの行き過ぎた行為はその後も数日にわたってくり返され、シュレジンガーを激怒させた。シュレジンガー総裁は、自分が連銀の独立性を傷つけたという印象を正さなければならないと考えた。九月八日、バーゼルでの中央銀行首脳会合のあと、シュレジンガーは金利の先行きについて何も保証できないと公式に宣言した。周辺国に配慮して金融政策を変更すると認めるどころか、欧州通貨どうしの安定した関係に信頼を持てないと警告したのである。その点を強調するかのように、彼はとくにイタリア・リラに関する不安をほのめかした。

シュレジンガーの発言を聴衆として聞いていたのが、ほかでもないジョージ・ソロスである。ドイツ連銀総裁の言ったことを正しく理解したかどうか確かめたくて、ソロスはシュレジンガーのスピーチが終わると彼に連絡した。ヨーロッパの調和にドイツがどれだけ貢献しようとしているのかを知ろうと、ソロスは欧州通貨単位（ＥＣＵ）についてどう思うかとシュレジンガーに尋ねた。ＥＣＵとはユーロに先立つ概念上の欧州共通通貨である。シュレジンガーは、欧州通貨の概念には賛成だが、「ＥＣＵ」という名前は好ましくないと答えた。きっと「マルク」と呼びたかったのだろう。

シュレジンガーの答えはソロスにとって願ってもないほど明快だった。[17]ドイツ連銀は通貨統一という考え方には寛容だが、ぜがひでもというわけではない。何よりも大事なのは、インフレに対抗するドイツ・マルクという誇りある伝統を守ることであり、それが示唆《しさ》する引き締め政策を他国が受け入れられないのであれば、そのときは彼らが通貨を切り下げなければならない。シュレジンガーはインフレをめぐる自分の強硬姿勢が欧州の通貨統一計画に痛手を与えたことに満足しているのではないか、とソロスはかんぐった。なぜなら、統一通貨誕生のためには、ドイツ連銀に取って代わる欧州中央銀行の設立が必要になるからだ。[18]あらゆる官僚機構を動かすのは自己防衛の本能だ、とソロスは考えた。そしてドイツ連銀のキャリア官僚、シュレジンガーはまさにその典型である。いくぶん興奮気味に、ソロスはニューヨークのドラッケンミラーに電話をかけ、リラが下落に向かうと話した。ドラッケンミラーはさっそく、手持ちのポンドのショートポジションにリラのショートポジションを追加した。[19]

ソロスはニューヨークに戻ると、バンカース・トラスト［米国有数の金融企業だったが、一九九八年ドイツ銀行に買収される］からソロス・

ファンド・マネジメントに移ろうとしていた通貨の専門家、ロバート・ジョンソンに電話した。ソロスはリラの下落を確信していたが、いまはさらにその先を見ていた。たぶんヨーロッパのゲームのルールは変わりつつあるのだ。

「ポンドについてどう思う？」とソロスは訊いた。

「直接お目にかかったほうがよさそうです」とジョンソン。バンカース・トラストはトレーダーの会話を録音していたので、彼は電話で話すのをためらった。

ジョンソンはタクシーで、七番街八八八番地にあるソロスのおんぼろオフィスへ行った。絨毯《じゅうたん》にはダクトテープが貼られ、ドラッケンミラーのデスクのわきに二台のスクリーン。ジョンソン、ソロス、ドラッケンミラーは小さな会議用テーブルを囲んで座った。

ソロスがジョンソンに「ポンド空売りのリスクを教えてほしい」と言う。

「ポンドは流動性が高いので、いつでもポジションを抜けることができます」とジョンソンは答える。「損をしても〇・五パーセントかそこらでしょう」

「得するとしたら？」とドラッケンミラーが訊く。

「うまくいけば一五から二〇パーセントかな」とジョンソン。

「その可能性はどれくらい？」とドラッケンミラーがせかす。

「三カ月間で九〇パーセントくらい」

ソロスとドラッケンミラーは互いに見つめ合った。ゆっくり腰かけてなどいられなかった。[20]

「きみのファンドではどのくらい行くんだ?」とソロスが尋ねる。ジョンソンがバンカース・トラストで運用しているポートフォリオのことだ。

ジョンソンはレバレッジをきかせてこの機に乗じることをにおわせた。資本の三倍から五倍は借りるらしい。

「なんてこった」とドラッケンミラーが間をおかずに言った。両目を見開き、大きな体を緊張させている。ダンクシュート前のバスケットボール選手のように大きく息を吸う音が聞こえてきそうだ。

「彼らが持っているのは二二〇億ポンドぽっちです」とジョンソンが続ける。およそ四四〇億ドルである。クォンタムがポンドを売るとしても、それができるのは買い手がいるあいだに限られる。シュレジンガーの発言を考えれば、民間の買い手はほとんど残っていないだろう。主な買い手はイングランド銀行など、ポンドを支えようとする中央銀行だ。イングランド銀行に手持ちの資金がなくなったら、それ以上の空売りはできない。つまり四四〇億ドルがリミットである。

「一五〇は行けるかな」とドラッケンミラーは言った。つまり、ポンドのポジションを現在の一〇倍にはするということだ。[21]

「彼らはどれくらい持ちこたえると思う?」とソロスが訊く。

せいぜい数カ月、とジョンソンは見積もった。

するとドラッケンミラーはスコット・ベセント［クォンタムの若手ポートフォリオマネジャー］を電話会議で参加させ、意見を求めた。ベセントはジョンソン以上に踏み込んだ。イギリス政府に金利を上げるつもりはない。不況の悪化かポンド切り下げかの選択を迫られれば、英政府は切り下げを選ぶだろう。[22]彼らは意外に早くポンドを見放すのではないか。

　ジョンソンはある種の予感を胸に会議の場を去った。ふたりの男のエネルギーのほとばしりを感じることができた。そのときがくれば、彼らはイギリス・ポンドを破壊することだろう。[23]

　その後の数日間は、政府と市場との関係の転換点になった。金融の大きなうねりがヨーロッパ全土を襲い、マンハッタン中心部のトレーダーたちがいかにグローバルな影響力を持つかを実証した。ドラッケンミラーとソロスはこのドラマの主役だったが、ほかにも主役はいた。コモディティズ・コーポレーションの三人組をはじめ、通貨を扱う他のヘッジファンドもヨーロッパの弱い通貨への攻撃に参加した。銀行のトレーディングデスク、多国籍企業の財務部門も同じである。一九七〇～八〇年代までは、こうした民間プレーヤーが力のある中央銀行を圧倒できると考える者はだれもいなかった。八五年のプラザ合意は、為替レートに対する政府の支配力を裏づけている。だが八〇年代の半ば以降、国境を越えた資金移動はほぼ三倍になっていた。[24]いまやヘッジファンドをはじめとするプレーヤーが多額の資金を意のままにし、勢力バランスを一変させていた。一九九二年八月、ジョージ・H・W・ブッシュ政権は一八の中央銀行によるドルの協調購入を画策した。だが、すでに多くの民間資本が通貨市場に入り込んでおり、中央銀行が力を合わせてもドルを動かすことはできなかった。[25]

九月の初め、中央銀行の無防備さを象徴するできごとがヨーロッパで相次いだ。ドラッケンミラー、ソロス、ジョンソンの会話と同じように、トレーダーたちもお互いの会話のなかで、ドイツ・マルクを実質的な基軸とする不景気でぼろぼろになった経済システムは、もはや風前《ふうぜん》のともしびだと確認しあっていた。九月八日火曜日、シュレジンガーがドイツの金利について何も約束できないと宣言したその日、投機売りの波がフィンランド中央銀行を襲い、同国政府はECUへのペッグ［自国通貨の為替レートを特定の通貨に連動させること］を断念せざるをえなくなった。フィンランド・マルッカはその日、一五パーセント近く下落。トレーダーは即座に利益をあげ、次なる獲物を物色した。水曜日にはスウェーデンが標的にされたが、同国は翌日物金利を異例の七五パーセントに引き上げることで、どうにか資本を呼び戻すことができた。次に「電脳投資家集団」が襲いかかったのは、イタリア・リラである。同国の金利は一五パーセント——ふつうなら資本流出を防ぐのに十分な水準だったが、通貨市場の限りない成長はそれまでの常識を覆《くつがえ》してしまった。つまりイタリア・リラは、非対称的な投資ターゲットにされたのである。トレンドは「乗るならいまだ」とテクニカルトレーダーに告げていた。賢い投機家は、イタリア当局がいくらじたばたしてもこの波を止めることはできないと直感した。九月一一日金曜日には、リラは為替相場メカニズムが認める下限を突破。その週末、イタリアは同国通貨の切り下げについて協議した。

リラの崩壊はとくに深刻だった。フィンランドは欧州為替相場メカニズムの正式なメンバーではなかったため、投機家に目をつけられても、ヨーロッパ他国の中央銀行の助けを期待することはできなかった。だが、イタリアの場合はちがう。リラの切り下げは、同メカニズムのメンバーが市場で大量の流血を余儀なくされた初めてのケースだったのだ。[26] メンバー国のイタリアはあの強大なドイツ連銀からの支援を受ける資格があり、実際、同行は切り下げ前の週に二四〇億マルク（一五四億ドル）という未曾有《みぞう》のリラ買い介入を行っている。[27] しかし、リラの投機売りはドイツ連銀の介入をものともせず、トレーダーはまたしても投資を回収した。

リラの下落後も、ヨーロッパ各国の当局者はこの新しい秩序を受け入れあぐねていた。九月一二日土曜日、イタリアが同国を訪れているドイツ当局者と切り下げについて協議しているあいだ、英財務相ノーマン・ラモントは、まるで問題など何も起こっていないとでもいうように、当初のスケジュールどおりに行動した。その夜は、ロンドンで開かれるクラシック音楽コンサート「BBCプロムス」の最終夜に出席し、「ルール・ブリタニア〔英国の愛国歌〕」を高らかに歌った。[28] リラの運命を知ると、ラモントは財務省のアドバイザーを翌日の朝食会に招集した。でも彼らは――クロワッサンをほおばりながら――差し迫った危機に直面しているとはまだ思っていなかった。実際、この朝食会を報じたイギリスのあるマスコミは、ラモントが「得意満面」だったと書いている。リラ切り下げにともなう取り決めのひとつとして、ドイツ連銀は〇・二五ポイントの金利引き下げを約束していた。そうすればポンドも上がるかもしれない。

当時の一般的な受け止め方を考えれば、ラモントの脳天気さも不思議ではない。金融アナリストやジャーナリストは、イタリアとイギリスはちがうと主張していた。かたや、欧州一無秩序な富裕国。かたや、国家の経済を変革した保守党が政権を握る国。イングランド銀行は八月来、ポンドに対する市場圧力をうまくかわしていたし、九月三日には、電脳集団に対する新たな武器を急場しのぎで調達した。すなわち、ヘッジファンドが借金して通貨を攻撃するのと同じように、イギリスは一〇〇億ECU（七二億五〇〇〇万ポンド、一四〇億ドル）を借金してポンドに対する防衛能力を高めると発表したのである。発表当日にポンドは急騰《きゅうとう》。政府もついに投機家を撃退する力を手に入れた、と通貨トレーダーは考えた。[29] ソロスとドラッケンミラーにとって、これはそこはかとなく愉快だった。イギリスがポンドを買うために借りた金額は、クォンタム・ファンドが売ろうとしている金額に等しかったからだ。[30] しかし、一九九二年九月初めの時点で、従業員五〇人足らずのひとつのヘッジファンドが、一国の政府に匹敵するほどの軍資金を集められるとは、だれが思い及んだだろう。

九月一四日月曜日に相場が開くと、ラモントの楽観主義が証明されたかのように見えた。イングランド銀行はポンドを支えるために七億ドルを使った。ドイツの金利引き下げのあとだけに、その比較的小規模な介入でもポンドをわずかに上昇させるには十分だった。だが、ラモントとアドバイザーにはわからなかったけれども、この月曜日の取引がイギリスの運命を決したのである。ポンドの小幅な値上がりは、投機家筋の考え方を裏づけるものだった。不安定な基準通貨と連動した通貨を空売りする場合、最悪でもわずかに損をするだけだから、思いきってレバレッジをきかすことができるのだ。

予想どおり、翌日、ポンドは下落した。スペインの財務大臣がラモントに電話をかけ、どんな具合なのか尋ねると、答えは「最悪」だった[31]。

その夜、ラモントは配下のアドバイザーとイングランド銀行総裁ロビン・リー・ペンバートンを招集。翌朝にポンドを買い支えることで合意した。それが功を奏さなければ、金利引き上げを検討することになる。打ち合わせが終わりに近づいたころ、リー・ペンバートンが同行スタッフからのメッセージを読み上げた。ヘルムート・シュレジンガーが『ウォール・ストリート・ジャーナル』とドイツの金融紙『ハンデルスブラット』のインタビューを受けたらしい。通信社の報道によると、このドイツ連銀総裁は、リラだけをいじるよりもヨーロッパの通貨全体を再編したほうがよかったと考えている。

ラモントは茫然《ぼうぜん》とした。シュレジンガーの発言はポンドの切り下げを要求しているに等しい。すでにバース会議後の彼の公式声明がきっかけで、リラが攻撃の的にされていた。今度はなんとイギリスが攻撃対象だ。ラモントはすぐにシュレジンガーに電話するようリー・ペンバートンに命じた。神経質なシュレジンガーが夕食の邪魔をされるのを嫌うことをリー・ペンバートンは心配したが、ラモントは取り合わなかった。

電話を終えたリー・ペンバートンは次のように報告した。シュレジンガーは自分の発言部分をチェックさせてもらうという条件でインタビューを受けたのだが、まだその時間がとれていない、と。「そんなのんきなことを言ってる場合か」とラモント。シュレジンガーがこう発言したらしいという情報はすでにニュースとして伝わっているのだ。ニューヨークやアジアのトレーダーはひと晩で反応するだろう。シュレジンガーはすぐに否定コメントを出す必要がある。リー・ペンバートンはその後もドイツに電話を入れたが、ムダだった。ドイツ連銀サイドの説明によれば、シュレジンガーの発言は「未承認」である。記事をチェックして、朝オフィスに着いたらしかるべき発言内容を発表する、とシュレジンガーは言った。ラモントは頭にきた。でも、手の打ちようがない。ドイツの金融行政の親玉には、二四時間取引の世界に適応する気などなさそうだった。

その夜、ラモントは翌日が厳しい状況になることを承知で床《とこ》に就《つ》いた。ただ、どの程度の厳しさなのかは想像もつかなかった。のちに回顧録で語っているように、イギリスがヨーロッパの通貨制度から追い出されることになろうとは「思ってもみなかった」。[32]

ドラッケンミラーはシュレジンガーのコメントを火曜日の午後にニューヨークで読んだ。発言が未承認であろうがなかろうが関係ない。彼はすぐに行動を起こした。[33] ポンドが為替相場メカニズムから弾き出されるのをシュレジンガーが心待ちにしているのは明らかだった。ドイツ連銀がさらなる金利引き下げで、弱った近隣諸国を喜ばせることはないだろう。イギリスの不景気の深刻さを考えれば、ポンドの切り下げはもはや避けられそうもない。

ドラッケンミラーはソロスの部屋を訪れ、「いよいよです」と言った。彼は八月来、一五億ドル相当のポンドのショートポジションを保有しており、ロバート・ジョンソンとの会話を受けてその額を増やしはじめていた。そして、ついに時機が到来した。着実にポジションを積み重ねていく、とドラッケンミラーは宣言した。

それを聞いたソロスは困惑した表情を浮かべた。「理屈に合わないな」

「どういうことですか?」とドラッケンミラー。

「いいかね、もしそのニュースが正しくて、リスクがほとんどないのなら、なんで着実に積み重ねるんだ? なぜ一気に一五〇億ドルまで行かない?」とソロス。「急所を突け」と彼はアドバイスした。

ドラッケンミラーはソロスが正しいと思った。これがこの人の天才たるゆえんだろう。ドラッケンミラーは分析を行い、政治を理解し、取引のツボを知っていた。でも、ここが攻めどきだと気づいたのはソロスである。自分が正しいとわかっていたら、「賭けすぎ」なんていうことはありえない。可能なかぎりチップを置くことだ。[34]

その火曜日、ドラッケンミラーとソロスは残った時間で、買いたい相手がいるかぎりポンドを売った。ふつうなら実際の注文はトレーダーにまかせるのだが、このときはみずから電話をかけて、買い手になってくれる銀行を探した。[35] 為替相場メカニズムのルールでは、イングランド銀行は二・七七八〇マルク（同メカニズムで認められている幅の下限）でのポンドの売り注文を受け入れる義務があったが、これが有効なのはロンドンでの取引日のあいだだけである。同行が営業を終えると、買い手探しは争奪戦の様相を呈した。とくに、ソロスとドラッケンミラーが売りまくっているという噂が流れてからは――。クォンタムから莫大な売り注文を受けた銀行は、自身の通貨トレーダーに注意を促し、彼らもすぐに売りはじめた。その電話が世界じゅうに波及すると、雪崩《なだれ》が始まったことをすべての人が理解した。[36] たちまちポンドは許容幅から逸脱し、買い手を探すのがほとんど不可能になった。[37]

その日遅く、ルイス・ベーコンがスタン・ドラッケンミラーに電話をかけた。ふたりは今後の展開がどうなるかについて話し合ったが、ベーコンは「うちにはポンドの売り先がまだある」と言った。

「本当か？」と、ドラッケンミラーは思わず口にした。ベーコンを電話口で待たせ、数秒後にソロスも会話に加わった。

「どこで市場を見つけた？」ソロスは怒ったように言った。[38]

さらなるポンドの買い手探しをトレーダーに委ね、ソロスとドラッケンミラーはようやく家へ帰った。ニューヨークの自宅で眠っていたロバート・ジョンソンは、クォンタムのヘッドトレーダーからのポケベルに起こされた。こっそりベッドを抜け出すと、妻に聞かれないよう静かに電話をかけた（彼の妻はニューヨーク連邦銀行に勤めていた）。翌朝二時ごろ、ドラッケンミラーはオフィスに戻ってきた。ロンドンでの取引が再開し、イングランド銀行がふたたびポンド買いを余儀なくされるときに、デスクにいたかったのである。

　ロンドンを拠点にしていたポートフォリオマネジャー、スコット・ベセントもすぐに顔を出した。上司であるドラッケンミラーの大きな体の輪郭《りんかく》が暗い部屋のなかに見える。彼はコートを脱いでいるところで、その背後にはマンハッタンの夜景が広がっていた。部屋のなかで唯一の光は電話だ。相手はソロス。ドラッケンミラーはスピーカーフォンのボタンを押していた。見えない相手の東欧なまりの声だけが、暗い部屋を満たした。レバレッジをきかせて売りを二倍に増やせ――ソロスはドラッケンミラーにそうせかしていた。[39]

　ロンドン相場が開くと、イングランド銀行による買い支えへの期待から、ポンドは本来の範囲内に戻ったが、その下限付近で横ばいのままだった。前の晩にラモントが承認した計画に基づいて、イングランド銀行は午前八時三〇分以前に二度介入し、それぞれ三億ポンドを買った。だが、まったく効果はない。ドラッケンミラーは大西洋をはさんだ反対側でコックピットに座り、一〇億売れと叫んでいた。これにつられて、ほかにも多くの売りが続く。イングランド銀行も介入を続ける。相手のほうが武器の数にまさっていることには気づかないまま。八時四〇分にはトータルで一〇億ポンド買っていたが、ポンドはいまだぴくりとも動かなかった。一〇分後、ラモントは首相のジョン・メージャーに介入は失敗だと告げた。ポンドを守るには、金利を上げるしかない。

だが、メージャーは金利引き上げの承認を拒んだ。彼はイギリスを為替相場メカニズムに参加させた張本人であり、この政策が失敗と見なされれば、自身の信用が地に堕《お》ちかねない。配下の閣僚から足をすくわれる可能性だってある。「きょう新しい経済データが出てくる」と彼は抗弁した。いずれ相場が落ち着くことを願って踏ん張ってほしい、と彼はラモントに言った。

いまや世界じゅうの中央銀行が厳戒態勢にあった。ロバート・ジョンソンの自宅にまた電話がかかる。今度はニューヨーク連銀からだ。ジョンソンの妻はその夜、夫が一枚かんでいるとも知らずに、この危機をずっとモニターしていた。イングランド銀行はなおもポンドを買いつづけた。為替相場メカニズムのルールでそうすることが義務づけられているからだ。だが、もはやポンドを上昇させたいという熱意はなく、ドラッケンミラーたちに流動性を提供しているにすぎなかった。[40] 時々刻々、ヘッジファンドと銀行はイングランド銀行にポンドを売りつづけ、同行はまもなく切り下げ確実と思われる通貨をたっぷり買わされた。イギリスは自国の辛抱強い納税者から全世界のトレーダーへの資金移動を取り仕切っている恰好《かっこう》だった。午前一〇時三〇分、ラモントは再度メージャーに電話し、金利の引き上げを催促した。

ラモントが首相に電話しているあいだ、イギリス当局者たちは威厳を保つべく最善を尽くした。イングランド銀行のナンバー2、エディ・ジョージは、ドラッケンミラーやソロスに政治的知見を提供した金融コンサルタント、デビッド・スミックとの会議を、以前からの予定どおり開催した。スミックは、チェックのシャツにストライプタイという、いかにもロンドンの銀行家といったおしゃれないでたちで、スレッドニードル街にあるイングランド銀行の荘厳《そうごん》な建物に現れた。「すべてうまくいっています」と、ジョージが陽気に言う。極端な場合（ありえないとは思われるが）、イングランド銀行は投機家を撃退するために金利を丸々一パーセントポイント引き上げる予定だった。「この男は目の前で暴落しているお金の重みをわかっているのだろうか」とスミックは思った。雪崩《なだれ》はもう始まっている。もはや手遅れかもしれないのだ。

スミックはあえて単刀直入に尋ねた。「取り返しのつかないところまできているかもしれないのに、心配ではないのですか？」

ジョージは迷惑そうな表情を見せた。答えを返そうとしたとき、電話が鳴る。一分ほど熱心に話して、彼は電話を切った。

「たったいま金利を二〇〇ベーシスポイント上げたそうです」とジョージは静かに言う。つまりは二パーセントポイントである。彼は立ち上がり、スミックと握手すると、小走りに部屋を出て行った。[41]

ラモントの首相への嘆願は今回は成功し、金利の大幅引き上げの発表は午前一一時に設定された。その何分か前にラモントは財務省内の控え室に行き、ロイターの画面に見入った。だが、発表が行われてもポンドはまったく反応しない。画面上のグラフは横ばいのままだ。ラモントは、心拍数モニターを見て患者が息を引き取ったことに気づく外科医のような気持ちだった。

あとはシステムの電源を切るだけだ。[42]
欧州為替相場メカニズムにおけるポンドの再調整を協議している時間はない。再調整には他国との長い話し合いが必要になる。だが、時計の針が進むたびに、納税者からトレーダーへの富の移転が続くのだ。イタリアはトラブルに見舞われたのが週末前の金曜日だったから、まだ幸運だった。イギリスも同じような断崖絶壁《だんがいぜっぺき》に立たされているが、不幸にもまだ水曜日である。ラモントに残された手段は、為替相場メカニズムから一方的に脱退することしかない。だが、それには首相の承認が必要だった。

首相はすぐにはつかまらなかった。ラモントは「至急お会いしたい」と、何度もスタッフに電話を入れさせたが、面会はかなわなかった。ようやく、旧海軍本部ビル（このジョージ王朝期の堂々たる建築物が首相官邸として一時的に使われていた）へアドバイザーたちを引き連れて出かけることになったが、そこでもたっぷり一五分は待たされた。ラモントの計算によれば、イギリスは数分ごとに数億ポンドを失っている。なのに彼の上司ときたら、腹立たしいほどのんきである。メージャーはまず「ドイツとさらに交渉の余地はないのか」と言い、「もうすぐ他の大臣も加わって、さまざまな視点を提供してくれる」と付け加えた。とりとめのない議論が続いた。パートナー諸国を怒らせることなく、ヨーロッパ為替相場メカニズムから脱退できるのか？　もし脱退したら、閣僚の辞任を要求されないか？　メージャーの目的が、ポンド危機に対する責任をこの部屋の人々と共有することにあるのは明らかだった。「私たちは手を血に染めるためにそこにいた」と、ある閣僚はのちに述べている。[43] 抜け目のないやり口だった。メージャーの視点からすれば、それは首相の座を脅かすライバルたちを抑え込むのに好都合だった。そうこうするあいだにも、ドラッケンミラーとソロスはそのポジションを増やしていた。

旧海軍本部ビルでの会議は、ラモントが望んだ為替相場メカニズムからの脱退を決定することなく散会した。むしろメージャーは、ポンド救済の最後の手段として、さらなる金利引き上げ――今度は翌日付で三パーセントポイント――を主張したのである。ラモントはまたしてもロイターの画面を見つめたが、今度もまたポンドの価格に変化はなかった。大西洋をはさんだ反対側のデスクでは、ドラッケンミラーとソロスが、金利引き上げは死にゆく者の最後のあがきだと考えていた。それは終わりが近いことを告げるサインであり、そろそろイギリス通貨にとどめを刺すタイミングであることを告げるサインでもあった。[44]

ラモントはヨーロッパの他の財務大臣たちに、ポンドが窮地《きゅうち》に立たされていることを警告した。イタリアのピエロ・バルッチ財務相は、為替相場メカニズムを抜けるよりも、市場を止めて再調整の交渉時間をつくってはどうかと言った。ラモントはこう指摘せざるをえなかった。いまや財務大臣の力では、グローバルに絶えず取引される通貨市場を止めることなどできないのだと。

その夜、ラモントは財務省の中庭で記者会見を開いた。午後七時三〇分、世界じゅうのテレビカメラの前で、彼はイギリスが為替相場メカニズムから離脱すると発表した。市場が勝ち、政府もようやくそれを認めたのである。

九月前半に、イングランド銀行はポンドを守るために二七〇億ドルを使い、その多くは危機の最終日に失われた。[45]ポンドは為替相場メカニズムを離脱して以降、ドイツ・マルクに対して約一四パーセント下げた。したがって、イギリスの納税者はポンドを買うためにおよそ三八億ドルを失ったということができる。[46]取引相手は銀行やヘッジファンドの一群だったが、先頭に立ったのはヘッジファンドであり、クォンタムがそのなかで最大だったのはいうまでもない。ポンドが破綻《はたん》するまでに、ドラッケンミラーとソロスは約一〇〇億ドルのポンドを空売りすることに成功した。これは当初目標の一五〇億ドルには届かないが、それでも途方もないポジションである。[47]イギリスの納税者が失った四〇億ドル近くのうち、推定三億ドルがコモディティズ・コーポレーションの三人組のひとり、ブルース・コフナーに流れ、二億五〇〇〇万ドルがポール・チューダー・ジョーンズに流れた。米銀の通貨デスクも上位七行で八億ドルを手にしたといわれている。[48]だが、ソロス・ファンド・マネジメントがポンド投資であげた利益は一〇億ドルを超えていた。[49]

ソロスの驚くべき戦果は、ポンド切り下げの直後は知られていなかった。だが一〇月になって、イタリア産業界の有力者ジャンニ・アニェッリが、クォンタムに対する投資のその年のリターンが、自分の会社フィアットからもらう報酬より大きいと記者たちにもらしてしまった。翌一〇月二四日土曜日、イギリスの『デイリー・メール』紙は、グラスを手に微笑むソロスの写真を掲載した。見出しは「ポンド暴落で一〇億ドル稼ぎました」。その朝、ソロスが家の玄関を開けると、大勢の記者連中がそこにいた。以後何カ月にもわたって、マスコミは彼の勝利について書き立てた。ソロスは一九九二年に個人資産を六億五〇〇〇万ドル増やしたといわれ、ある雑誌は、平均的なアメリカ人世帯が一年間働いて得られる金額をソロスは五分で稼ぎ出したと書いた。[50] その何年か前、ジャンクボンド［信頼性が低い「くず債券」。利回りは高い］の帝王と呼ばれたマイケル・ミルケンが五億五〇〇〇万ドルを稼いで人々の度肝《どぎも》を抜いたが、そのミルケンをも凌《しの》ぐ額だった。ソロスはイングランド銀行を破綻させた男として知られるようになり、ヘッジファンドは一九八〇年代の買収王にかわって人々の羨望《せんぼう》の的になった。

ソロスのファンドがあげた全利益は部外者の想像以上だった。ポール・チューダー・ジョーンズが一九八七年暴落時の株の空売りと債券への投資を組み合わせたように［219ページ～を参照］、ドラッケンミラーもポンドでの成功を足場に業績をさらに拡大した。ポンドが圧力を受けるようになると、イギリスの株式市場と国債市場も影響を受けた。資本が同国から逃げれば他の資産価格もダメージをこうむる、とトレーダーたちは考えた。だが、ドラッケンミラーの見方はちがった。為替相場メカニズムを離れたことでイギリス政府は金利の引き下げが自由になり、それが国債価格を上昇させる［国債は原則として固定金利なので、預金などの市中金利が下がれば国債の価値が相対的に増し、価格も上がる］。また、通貨の値下がりと金利の下落は株式にも都合がよい［金利が下がると預金で得られる利息収入が低くなるため、株式投資への動機づけが強まる］。火曜と水曜にポンドを売る一方で、ドラッケンミラーはイギリスの国債と株式を買った。思ったとおり、この投資はうまくいった。以後二カ月間、両市場は急騰したのである。

ドラッケンミラーが目をつけたのはイギリスだけではない。ポンド下落のあと、投機家たちはフランス・フランにも攻撃をしかけたが、ドラッケンミラーは「今回は中央銀行が勝つ」と考えた。イギリスとちがってフランスの住宅ローン金利は変動しないし、フランス政府は国民への助成手段を数多く持っている。だから、イギリスよりもフランスのほうが一時的な金利引き上げで投機家を撃退しやすいはずである。この考え方に基づいて、ドラッケンミラーはフランス債をたんまり買った。これは思惑どおり一九九三年に急騰する。クォンタムがポンド売りの年に六九パーセントという異例のリターンを出し、さらに翌年も六三パーセントのリターンを記録したのは、これである程度説明がつく。しかし、「ポンド後」のクォンタム最大の戦果は、最も用心深い戦果でもあった。すでにソロス・ファンドに完全移籍していたロバート・ジョンソンのおかげで、クォンタムはスウェーデン・クローナを一九九二年一一月の切り下げ前に空売りし、またしても一〇億ドル以上を手に入れたのである。ポンド売りで有名になりすぎたことを教訓に、ソロスとドラッケンミラーはスウェーデンでの大儲けが公にならないよう注意した。[51]

マクロトレーディングの勝利は、効率的市場仮説には大きな欠陥があることを証明した（さらなる証拠が必要だったとして、だが)。利益の最大化をめざす合理的投資家しかいなければ、市場は効率性に支配されるだろう。だが、他の意図を持ったプレーヤーが市場を動かしているとしたら、効率的な価格設定を期待するいわれはない。マクロトレーディングはこうした知見の代表的な事例をうまく利用した。そう、政府と中央銀行は明らかに利益を最大化しようとはしていないのである。ポンド危機のさなか、ジョン・メージャーはスタン・ドラッケンミラーからポンドを買った。とんでもない価格だということは、両者とも承知のうえで。メージャーがそれを断行した理由は、金融の常識では説明がつかない。彼はポンド切り下げの責任を政敵にも負わせたかったのだ。

ドラッケンミラーの成功は、流動性の高い市場では通貨ペッグはもろいということも実証した。一九五〇年代から六〇年代にかけて固定相場制が機能したのは、国境を越えた資本の流れが規制されていたからである。だが、そうした規制がなくなると、各国政府は資金に対する支配力の限界を受け入れざるをえなかった。政府にできるのは、金利を用いて自国通貨の価値を管理し、為替レートの変動を抑《おさ》えるか、それとも、同じく金利を用いて景気を管理し、不況を抑えるか。為替相場メカニズムなど「柔軟なペッグ」を通じてその両立をねらうと、しっぺ返しを食う可能性が高かった。米国とヨーロッパのちがいを見れば、その点がよくわかる。ブッシュ政権は八月にドルを高めに誘導しようとして失敗したが、何も惨事は起きなかった。ドルはとにもかくにも変動していたので、その運命が突然どうこうなるということはなかった。だが、フィンランド、イタリア、イギリス、スウェーデンの通貨ペッグは話がちがう。それは投機家たちにとって見逃すことのできない標的となり、各国の経済を大混乱に陥れた。為替相場メカニズムへの参加にあたって、ヨーロッパ各国はけっして守れない約束をしていた。いってみれば、自分たちより強い力でコルクがこじ開けられるまで、為替の動きをビンのなかに閉じ込めておいたわけだ。

ドラッケンミラーらマクロ投資家が主役となる世界がどのような意味を持つのか、政策立案者たちはすぐには理解できなかった。どんな金融危機のあとでもそうだが、彼らが最初にやったのは、市場から教訓——この場合は「通貨ペッグは危険だ」という教訓——を得ることではなく、市場を非難することだった。ポンド切り下げの翌週、フランス・フランが圧力を受けると、フランスのミシェル・サパン財務相は「問題を起こすトレーダーは、フランス革命のときと同じようにギロチンにかけろ」といった趣旨の発言をした。[52] 翌年の夏、為替相場メカニズムがまたしても危機にさらされたのを受けて、フランスのエドゥアール・バラデュール首相は「政府には投機家を取り締まる経済的・道徳的責任がある」と主張した。ベルギーではウィリー・クラース外相が「アングロサクソンの投資家がヨーロッパ分断をたくらんでいる」と述べた。[53]

ソロスは彼独特のやり方で、みずからの職業に対するこうした攻撃を受け入れた。一方では、自分が他のどんな市場プレーヤーよりも無慈悲であることを示して見せた。銀行のトレーディングデスクは規制当局とうまくやっていかなければならないため、政府を激しく攻め立てることには躊躇《ちゅうちょ》したが、ソロスはいっさい妥協しなかった。[54] また一方では、市場はつねに景気の波にさらされ、つねに不安定な、手に負えないものだと考える傾向があった。ポンド切り下げ後まもなく、ソロスはフランス中央銀行総裁のジャン・クロード・トリシェに会い、自身の取引による「不安定化効果」への懸念から、フランを攻撃するつもりはないと語っている。[55] この無私無欲の主張は少しやりすぎだった。というのもクォンタムは、フランが持ちこたえるだろうとしっかり計算しており、その予言に基づいて大儲けする寸前だったからだ。とはいえ、ソロスのこの申し出はポンド下落後の気分をある意味で象徴するものだった。ナンバー1の投機家が投機を擁護しようとしなかったのである。[56]

ドラッケンミラーはそんな不安とは無縁だった。ポンドが屈辱を受けた日を、イギリスのマスコミは「ブラックウェンズデー」と呼んだ。でもドラッケンミラーは「ホワイトウェンズデー」のほうがふさわしいのにと思った。イギリスはドイツ連銀の高金利のくびきから解放され、必要な不況対策を自由に講じることができた。ポンド切り下げに対するロンドン株式市場の反応はドラッケンミラーの予想どおりで、FTSE指数は切り下げ後二カ月でほぼ二〇パーセント上昇した。たしかに、ドラッケンミラーの取引はイギリス政府の経済政策を転換させた。だが、それは必ずしも悪いことではない。ドイツ統一にともなう高金利は、ポンドが為替相場メカニズムから離脱しなければならない状況をもたらした。イギリスの指導者たちは、ドラッケンミラーがこの真実に気づいてくれるまで、それに気づくことができなかった。ジョン・メージャーは一〇億ドル余りの納税者のお金をソロスのファンドに移動させてしまったが、それは何もかもドラッケンミラーが悪いのではない。イギリスという国から身ぐるみはいだ者がいるとしたら、それは同国の首相であって、米国の一投機家ではない。

このソロスとドラッケンミラーのちがいは、経済界における議論を先取りするものだった。ポンド切り下げ前の時代、経済学者は、お粗末な経済政策が通貨危機を引き起こすと主張した。悪いのは投機ではなく、政府の無策である。だが一九九〇年代に、学者の総意はドラッケンミラー的な見解からソロス的な見解へシフトした。つまり、トレーダーはきちんと管理された通貨にも攻撃をしかける可能性がある、しかもその攻撃はときに自己満足的なものであるというのだ。ポンドの驚異的な下落がこの種の議論の転機になった。イギリスはどうしようもないほど高い金利を課すことで危機を招いた、というドラッケンミラーの言い分は正しい。だが、その彼自身の取引によって、政府にもまさる投機家の力が実証されると、投機家がその力を濫用《らんよう》するかもしれないというリスクが顕在化した。以前は、経済のファンダメンタルズから見て攻撃されてもおかしくない通貨だけが攻撃されていたのに、いまやトレーダーは、安定した通貨にもちょっかいを出してよいと考えているのではないか? ヘッジファンドは危険で過剰な力を蓄えつつあるとフランスの政治家がぼやいたのも、まったく根拠のないことではなかった。

どんな危険かはともかく、それを減らすための手はほとんど打たれなかった。フランス財務相が持ち出した「ギロチン」ではないが、もし投機家を弾圧していたら、彼らが乗っかっていた、国境を越えた資金の波を弱めることになっただろう。つまりはブレトンウッズ体制への逆戻り、資本規制の再来である。ほとんどの政策立案者はこれにはぞっとした。モノやサービスの自由貿易が有益であるなら、資本の自由な流れも同じ理由で有効である。貿易のおかげで、自動車製造が最も得意な国に自動車製造が集中する――それと同じように、国境を越えた資本移動のおかげで、限られた蓄えを最も生産的に投資できる場所に、その蓄えを集めることができる。それに、資本規制というのは考え方としてうさんくさいうえ、非現実的かもしれない。ポンド危機の翌週、スペインとアイルランドは銀行の通貨取引を制限することで、自国通貨への投機的攻撃を抑えようとしたが、その規制はすぐに回避されている。

資本規制がダメだとすれば、国の通貨に対する投機的攻撃を防ぐための最後の手段は、通貨をなくすことである。「投機は大きな害を及ぼすことがあります」と、ソロスはポンド破綻後のインタビューで語っている。欧州単一通貨ができれば「私のような投機家は仕事ができなくなるでしょう。でも、そのくらいの犠牲はいといません」[57]。ヨーロッパはとうとう一九九九年に通貨を統一したけれども、世界じゅうすべての国が学習したわけではなかった。アジアや中南米の新興国はペッグ政策にこだわり、それが後年、ヘッジファンドに莫大なビジネスチャンスをもたらすことになるのである。

第八章

ハリケーン・グリーンスパン

——債券市場危機とスタインハルトの退場

一九九三年一二月、マイケル・スタインハルトはカリブ海・アングィラ島の別荘に脱出した。スタッフが定期的に電話連絡をくれるのだが、ある午後のニュースはとりわけ満足のいくものだった。自身のファンドが一日で一億ドル以上稼いだのだ。「ビーチにいながら、こんなに儲かるなんて嘘みたいだ」と、スタインハルトは驚いた。考えられない成果である。でも、部下たちは冷静だった。「そういうものなんですよ」と、ひとりは言った。当時のスタインハルト・パートナーズの運用資本は約四五億ドル。スタッフも一〇〇人を超えていた。一九九一年と九二年の手数料控除後の収益は四七パーセントと四八パーセントで、九三年もほぼ同様の業績を達成しようとしていた。[1]各誌はスタインハルトがピカソの絵を一〇〇万ドルで買ったと報じ、ニューヨークのパーティー会場では、おでこを光らせ口髭《くちひげ》を逆立てたこの投資家の太った体が、「ぜひともお金を預けたい」という人たちに取り囲まれた。そう、たぶんそういうものなのだ。もうすぐ屈辱を味わうことになろうとは、スタインハルトには想像もつかなかった。

一九七九年に彼は長期休暇から戻り、自身のファンドを立ち上げ、銘柄選択《ストックピッキング》と大口取引《ブロックトレーディング》の組み合わせを再開した。と同時に債券でも稼ぐようになり、一九九〇年代初めには、のちに「影の銀行システム《シャドーバンキング》」として知られるようになる手法の草分け的存在となっていた。[2]ドラッケンミラーの通貨取引と同様、中央銀行の政策を利用するのが特徴だが、今度の相手は米連邦準備制度理事会（FRB）である（結果的に彼らはたいへん「協力的」だった）。一九九〇年および九一年の米経済は貯蓄貸付危機［貯蓄と住宅ローンに特化した金融機関「貯蓄貸付組合」の経営危機と破綻に端を発する危機］を受けて不況にあえいでおり、

ＦＲＢは短期金利［返済期限が一年未満の借入金の金利］を低く抑《おさ》えることで景気にテコ入れしようとしていた。これを利用してスタインハルトは短期資金を低コストで借り、利回りの高い長期債券を買って、その差額で儲けることができた。この取引のリスクは、長期金利［返済期限が一年以上の借入金の金利］が上がれば、スタインハルトの債券の価格が急落するということである。だが、不景気のせいで資本需要は振るわず、資本の価格（すなわち金利）は上がりそうになかった。案の定、一九九〇年代初めに長期金利は（上がるどころか）下がり、スタインハルトは短期金利と長期金利の差による利益に加えて、債券のキャピタルゲイン［資産の価格上昇による利益（資産益）］を獲得した。

ジョン・メージャーが政敵の力をそごうとしてスタン・ドラッケンミラーを儲けさせたように、ＦＲＢはぼろぼろの銀行システムに手を差し延べようとしてスタインハルトを儲けさせた。ＦＲＢが短期金利と長期金利の差を拡大させれば、銀行は通常業務でもっと儲かるようになる。通常業務とはすなわち、短期で借り、長期で貸すこと。だから彼らはせっせと経済に資金を供給した。

スタインハルトはここにうまく割り込んだ。ＦＲＢは銀行を助けたい。だから彼は影の銀行になった。銀行と同じように短期で借り、長期で貸すのである。ちがいは、預金を集める窓口担当者や、そのお金を企業に貸す審査担当者を雇うという面倒な仕事を、スタインハルトが省いたことである。そのかわりに、彼はゴールドマン・サックスやソロモン・ブラザーズなどのブローカーから借り、債券を買って貸した。また、銀行のインフラを持たなかったので、ＦＲ

Bの政策が変われば立ち去るなどの柔軟性も確保できた。

スタインハルトの影の銀行にはさらなる利点があった。本物の銀行は融資額に規制をかけられていた。融資に回す預金一〇〇ドルごとに、約一〇ドルの資本を引き当てなければならないのである。融資が万が一焦《こ》げついても預金者に返済できるようにするためだ。しかし、スタインハルトには預金者がいないので、「自己資本比率」規制もない。つまり、ブローカーが貸してくれるだけ借りることができた。[3]そしてブローカーは、けた外れな額を貸してくれた。スタインハルトは米国債を買うために一〇〇ドル借りるごとに、わずか一ドルの資本を引き当てるだけですむことも多かった。[4]

一九九三年、スタインハルトと仲間たちはこの債券戦略をヨーロッパに持ち込んだ。為替相場メカニズムの危機が過ぎ去り、ヨーロッパは通貨統合へ向かっていたが、その過程で各国の金利は互いに収斂《しゅうれん》せざるをえなかった。スペインやイタリアなど、インフレに弱く、高金利で投資家に報いる必要がある国は、いまや厳しいルールのもとで試合に臨《のぞ》まなければならなかった。そうした国々の金利がドイツ並みに下がりはじめると、スタインハルトをはじめとするトレーダーはスペインとイタリアの国債を山ほど買い、金利の下落にともなってキャピタルゲインを得た［長期金利が下がる→連動する長期国債の利回りが下がる→国債の価格は上がる］。またしても、政府がお膳立てしてくれたチャンスに乗っかった恰好《かっこう》である。ヨーロッパの政治家たちは通貨統合の計画を隠そうとしていなかったし、それにともなう金利の収斂についても同様だった。

ライバルとはちがってそのようなチャンスをものにできたため、ヘッジファンドは一九九〇年代初めに巨額の利益をあげた。ゴールドマン・サックスやソロモン・ブラザーズの幹部も退職してこの新しいゲームに加わり、ウォール街のある法律事務所は月に二件のスピードでヘッジファンドの提携話をまとめていると豪語した。[5] かつてアールデコ調の派手なロビーや真鍮《しんちゅう》加工のエレベーターで知られていたパーク・アベニューのヘルムズリー・ビルは、ヘッジファンド用のホテルとして悪名をとどろかせるようになった。上階のスイートでは、トレーダーの小集団が人知れず店を開き、金持ちのクライアントになりかわってあちこちに資金を投じていた。ヘッジファンドの数は一九九二年の一〇〇〇強から翌年には三〇〇〇ほどに急増し、手数料もほぼそれと同じくらいのペースで増加した。[6] 業界の幕開けのころ、A・W・ジョーンズは運用手数料はとらず、投資収益の二〇パーセントを要求しただけだった。マイケル・スタインハルトをはじめとするヘッジファンド第二世代は、一パーセントの運用手数料と収益の取り分二〇パーセントを要求した。そして一九九〇年代初めのヘッジファンド・ブームになると、人気の新進ファンドは「二パーセント、二〇パーセント」を要求した。「歴史上、これほど限られた者がこれほど速くこれほどの儲けを出したことはない」と『フォーブズ』は驚嘆した。[7]

こうしたあこぎな儲け方が物議《ぶつぎ》を醸《かも》さなかったわけではない。スタインハルトは、シャドーバンキング（主立ったファンドのほとんどがこれをまねた）を精力的に実践するにつけ、新しく発行された国債を大量に買い占めることになった。市場を実質的に乗っ取ったこともある。

一九九一年四月の米国債のオークションで、スタインハルトとブルース・コフナーは協力して、発行予定額一二〇億ドルのうち六五億ドルに入札した。次にこの国債を空売り投資家《ショートセラー》に貸し、ふたたび買い戻し、最終的には一六〇億ドルの国債を手にした。言い換えれば、市場の一〇〇パーセントをかなり上回る額である。[8] 国債価格が上がると、空売り投資家はポジションを抜けようとした。だが、スタインハルトとコフナーが買い占め、売ろうとしなかったので、買い戻すことができない。このショートスクイーズ〔空売り（ショート）している投資家が、相場の上昇に耐えきれず損切りせざるをえない状況に陥ること〕の被害者は、ゴールドマン・サックス、ソロモン・ブラザーズ、ベア・スターンズなど。サメが罪もない者を食らうという図式では必ずしもなかったが、訴訟を起こす者が現れるのは避けられなかった。三年間の裁判のすえ、スタインハルトとコフナーは罪を認めることなく和解した。スタインハルトは空売り投資家に四〇〇〇万ドル払うことに同意し、コフナーは三六〇〇万ドルを支払った。[9] これだけでは不十分だとでもいわんばかりに、ふたりは五月のオークションでも不法行為を犯したとして訴えられ、やはり原告に和解金を支払うことに同意している。[10]

　だが、影の銀行をめぐる社会的懸念は、市場操作に関するものだけではなかった。当時はまだ一般に知られていなかったが、ヘッジファンドは「金融政策」を変更しようとしていた。ＦＲＢが短期金利を低く抑えているのを受けて、ヘッジファンドが長期国債を積極的に買うようになると、短期金利と長期金利の関係がより密接になった。以前ならＦＲＢが金利を下げてから長期金利が下がるまで数週間はかかったのに、いまや両者はもっと速く連動した。ある意味では、これは好ましい現象といえた。ＦＲＢが景気にテコ入れしたいのであれば、ヘッジファンドが長期国債利回りの下落を望むのは都合がよい。だが、新しい世界は危険でもある。債券市場がＦＲＢにすばやく反応したとしても、実体経済の反応は遅れざるをえない。実体経済《メインストリート》がメリットを感じはじめるまでＦＲＢが金利を低く据《す》え置けば、ウォールストリートは巨大な債券バブルを生み出す可能性が高かった。

さらに、そうしたバブルは新たな恐怖をもたらしかねない。ヘッジファンドが国債オークションですべてを買い占めるという世界は、いままでとはちがう世界——驚異的なレバレッジのうえに築かれた世界である。アメリカのシステムは借金に借金を重ねていた。政府がヘッジファンドから借り、ヘッジファンドがブローカーから借り、ブローカーがまた別のだれかから借りる……。もしそのなかのだれかが破綻《はたん》すれば、残るプレーヤーは借金ができなくなる。すると資産を投げ売りするしかない。バブルはただちに破裂するというわけだ。

一九九四年の初めに、マイケル・スタインハルトはもちろんのこと、そんなシナリオを考えている者はだれひとりいなかった。一月、すでに米国、日本、ヨーロッパで持っているポジションに加えて、スタインハルトは部下のひとりがカナダ国債を大量に買うのを承認した。そして妻や友人たちと中国へ休暇に出かけたのである。

一九九四年一月二一日、ＦＲＢ議長のアラン・グリーンスパンはホワイトハウスを訪れた。

低金利政策のおかげで景気は回復し、三四カ月続けて順調に拡大していた。だが今回、グリーンスパンはクリントン大統領とその側近を訪ね、歓迎されざるメッセージを届けるつもりだった。インフレはなりをひそめていたが、そろそろ小幅な金利引き上げでその再来を封じておかなければならない。早めに手を打つことで、あとあと急ブレーキを踏まなければならないような景気の過熱を避けたかった。めざすは景気の「ソフトランディング」である。

「ちょっと待ってください！」と、副大統領のゴアが反論する。これまで、小幅な金利引き上げは、その後何度も引き上げが続く前ぶれになっていた。一九八八～八九年に、FRBの短期金利は六・五パーセントから少しずつ上がりつづけて一〇パーセント近くになった。市場が今回も同じことを期待すれば、さらなる引き締めを見込んで長期金利は急上昇するだろう。そうなれば債券相場は暴落する［長期金利が上がる→連動する長期国債の利回りが上がる→国債の価格は下がる］。グリーンスパンが避けたいと言うハードランディングが現実になりかねない。[11]

ゴアが投げかけた疑問にはグリーンスパンなりの答えがあった。このFRB議長はニューヨークで経済コンサルタントをしていた時期が長く、ワシントンのどんな政治家よりも、そしてたぶん、ポンドをめぐる戦いに敗れたイギリスの高官たちよりも、市場を理解していた。金利引き上げに対してウォール街がよからぬ反応をするのではないかということは、もちろんグリーンスパンも考えた。だが、彼が何よりも重視していたのは株式市場の反応である。一九九三年に記録的な上昇を見せたS&P500指数は、そろそろ下落してもよさそうだった。債券市場の重要性は二の次だと思われた。

長期金利を左右するのは主にインフレ期待だ、とグリーンスパンはゴアに断言した。FRBの短期金利引き上げは、当局が価格圧力に目を光らせていくという証《あか》しである。その結果、インフレ期待は弱まり、長期金利は下がるはずである。グリーンスパンが提案する短期金利引き上げは債券相場を上昇させるにちがいない。

副大統領と意見交換してから二週間後の一九九四年二月四日、グリーンスパンはFRB金利委員会の会合に臨《のぞ》み、三パーセントから三・二五パーセントという小幅な短期金利引き上げによってインフレを阻止することを提案した。それ以上引き上げると、伝統的に不安定な株式市場の反動を引き起こすおそれがある。[12] 彼は投資家の考え方を、やけに自身たっぷりな口調で同僚たちに教え込んだ。「市場の振る舞いを長いあいだ見てきたから言うけれども、もしいきなり三・五パーセントに上げたら、市場は必ずや混乱します」と彼は警告した。「それは賢いやり方ではないでしょう」[13]

株式市場に対するグリーンスパンの認識は正しかった。FRBが〇・二五ポイントの短期金利引き上げを発表すると、S&P500指数はやや下落――まさに議長が望んだとおりの緩《ゆる》やかな調整がなされた。しかし、債券市場に関する判断のほうは誤っていた。彼はゴアにこう述べていた。短期金利の引き上げはインフレ懸念を和《やわ》らげ、論理的には長期金利を下落させるだろうと。ところが、FRBによる〇・二五ポイントの金融引き締めは、一〇年物国債の利回りをただちに同じだけ上昇させたのである。何やら不可解なことが起こっていた。[14]
シャドーバンキング以前の時代なら、グリーンスパンの言葉どおりになっていたかもしれない。だが、新しく登場した影の銀行は、ＦＲＢ議長が思うほどインフレには注目していなかった。影の銀行家の考え方はこうだ。ＦＲＢの五年ぶりの短期金利引き上げは不確実性をもたらした。そして不確実性とはリスクである。債券相場が少し下がっただけで、レバレッジをきかせたヘッジファンドのわずかな資本は吹き飛んでしまうから、下落の「可能性」があるだけでも、手持ちの一部を売ってリスクを減らさざるをえない。レバレッジという新しい論理が、中央銀行のゲームのルールを変えてしまった。短期金利引き上げを受けて、影の銀行家は債券を投げ売りし、長期金利を上昇させた。グリーンスパンの思惑とは正反対に――。
それから一週間後の二月一一日金曜日、債券市場にとってさらにショッキングなできごとが起こった。クリントン政権と日本の貿易交渉が決裂し、アメリカ側はその腹いせに、円高が望ましいとの意思表示をした。一週間もしないうちに円はドルに対して七パーセント上昇し、いくつかのヘッジファンドに不意打ちを食わせた。スタン・ドラッケンミラーは円のショートポジションを八〇億ドル持っていた。ポンドのショートポジションにほぼ匹敵する規模である。二日間で彼は六億五〇〇〇万ドルを失った。[15] 従来の中央銀行の論理によれば、このことがインフレ期待や債券に影響するはずはなかったが、ヘッジファンドのレバレッジの規模が悪魔の連鎖反応を逃れようのないものにした。円ショックによる損失のせいで、ヘッジファンドは資産を投げ売りして資本を調達しなければならなかった。そしてヘッジファンドは多くの債券を保有していたため、債券相場はがくんと落ち込んだ。その後二週間で、一〇年物国債の利回りは〇・二五ポイント以上も上昇した。[16] ヘッジファンドがなんでも売買する世界は、予測不能なつながりに満ちた世界だった。

次なる被害者はヨーロッパであった。二月にドイツ、イギリス、フランス、ベルギーの中央銀行は短期金利を引き下げ、「われわれにインフレリスクはない。だから長期金利が上がる理由もない」とのシグナルを送った。だが円ショックのあと、トレーダーの論理がまたしてもまかり通り、ヨーロッパの長期金利は急騰した。二週間で、ドイツ一〇年物国債の利回りは〇・三七ポイント、イタリアは〇・五八ポイント、スペインは〇・六二ポイント上昇。[17] これを受けて、米国債と円で損失を出していたヘッジファンドや銀行の自己勘定取引デスク［顧客から預かった資産の運用ではなく、銀行の自己資金を用いる取引を行う部署］は、ヨーロッパの債券を投げ売りした。欧州経済のファンダメンタルズなどおかまいなしである。

ヘッジファンドがヨーロッパから逃げはじめると、その勢いは止まらなかった。影の銀行家にいくらでも喜んで貸していたブローカーは、突如として態度を変えた。債券一億ドルにつき一〇〇万ドルの担保（証拠金）では納得せず、ヘッジファンドが返済できなくなるリスクに備えて三〇〇万ドルあるいは五〇〇万ドルを要求した。ブローカーの追い証《マージンコール》［追加の保証金（担保金）］に応じるため、ヘッジファンドはポジションを大規模に清算しなければならなかった。一〇〇倍のレバレッジをきかせているときに四〇〇万ドルの追い証を求められたら、四億ドル相当の債券を売らなければならない。それもすぐに。ヘッジファンドが債券のポジションを清算すると、売り圧力のせいで残るポジションも価格が下がり、それがブローカーからのさらなる追い証を引き起こした。好況時には債券バブルをあおっていた借金の連鎖が、いまやその内部崩壊を加速させているのだった。

円ショックから約二週間後の三月一日、なおも悪いニュースが市場を襲った。新しいデータによると、米国のインフレは予想以上に進んでいた。一〇年物米国債の利回りは〇・一五ポイント上昇した。ただ、この反応は経済論理で説明できる［インフレにより国債の価値が下落→利回りが上昇］。しかし、その後に起こったことはどんな経済論理でも説明できない。日本とヨーロッパの債券相場が急落したのである。インフレの高まりにおびえるどころか、日本はデフレの脅威に頭を悩ませていた。にもかかわらず、三月二日に一〇年物日本国債の利率は〇・一七ポイント上昇した。ブローカーがヘッジファンドにさらなる追い証を要求するようになると、レバレッジの論理はトラブルをヨーロッパに伝染させた。資本調達のためにヘッジファンドは推定六〇〇億ドルのヨーロッパ債券を売り払い、長期金利は急上昇した。[18]

この狂ったような売りのせいで、ウォール街の面々は大きな損失を出した。他のトレーダーの動向を読み取るのが強みのポール・チューダー・ジョーンズも、今回のヨーロッパ危機には気づくことができず、一九九四年の春、彼のファンドは業績を大幅に落とした。コモディティズ・コーポレーションの三人組の残るふたり、ブルース・コフナーとルイス・ベーコンも同様だった。ジュリアン・ロバートソンが一九九一年に雇ったマクロトレーダー、デイヴィッド・ジェルステナーベルは、いまや自身の人気ファンドを運用していたが、みごとに大損を出した。自己勘定取引デスクも振るわなかった。一九九四年、ゴールドマン・サックスは一〇年ぶりの低業績を経験した。保険業界は、一九九二年のハリケーン・アンドリューの損害補償に支払ったのと同程度の金額を債券で失ったといわれた。ある保険アナリストは「今回の件はハリケーン・グリーンスパンと呼ぼう」と皮肉まじりに語った。[19] 三月二日の数時間、なんとあのバンカース・トラストが倒産寸前に陥った。ニューヨーク証券取引所での取引は中止され、ニューヨーク連銀総裁のウィリアム・マクドナーは信頼回復のためにウォール街じゅうのトップバンカーに電話をかけまくった。結局、バンカース・トラストはどうにか生き残った。レバレッジ解消の嵐はウォール街の大手投資銀行を土俵際まで追い込んだが、押し倒すことまではしなかった。少なくとも今回は――。

この大惨事の最大の被害者は、ほかでもないマイケル・スタインハルトだった。中国での休暇から戻ると米国の債券相場が下落しており、彼はわずかな損失を出していた。だが、彼の最大の投資先は日本、カナダ、そしてとくにヨーロッパだった。そこで組む債券のポートフォリオはじつに三〇〇億ドル。彼は、米国のＦＲＢが引き締め策を打っても外国市場に過度な影響は及ばないだろうと自分を慰めた。だがそのとき、レバレッジ解消の論理が働きはじめ、どの債券市場もダブルパンチを受けた。莫大なレバレッジをきかせたスタインハルトのポートフォリオにとっては、ヨーロッパの金利が〇・〇一ポイント上がるたびに一〇〇〇万ドルの損失である。二月末には、彼はなんと九億ドルを失っていた。[20] ほぼ二〇パーセントのマイナスだが、トラブルはまだ終わりではなかった。

スタインハルトは市場の方向性を見誤っていただけでなく、その流動性をも見誤っていた。マクロトレーディングの長所は、債券市場や通貨市場が、個々の株式銘柄では考えられない大量の資本を吸収できる点にあったはずである。一九九〇年代初めの好況期には、ヘッジファンドをはじめとする海外トレーダーはヨーロッパの債券に大規模なポジションを築くのが難しくなかった。たとえば、ドイツの国債および政府保証債の約半分を買い占めたほどである。そんなことをしても価格が都合の悪い動きをしなかった理由は簡単である。少しずつポジションを築いたからだ。それに、もし特定の債券が買いにくいとわかったら、次のチャンスをねらって何日か待っても問題なかった。ところが市場に衝撃が走り、ブローカーが追い証を求めだすと、ヘッジファンドは大急ぎで売ってしまう必要があった。しかも、他のファンドだって同じように急いで売りたい。みんながみんな売りたくて必死である。流動性などない。買い手はだれもいなかった。

古きよき株式大口取引《ブロックトレーディング》の時代、スタインハルトはブローカーを個人的に知っていた。どんな危急のさいにも彼らを頼ることができた。要するに、彼は大口顧客であり、ブローカーは彼との取引を維持したかった。でも、ヨーロッパの債券市場はそうはいかない。相手はちがう大陸、ちがう時間帯にいる、名前も顔も知らないブローカーである。向こうだってスタインハルトを知らない。流動性危機が襲ったとき、彼らはスタインハルトがポジションから抜けるのを助けようとはしなかった。

弓形のデスクに座り、明滅する七つのコンピュータスクリーンを見つめながら、スタインハルトは己のファンドの内部崩壊を目の当たりにした。呼吸がどうしても正常に戻らない。まるで溺《おぼ》れているみたいだ。[21] 食事はほとんどとっていないし、睡眠も少なかった。癇癪《かんしゃく》持ちで知られた彼が、ドアを閉じた部屋のなかで、幹部たちとひそひそ声で相談していた。トレーダーたちはポジションを抜け出そうと懸命だ。もう少し待てばもっとよい売りのチャンスがある、と考えているふしもある。だが、価格は下がる一方だった。なんとか買い手を探そうとするが、市場には売り手しかいないように思われた。

ベテラン幹部のジョン・ラタンジオが債券のトレーディングデスクに進み出る。

「とにかく売れ！」と彼はほえた。価格上昇を待っているときではない。「とっとと売れ！」

「できません」トレーダーはきっぱり答えた。[22]

ほかに方法はないと考えたスタインハルトは、価格にかかわらず手持ちの債券を売ってしまうことを決心した。たとえそれが、かつて自分が大口の売り手から引き出していたディスカウントを申し出ることを意味していようとも——。三月初め、トレーダーたちは四日間にわたって一〇億ドルのヨーロッパ債券を売りまくった。[23] 一方で、日本とカナダの債券を手放そうとする努力も続いていた。カナダの中央銀行はたびたび電話をしてきては、スタインハルトのトレーダーが売り終えたかどうかを不安げに訊くのだった。

レバレッジをきかせた新しい市場でよく知られるようになる罠《わな》に、スタインハルトははまっていた。彼は取引がいつ「混み合う」ようになったのかに気づかなかった。レバレッジをきかせたファンドがブローカーの追い証を機に投げ売りせざるをえない——そんな世界で大事なのは、レバレッジをかけたプレーヤーが集中している市場に用心することである。一九九四年をふり返って、スタインハルトは自分のバカさ加減を認めている。「ヨーロッパ債券の取引は混み合っていたが、私はそれを見過ごしてしまった」と彼は告白する。三月末に事態が落ち着きを見せたとき、スタインハルトのファンドは三〇パーセントを失っていた。およそ一三億ドルの資本が消えたことになる。[24]

スタインハルトが屈辱を味わってからまもなく、別のヘッジファンド——アスキン・キャピタル・マネジメントという傲岸不遜《ごうがんふそん》な組織——が破綻《はたん》した。代表者のデイヴィッド・アスキンは一九九三年に自分のファンドを立ち上げ、二五億ドルのモーゲージ証券［住宅ローン等の不動産担保融資の債権（返済予定金）を裏付けとする証券。二〇〇七年からの金融危機の原因となったサブプライムローン担保証券もこの一種］のポートフォリオを組んでいた。本来は金融アナリスト兼セールスマンで、実際に資金運用をした経験はほとんどなかったが、「投資銀行ドレクセル・バーナム・

ランバートで担保調査の責任者をしていたので、どんな状況下でも住宅ローンで利益を出せる」というのが宣伝文句だった。

ローンが早期返済される可能性を分析するのが自分の強みである、とアスキンはPRした。期限前償還のリスクが高いローンは、返済が続く可能性の高いローンよりも論理的には価値が低い。期限前償還のせいで、投資家は当てにしていた収益源を奪われるからだ。[25] さらに、ウォール街はローンをありとあらゆる複雑《エキゾチック》な商品にしてせっせと切り売りしていた。ローンに対する金利の支払いと元本の支払いは、ふたつの「ストリップ」に分けられた。住宅オーナーが期限前にローンを返済すると、金利のみのストリップ（ＩＯ）が損をし、元本のみのストリップ（ＰＯ）が得をする。返済が遅れると、その逆になる。アスキンはＩＯとＰＯ、「インバースＩＯ」と「インバースＰＯ」［inverse＝逆の］、さらには「フォワード・インバースＩＯ」として知られる代物《しろもの》にも手を出した。期限前償還リスクを見きわめたファンドにとって、チャンスは無限だった。

アスキンの宣伝文句はさまざまなビッグネームを魅了し、保険大手ＡＩＧなどの企業や、ロックフェラー財団などの慈善組織が投資家に名を連ねた。[26] でも、その宣伝は詐欺まがいだった（ヘッジファンドにとって同じような話はこれで終わりではなかったのだが）。「うちのファンドはマーケットニュートラルだ」とアスキンは主張した。債券相場の動向にかかわらず収益が出るというのである。だがじつは、自分の賢い投資が危機にさいしてどんな業績を出すのか、アスキンはほとんどわかっていなかった。[27]「専用ソフトをコンピュータに搭載しているので、高度なモデリングを使って期限前償還リスクを分析できる」と彼は主張した。だが、そんなモデルは実在しなかった。[28]

FRBが一九九四年二月に金利を上げると、アスキンのファンドはその価値を下げはじめた。長期金利の急上昇はローンのコストを増加させ、住宅オーナーの借り換え意欲をそいだ。期限前償還は減り、ローンの期間がまるでチューインガムのように延びた。マーケットニュートラルを謳《うた》ったにもかかわらず、アスキンはこのローン期間の変更に手痛い影響を受けた。実際、長期金利が上がるたびに、彼のポートフォリオは普通の債券の五倍は下落した。最初、彼は業績報告を偽《いつわ》ることでこの発見を隠したが、内部の反発を買い、本当のことを言うしかなくなった。そして三月二五日金曜日、二月のファンドの業績が二〇パーセントダウンだったことを認めた。[29] そのうえ、三月二三日にメキシコの大統領候補が暗殺されたことで、債券市場は少しずつパニック状態に陥っていた。投資家はポートフォリオのバランスを修正しようと、メキシコ債券を売り、ついで新興国すべての債券を売り、さらに先進国の債券を売った。アスキンにすれば、もはや限界だった。金利があらためて上昇したため、三月の業績がさんざんなのは確実だった。

三月二八日月曜日の朝、ブローカーたちはアスキンに追い証を求めはじめた。ベア・スターンズは追加で二〇〇〇万ドルを、キダー・ピーボディは四一〇〇万ドルを要求。その日の午後には、ベア・スターンズが要求額を五〇〇〇万ドルに引き上げていた。翌日にはソロモン・ブラザーズ、リーマン・ブラザーズ以下たくさんの債権者が続き、すぐに、ポートフォリオの大部分を売らなければ債権者を満足させられないことが明らかになった。キダーのモーゲージトレーダーのチームが頼まれもしないのにアスキンのオフィスに現れ、帳簿を調べさせろと要求。彼らはアスキンのファンドの公正価格を調べようと夜通し努力したが、すぐに問題にぶち当たった。もしアスキンがポートフォリオを完全に所有していたら、キダーも入札をして、他の債権者を追い払うための現金をアスキンに提供できたかもしれない。だが、彼の保有資産は多数の債権者に担保にとられ、身動きできない状態にあった。その後のヘッジファンドにつきまとう、レバレッジをめぐるもうひとつの教訓がここにある。つまり、レバレッジはファンドをつぶす可能性があるだけでなく、つぶれたあとの処理を複雑にするということだ。

三月三〇日水曜日も「取り立て屋」は容赦《ようしゃ》なかった。他の債権者より先にアスキンの現金を押さえようと、ブローカーはさらに高額な追い証を要求した。彼のサブファンドのひとつを保有していたスイスの投資運用会社ユニジェスションは、ポジションを清算するようアスキンに命じた。彼は一八のディーラーに連絡をとったが、ほとんどの入札額は話にならないほど低かった。あのわけのわからない「フォワード・インバースＩＯ」から成るふたつのポジションは、まったく入札がなかった。先々のトラブルを予感させるさらなる事実は、これらの商品が複雑すぎて売れないということだった。ウォール街のだれひとりとして、値段のつけ方がわからなかったのである。[30]

その水曜日の午後三時四五分、ベア・スターンズはアスキンのポートフォリオの大部分を五〇〇万ドルというはした金で買い取ることを申し出た。ひとかみで相手の息の根を止めようとするかのように、一五分以内に返事をよこせとベアは要求した。アスキンは言葉を濁《にご》し、あともう一五分くれと頼み、結局は申し出を拒否した。略奪者の軍門に下って、彼らにいい思いをさせてやるつもりなどない。ブローカーたちはもはや交渉による資産売却の望みはないとあきらめ、とにかく保有担保をわがものにしようとした。新しい保有分は米国債を投げ売りしてヘッジした。アスキンのファンドの残余資産がばらばらにされるなか、債券相場はまたしてもふらつくのだった。

米国から海外市場、米国債からモーゲージ債へと飛び火していた債券市場のパニックは、ついに政府上層部をも巻き込んだ。一九九四年三月三一日の朝、アスキンのブローカーが米国債を売りまくっているさなかに、ビル・クリントンはカリフォルニアでの休暇を打ち切った。債券市場に目を凝《こ》らすようにと、クリントン大統領は補佐官たちに教えられていた。その前年、財政赤字を減らせば政府の資本需要も減り、国債の利率が下がる［価格は上がる］という考え方に基づいて、彼は増税に踏み切っていた。ただ、納得ずくというわけではない。最初、彼は「けしからん債券トレーダーども」の不当な権力を非難した。[31] でも、補佐官たちは譲らなかった。増税のあと、一九九三年の債券バブルのなかで市場金利が下がると、補佐官たちの正しさが実証されたように見えた。一九九四年初めの債券市場の暴落は、だから大きな衝撃だった。金利はふたたび上昇し、クリントノミクスは色あせて見えた。

クリントンは、ゴールドマン・サックスの元トップで経済政策担当補佐官のロバート・ルービンに電話をかけた。ほかのだれよりも増税を訴え、「債券市場がその正しさを証明してくれます」と大統領を説得した男である。いったい何がどうなっているのか、クリントンは説明がほしかった。

およそ半時間にわたって、ルービンは長期金利が上がっている理由をなんとか説明しようとした。経済成長やインフレのトレンドからは答えが出ない、と彼は正直に述べた。「債券市場はこれまでにない法則で動いています。ウォール街は目にもとまらぬスピードで変化してしまいました」。FRBが金利を上げたのはたった二回――二月初めに〇・二五ポイント、三月に同じく〇・二五ポイント。それでも崖《がけ》から落ちるように債券は値下がりした。これほどまでの下落は一〇年以上見られなかった。何が起こっているのか、たぶんだれひとりわかっていない。FRB議長も、マイケル・スタインハルトのようなヘッジファンドの大物も、そしてルービンさえも――。

大統領は電話を終えると表へ出て、彼に四六時中まとわりついている記者たちに対峙《たいじ》した。「米経済の底堅《そこがた》さに深刻な問題があるとはだれも考えていません」と彼は訴えた。「ときにはこうした修正局面も生じるでしょうが、過剰反応する理由はありません」[32]

いまになればわかるが、大統領のその弁明には、金融パニックへのごく標準的な反応が集約されていた。債券市場はクリントンのアドバイザーたちをしかるべく混乱させていた。日本との貿易交渉とメキシコでの暗殺という、まったく異質のできごとが、レバレッジという触手《しょくしゅ》によって互いに恐ろしいかたちで結びつけられてしまった。だが、この異常ともいえる連鎖反応を前にして大統領ができるのは、せいぜい冷静な対応を求めること、それもヘッジファンドが投げかける難題を見誤ったうえでそうすることくらいしかない。「過剰反応する理由はありません」と大統領は言った。でも「レバレッジという新しい世界では、過剰反応は避けられない」というのが本当のところだろう。レバレッジの本質、レバレッジという言葉の定義は、投資家が景気のさざ波を拡大して解釈するということだ。彼らはつねに引き金に指をかけていなければならない。過剰反応するのもやむやまである。

ウォール街はまったく変わってしまった、と言ったルービンは正しい。レバレッジが投資家の購買力を拡大させたため、債券市場の規模も変化していた。セキュリティーズ・データ・カンパニーによると、一九八一年の債券の公募（米国債を除く）は総額九六〇億ドル。それが一九九三年には一兆二七〇〇億ドルと一三倍になっていた。[33] 市場は着実に複雑化、大規模化していた。アスキンは自身の分析力を誇張していたが、ウォール街の他のファンドは物理学者を雇い、彼らにスーパーコンピュータをあてがって、見たことも聞いたこともないような証券を設計させていた。市場に影響を与え、なおかつそれを理解する政府の力が衰えていたとしても不思議はない。一九九二年の英国で、通貨市場の深化が中央銀行の介入能力を損なったのと同じく、債券市場の深化は政府の長期金利の変化予測能力を弱めていた。ましてやそれを制御するなどできない相談だった。

この新しい世界に対する政策立案者たちの反応は、ふたつの方向をたどっていた可能性がある。ひとつ目は金融政策にかかわるものだ。FRB議長は、小幅と思われた金利引き上げに対する債券市場の反応が衝撃だったことを認めた。騒乱が始まって約三週間たった二月二八日、FRBの金利委員会が電話会議で開かれ、グリーンスパンは同じようなことを述べていた。[34] 六月にFRB副議長になったプリンストン大学教授のアラン・ブラインダーは、債券市場の気まぐれな振る舞いを嘆き、「黄色のサスペンダーをした二七歳たち」の力が誇張されていることを非難した。[35] FRBのリーダーたちは、自分たちが新しい現象に直面していることを知っていた。そこからどんな結論を彼らは引き出すべきだったのか？

場合によったら、インフレ抑制の任務を定義しなおすこともできた。FRBは伝統的に、消費者物価を安定させるために金利を定めてきた。だが、一九九四年の債券市場の暴落が投げかけた疑問は、資産価格の安定に関するものだった。もし債券相場が一九九三年と同じように記録的な水準に達したら、それは金利が安すぎるしるしととるべきではないか？　そろそろバブルをしぼませるために金利を上げるタイミングではないか？　FRBは債券市場よりもインフレをターゲットにしていたため、バブルの膨張を許してきた。だが、そんななかでスタインハルトが破滅し、アスキンが破滅した。米証券の価値が六〇〇〇億ドル以上吹き飛び、さらに九〇〇〇億ドルほどの富が海外の債券市場で失われていた。もっと早く金利を上げていたら、ここまでの惨劇にはならなかったのではないか？　その後一〇年にわたってグリーンスパンはこの疑問と格闘し、結局、バブルをしぼませるために金融政策を用いるのはまちがいだと考えた。バブルは姿を現すまで特定しづらい、とFRB議長は主張した。だから、早めに目をつけるよりも、後片づけをするほうがラクである。それに、資産価格を抑えるためには、FRBはきわめて積極的な金利引き上げを余儀なくされるだろうし、そのせいで成長を逃すという意味でのコストは、相場が落ち着くことのベネフィットを上回るだろう。何年かのあいだは、この判断は正しいと思われた。だが、二〇〇〇年半ばの信用バブルのあと、「後片づけ」アプローチはとてつもなく高くつくことがわかった。金融政策を決めるさいには資産バブルを考慮すべし、バブルの兆候が見えるときは投資家にレバレッジを控えさせるべし、という言い分の正しさが遅まきながら実証されたのである。

ふたつ目の「可能性があった」反応は、規制政策にかかわるものだ。一九九四年のデレバレッジング（負債の圧縮）は、ヘッジファンド（もっと一般的にはレバレッジ）が金融システムにもたらすリスクを表していた。著名な投資銀行は何十億ドルという資金を「荒くれ者」たちに預けていた。ヘッジファンドに属する者もいれば、その銀行の自己勘定取引デスクに座っている者もいた。その荒くれ者がもし銀行を道連れに破綻したら、どうなるか？　アスキンの内部崩壊は、比較的小さな無名のヘッジファンドが、キダー・ピーボディ、ベア・スターンズ、ドナルドソン・ラフキン＆ジェンレット［投資銀行。二〇〇〇年にクレディ・スイスに買収される］という三つのメインブローカーに五億ドルの損失をもたらすさまを示していた。小さなヘッジファンドでそれだけの額とすれば、大きなヘッジファンドはいったい――？　アスキンはまちがいなくひとつの警鐘《けいしょう》だった。

債券市場が崩壊するなか、多くの規制当局者がこの種の疑問をいだいた。三月七日と八日にバーゼルで開かれた中央銀行総裁の集まりで、ヘッジファンドの市場への影響はきわめて重要な議題となった。ワシントンでは「金融市場に関する大統領ワーキンググループ」という政府委員会が、ヘッジファンド（もっと一般的にはレバレッジ）の危険性を調べはじめた。[36]下院金融サービス委員会委員長のヘンリー・ゴンザレス議員は「ヘッジファンドにはつねならぬ監視が必要だ」と述べた。[37]すべてに共通の方向性は、政府による取り締まりの強化である。『ビジネスウィーク』誌は「ヘッジファンド危機」と題する最近の論評を引き、「ヘッジファンドはやりたい放題のならず者だ。過大なレバレッジをきかせ、十分な監視を受けず、市場を混乱させる」と厳しい論調をとった。[38]

この熱に浮かされたような状況のなか、ゴンザレス委員長はヘッジファンドに関する公聴会を開くと発表した。『ワシントン・ポスト』紙は、この公聴会が規制当局者の危機感に「火をつける」だろうと確信をもって報じた。[39]だがその陰で、逆襲の準備も進んでいた。ポンド売りでソロスを支えたロバート・ジョンソンは、かつて上院銀行委員会にかかわったことがあり、そのときの調査アシスタントがいま、ゴンザレスのスタッフリーダーを務めていた。ゴンザレスがヘッジファンドに対する取り締まりを要求していると聞いてから、ジョンソンは反撃のタイミングを探っていた。ゴンザレスら議員連中は、その実態も知らずにヘッジファンドを非難している。彼らに問いただすときだ。ヘッジファンドをどう安全にしようというのか、具体的に言わせなければならない。そこでジョンソンはかつてのアシスタントに電話をかけ、公聴会のだんどりを急がせた。規制当局者に火をつけるどころか、公聴会はワシントンの熱を冷ますはずだとジョンソンは考えていた。[40]

議員たちに説明をしたあと、ジョンソンはソロスへの説明にかかった。「ヘッジファンドについて議員たちを教育しなければ、まちがいなく規制当局の反感を買います」と彼はボスに言った。ごく普通のアメリカ人はヘッジファンドを不審に思っていた。役割がよくわからないからだ。彼らの心配はこうだ。「夜、寝床についたら、このびっくり箱が天井から飛び出してきて、財産を食いつぶすのではないか。そいつの名はジョージ・ソロス」。「そんな偏見を取り除かなければなりません」とジョンソンは助言した。コミュニケーション戦略を改善すれば、プロの投資家が憎まれるいわれはない。ウォーレン・バフェットは人々のヒーローになったではないか。

四月一三日、下院公聴会が開かれ、何人かの規制当局責任者が証言を行った。すぐに明らかになったのは、崩壊したヘッジファンドが債権者に損害を与えないようにする具体策を、彼らがいっさい持っていなかったことである。アクションプランのない彼らは、次なる計画に切り替えた。いかなるアクションも必要ないと主張したのである。通貨監督官のユージン・ラドウィグは、ヘッジファンドが銀行システムの脅威になることはまずないと断言した。ヘッジファンドに融資している全国規模の銀行はわずか八つで、融資の大半には担保がついている。それに通貨監督庁は、その八つの銀行にフルタイムの調査官を張りつけている。FRB理事のジョン・ラウェアも同様の話をした。FRBの銀行監督官はヘッジファンドがもたらすリスクが心配で夜も眠れないという状況ではない、と。大きなヘッジファンドが破綻したらどうなるかとメルビン・ワット下院議員が問うと、パネリストたちは銀行もブローカーも大丈夫だろうと請《う》け合った。ヘッジファンドに融資しすぎてみずからを危険にさらすほどバカではないというのだ。

第二回公聴会の証言者はジョージ・ソロスだけだった。ジョンソンの計算どおり、公聴会を招集した手前、下院議員たちはソロスへの質問を用意しなくてはならなかった。そしてその過程で、ソロスを責める確固たる根拠がないことに気づいていた。公聴会が開かれた瞬間から、雰囲気はもう変わっていた。ゴンザレスはトム・ラントス下院議員に、同じくハンガリー系アメリカ人であるソロス証人を紹介してもらい、その名前の発音のしかたを議員たちに教えてもらった。「シュルシュ」とゴンザレス本人も思いきって発音した。自身の上達ぶりに喜んでいるかのようだ。ソロスは再帰性に関する講義を始め（ついでに本の宣伝もした）、なぜヘッジファンドが規制の正しい対象ではないかをやさしく解説した。たしかにレバレッジは市場を不安定にするかもしれない、とソロスは認めた。だが、レバレッジの制限はヘッジファンドだけでなく、大手ブローカーをはじめとする金融業者に幅広く適用すべきである。もちろん、この助言がもし採用されていれば、金融システム全体でレバレッジが制限され、その後一〇年間の金融の歴史もちがったものになっていただろう。だが、ヘッジファンドの新たな脅威にこだわるあまり、議員たちはソロスの警告に耳を傾けていなかった。混乱した委員のなかには、ヘッジファンドの実態をいまだに理解しかねている者もいた。「近ごろ、ヘッジファンドという言葉はじつに見境なく使われています」とソロスは嘆いた。「私のようなヘッジファンドと、最近清算されたあのヘッジファンドとのあいだには、共通点などほとんどありません。ハリネズミ《ヘッジホッグ》と、夏に垣根《ヘッジ》を剪定《せんてい》する人に共通点がないのと同じです」アスキンの崩壊を引き合いに出して彼は言った。[41]

こうして、規制強化への動きは勢いを失った。クリントン政権の高官（そこには将来の財務長官、ロバート・ルービンとローレンス・サマーズもいた）は、ヘッジファンドへの規制の検討に加わったものの、対策を強要することはなかった。ニューヨーク連銀総裁のウィリアム・マクドナーは、バンカース・トラスト救済のために三月二日に電話に張りついていたが、その後、このパニックの元凶となったレバレッジを制限することはなかった。アスキンの破綻を追って分析したところ、パネリストたちがワット議員に請け合ったにもかかわらず、投資銀行のブローカー部門がやはりアスキンに不注意な融資をしていたことが実証された。だが、投資銀行の注意を促す手立てはこれといって講じられなかった。これはたぶんヘッジファンドがらみの最も明白なミスだろう。その結果、ロングターム・キャピタル・マネジメントが四年後に破綻したとき［Ⅱ巻第十章を参照］、そこから生じた危機は一九九四年とは比べものにならないものになってしまった。

マイケル・スタインハルトのファンドにとって、一九九四年の損失は致命的だった。スタインハルトは何年も前から引退を考えはじめていた。すでに一九八七年、『インスティテューショナル・インベスター』誌に「自分の仕事が人の道にかなっているとは思えません」と語っている。「裕福な人をさらに裕福にするというのは、私の魂の奥底に響く考え方ではありません」。債券市場暴落の屈辱を受けたあと、スタインハルトは引退を決意した。[42]

当時スタインハルトのもとで働いていた者には、彼の精神がいかれていたのは明らかだった。リスクをとるのを恐れ、癇癪《かんしゃく》がますますひどくなった。[43] 昼休みに従業員をクビにし、翌日には復帰を促す。インターコムをオンにしたまま部下にわめきちらし、血も凍るような怒声《どせい》がオフィスの隅々まで届くようにする……。スタインハルトは一九九五年までどうにか踏ん張り、なんと二七パーセントの利益を記録して七億ドルを取り返した。[44] こうして名誉回復を果たすと、彼は長らく噂されてきたとおり引退することを表明した。

スタインハルトの退場はヘッジファンドの歴史において重大な転機だった。トレーディングの名人として二七年間君臨したビッグスリーの一角が業界を去る。一九六七年にスタインハルトに一ドル投資していれば、彼がファンドをたたむ日にはそれが四八〇ドルになっていた計算だ。S&P500指数に投資していれば一八ドルだから、その二六倍である。一九九四年の大暴落はスタインハルトに一五億ドルもの損失をもたらしたが、九一年から九三年にかけて彼はその倍以上を稼いでいたし、それ以外の時期の業績もすばらしかった。[45]「子どものころに思い描いた以上のお金を投資家や自分自身のために稼ぐことができました」と彼はふり返る。引退すれば田舎に引っ込んで、優雅なガヴォット舞曲で彼をいざなうオオアオサギのマーサと踊る時間も増えるだろう。ウォール街から離れた人生の始まりである。

あとに残った者たちにとっての問題は、一九九四年がヘッジファンド業界にとってどんな意味を持つかであった。規制当局は概して寛大だったが、顧客の見方はちがっていた。一九九四年九月には、投資家はおよそ九億ドルをヘッジファンドから引き揚げており、その傾向はなおも続いていた。[46]金融各誌は「ヘッジファンドはじつはヘッジなどしていない」と憤慨し、『フォーブズ』は(これが初めてではないが)「ヘッジファンドのバカ騒ぎは終わった」と宣言した。[47]通貨と債券の流動性を過大評価してさんざんな目にあったマクロヘッジファンドは、自主的に顧客に資金を返還した。ポール・チューダー・ジョーンズは資本の三分の一を投資家に返し、ブルース・コフナーは一九九五年六月に三分の二の返還を決めた。両者とも、かかえる資本が多すぎると市場への出入りもままならないと述べている。コフナーが資本の返還を発表してから一カ月後、ソロスはクォンタムの投資家たちに手紙を書き、やはり規模の問題のせいで期待外れの業績に終わっていると述べた。マクロ投資はいまや「レバレッジをきかせたディレクショナルな［市場の方向性に賭ける］投機」と軽蔑をこめて呼ばれていた。[48]

一九七〇年代初めにもヘッジファンドは同じように肩身の狭い思いをしていたが、九〇年代半ばには、かつてない復元力を持つようになっていた。スタインハルトを除いて、有名なファンドは縮小を余儀なくされながらも営業を継続した。数々の小規模なファンドが幅広い投資スタイルを進化させ、その一部は危機のなかでも着実な業績をあげた。企業合併に投資するファンド、倒産した企業に融資するファンド、コンピュータモデルを使って同じような金融商品間の価格差で利益を得るファンドなどが現れた。ある調査によると、一九九四年第一・四半期のヘッジファンドの業績ダウンは平均でわずか二・二パーセント。株式投資信託の平均三・三パーセントよりも少ない。[49] 別の調査では、ヘッジファンドの過去五年間の業績はＳ＆Ｐ５００指数の伸びを上回り、ボラティリティ（変動幅）もかなり小さかった。[50] 大学の基金をはじめとする事情通の投資家は、ヘッジファンドのリターンが株式や債券の保有リスクを分散することに気づいていた。大規模なポートフォリオにはもってこいである。

こうして、一九九四年の債券市場危機のあと、ヘッジファンドにはふたつの「評決」が下された。規制当局はこの業界をめぐる厄介な問題に直面せざるをえなかったけれども、どうやって彼らを手なずけたらよいのかわからぬまま、結局は見て見ぬふりを決め込んだ。一方、機関投資家は重大な評決に達した。つまり、一九九四年の混乱にもかかわらず、ヘッジファンドはとにかく魅力的なリスク調整後リターンを約束してくれるというのだ。ある意味で、これらふたつの評決は同じだった。市場は完璧に効率的ではないため、ヘッジファンドをはじめとする市場プレーヤーは難しい問題を投げかける。彼らは世界経済をめちゃくちゃにしかねない不安定さを宿している。だが、それと同時に、市場が非効率的であるがゆえにヘッジファンドは収益をあげられた。投資家が列をなしてそこに加わるわけだ。

[写真クレジット]

p.1　上　Dale Burch／下 Commodities Corporation
p.2　Commodities Corporation
p.3　上 George Soros／下 ©Peter Morgan/REUTERS
p.4　上 ©2007 Brad Trent／下 ©Michael JN Bowles
p.5　上 ©American Enterprise Institute／下　©Michael Mellon
p.6　上 ©Michael Marsland/Yale University Press／下　©Linda Russell
p.7　上 ©David Eisenbud／下　©2010 D. E. Shaw & Co., LP
p.8　上左 ©Greenlight Capital, Inc.／上右 ©Shirin Neshat／
下 ©2009 Citadel Investment Group, L.L.C. All rights reserved

[著者紹介]

セバスチャン・マラビー Sebastian Mallaby

ジャーナリスト。オックスフォード大学で近現代史を学んだのち、英国『エコノミスト』誌の記者となる。南アフリカ共和国のアパルトヘイト撤廃時の取材、日本特派員、ワシントン支局長等を歴任。その後、米国『ワシントン・ポスト』紙の編集委員に。現在は『ニューヨーク・タイムズ』『フィナンシャル・タイムズ』紙等に寄稿しながら、外交誌『フォーリン・アフェアーズ』の発行元として知られる米国の非営利団体・外交問題評議会の上席研究員も務める。本書以外の著書に、アパルトヘイトを扱った*After Apartheid*、世界銀行をテーマとした*The World's Banker*がある。本書は取材に4年をかけた著者の集大成であり、ビジネスブックアワード(『フィナンシャル・タイムズ』紙とゴールドマン・サックス社が協賛)の2010年度最終候補作、ジェラルド・ローブ賞(経済・金融分野の優れたジャーナリズム活動に対して贈られる賞)の2011年度受賞作となるなど、きわめて高い評価を得ている。

[訳者紹介]

三木俊哉(みき・としや)

企業勤務を経て、翻訳者。訳書に、『スティーブ・ジョブズの流儀』(武田ランダムハウスジャパン)、『アップルとシリコンバレーで学んだ賢者の起業術』『完全網羅　起業成功マニュアル』(以上、海と月社)など。

※おことわり

◎写真キャプション中の[ ]内の文字および本文中[ ]内の文字サイズが小さい箇所は訳注です。

◎原注については、内容が取材メモ的なものであることを考慮し、著者の了解を得て割愛しました。ただし注番号は本文に残し、原文を弊社WEBページの本書のページからダウンロードできるようにしてあります。ご了解・ご活用下さい。

ヘッジファンド

投資家たちの野望と興亡

I

2012年2月27日 第1刷

[著　者] セバスチャン・マラビー
[訳　者] 三木俊哉
[発行所] 株式会社 楽工社
〒160-0023
東京都新宿区西新宿 7-22-39-401
電話 03-5338-6331
WEB http://www.rakkousha.co.jp/
[印刷・製本] 大日本印刷株式会社
[装　幀] 水戸部 功
ISBN978-4-903063-54-6

楽工社の好評既刊

『ダニエル・カーネマン 心理と経済を語る』

ダニエル・カーネマン 著

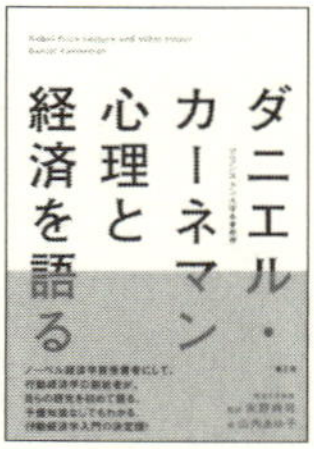

ノーベル経済学賞受賞者にして行動経済学の創始者である著者が、自らの研究を語る。行動経済学とカーネマン入門の書。

■本体1900円＋税

『マウス・アンド・マジック 上・下』

レナード・マルティン 著

アメリカ・アニメーション史の決定版、待望の邦訳！ サイレント時代から現代に至る歴史を膨大な調査に基づき活き活きと描く。図版二七〇点＋日本語版独自の解説・資料付。

■本体4900円＋税

『ニセ科学を10倍楽しむ本』

山本弘 著

「脳トレ」「地震雲」「二〇一二年地球滅亡説」……科学っぽいデマの、どこが間違っているかを、楽しみながら学んじゃおう！ 小説仕立て＋ルビ付で、大人も子供も楽しく読める。

■本体各1900円＋税

『女子大生マイの特許ファイル』

稲森謙太郎（弁理士／科学技術ジャーナリスト）著

楽しくわかる「特許入門ノベルス」。ビートたけし、大前研一、孫正義らの発明や、話題のiPS細胞を例にして、楽しく解説。知識ゼロでもこれさえ読めば、特許の全体像がわかる。

■本体1800円＋税